Die Macht des Totems

MYTHEN DER MENSCHHEIT

Die Macht des Totems

DIE INDIANER

MYTHEN DER MENSCHHEIT

DIE MACHT DES TOTEMS: Die Indianer
Autoren: Tom Lowenstein (Die Welt der Indianer; Als Menschen und Tiere noch eins waren, Beseelter Kosmos, Hüter der Ordnung)
Piers Vitebsky (Die Kraft der Rituale, Das Vermächtnis der Indianer)
Wissenschaftliche Beratung: Hugh Brodie, Alan Marshall

Ein Projekt von Duncan Baird Publishers, London
© 1997 Duncan Baird Publishers
All rights reserved. Unauthorized reproduction, in any manner, is prohibited.

DUNCAN BAIRD PUBLISHERS
Managing Editor: Stephen Adamson
Managing Art Editor: Gabriella Le Grazie
Editors: Peter Lewis, Margaret Mulvihill, Ruth Petrie
Designers: Gabriella Le Grazie, Christine Keilty
Picture Researcher: Cee Weston-Baker
Artworks: Neil Gower
Map Artworks: Lorraine Harrison
Artwork Borders: Iona McGlashan
Editorial Researcher: Simon Ryder
Editorial Assistant: Andrea Buzyn

TIME-LIFE BÜCHER
Redaktionsstab des Bandes DIE MACHT DES TOTEMS: Die Indianer
Editorial Manager: Tony Allan
Design Consultant: Mary Staples

DEUTSCHE AUSGABE
Leitung: Marianne Tölle
Redaktion: AFR text edition, Hamburg: Peter Alles-Fernandez, Dr. Heike Renwrantz

Aus dem Englischen übertragen von Sabine Göhrmann und Hans Heinrich Wellmann

Titel der Originalausgabe: MOTHER EARTH, FATHER SKY: Native American Myth
Authorized German language edition
© 1997 Time-Life Books B. V., Amsterdam
All rights reserved

No parts of this book may be reproduced in any form or by any electronic or mechanical means, including information storage and retrieval devices or systems, without prior written permission from the publisher, except that brief passages may be quoted for review.

TIME-LIFE is a trademark of Time Warner Inc., USA

ISBN 90-5390-804-8

Belichtung: RAWA Digitalservice GmbH, Hamburg
Farbreproduktion: Colourscan, Singapur
Druck und Einband: Milanostampa, SpA, Farigliano, Italien

Titelseite: Holzmaske, ein Mädchengesicht darstellend. Die Zöpfe sind aus Menschenhaar geflochten, die Zopfspangen sind aufklappbar und zeigen in geöffnetem Zustand je einen Vogel mit ausgebreiteten Flügeln. Dieses Artefakt wurde von einem Tsimshian geschaffen; das Volk der Tsimshian ist an der Nordwestküste Nordamerikas ansässig.

Inhaltsseite: Eine Holzmaske von der pazifischen Nordwestküste Nordamerikas.

Inhalt

6 DIE WELT DER INDIANER
- 8 *Die ersten Amerikaner*
- 12 *Reichtum und Vielfalt der Kulturen*
- 18 *Bild-Essay: Heilige Stätten*

20 ALS MENSCHEN UND TIERE NOCH EINS WAREN
- 22 *Die Helfer der Schöpfung*
- 24 *Von Sonne, Mais und Bisons*
- 26 *Aus dem Dunkel ans Licht*
- 28 *Die großen Wanderungen*
- 30 *Der Große Geist*
- 34 *Sonne, Mond und Sterne*
- 36 *Wie alle Dinge entstanden*
- 38 *Die ersten Menschen*
- 42 *So kamen Alter und Tod in die Welt*
- 44 *Bild-Essay: Kunst und Mythos*

46 BESEELTER KOSMOS
- 48 *„Die Erde ist meine Mutter"*
- 52 *Der Himmelsdom*
- 54 *Die Geister in den Wassern*
- 56 *Die Macht von Sonne und Mond*
- 60 *Geistwesen in der Natur*
- 64 *Blitz und Donner, Feuer und Regenbogen*
- 66 *Das Tiervolk*
- 68 *Tiergeister im Diesseits und im Jenseits*
- 70 *Die Geister im Körper des Menschen*
- 72 *Leben nach dem Tode*

74 HÜTER DER ORDNUNG
- 76 *Die Trickster*
- 78 *Rabe und Hase*
- 80 *Der ewige Trickster: Coyote*
- 82 *Heldensagen*
- 89 *Dämonen und Monstren*
- 91 *Heilige Ungeheuer*
- 94 *Der Jäger und seine Beute*
- 96 *Mensch und Tier als vermähltes Paar*
- 98 *Die Verletzlichkeit der Tiere*
- 100 *Bild-Essay: Auf dem Kriegspfad*
- 102 *Totems und Clans*
- 105 *Spektakuläre Maskentänze*

108 DIE KRAFT DER RITUALE
- 110 *Der Schamane als Heiler*
- 116 *Seelenflug, Träume, Visionssuche*
- 120 *Geheimbünde*
- 122 *Riten und Tabus der Jagd*
- 126 *Der Sonnentanz*
- 130 *Geistertänzer und Peyote-Kult*
- 132 *Bild-Essay: Bilder einer versunkenen Welt*

134 DAS VERMÄCHTNIS DER INDIANER
- 138 *Glossar*
- 138 *Register*
- 144 *Weiterführende Lektüre und Quellennachweis*

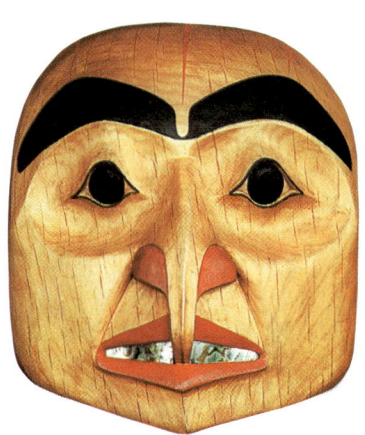

DIE WELT DER INDIANER

Jahrzehntelang hatten sich die Lakota-Sioux in South Dakota entschlossen gegen das Vordringen der Weißen in das Land ihrer Vorfahren gewehrt, doch durch den harten Winter 1890 gerieten sie zunehmend unter Druck. Drei Jahre zuvor hatte der amerikanische Präsident weitreichende Vollmachten erhalten, die Stammesgruppen der nordamerikanischen Indianer zu zersplittern, und 1889 begann die Auflösung der Great Sioux Reservation, des Großen Sioux-Reservats. Das stolze Volk, das 1876 General Custers 7. Kavallerieregiment in der Schlacht am Little Big Horn vernichtet hatte, befand sich in einer katastrophalen Lage.

Mitten in dieser verheerenden Wirklichkeit blieb nur eine einzige verzweifelte Hoffnung auf Rettung: 1889 hatte ein heiliger Mann der Paiute mit Namen Wovoka die Befreiung der Indianer von der Herrschaft der Weißen prophezeit. Sie würde von den verstorbenen Vorfahren des Volkes herbeigeführt werden, und um deren Wiederauferstehung zu ermöglichen, führte Wovoka eine als „Geistertanz" berühmt gewordene Zeremonie ein. Eine darauf beruhende Erweckungsbewegung fiel bei den demoralisierten Sioux und anderen Stämmen der Plains auf fruchtbaren Boden. Der Sioux-Häuptling Sitting Bull war zwar anfänglich skeptisch, unterstützte die Bewegung aber dann doch. Der von den Weißen gefürchtete Krieger wurde damit zur Symbolgestalt eines Kultes, an dem er selbst nie teilgenommen hatte.

Am 15. Dezember 1890 erlitten die Sioux einen schweren Verlust. Als indianische Polizisten, rekrutiert aus dem eigenen Volk, Sitting Bull festnehmen wollten, kam es zum Kampf. Nach einem kurzen, aber blutigen Handgemenge lag der legendäre Häuptling tot auf dem Boden. Zwei Tage später wurde er ohne jede Zeremonie beerdigt.

Dreihundert Krieger und ihre Familien, angeführt vom Häuptling Big Foot (Großer Fuß), flohen nun nach Süden, um Unterschlupf bei Geistertänzern in der Pine Ridge Reservation zu finden. Das elende Häuflein wurde am 28. Dezember 1890 von Kavalleristen entdeckt und zum Wounded Knee Creek abgedrängt. Der nächste Morgen dämmerte kalt und klar, als die Truppen anrückten, um die Sioux zu entwaffnen. Plötzlich fiel ein Schuß; ein Krieger, der sich der Festnahme widersetzte, hatte versehentlich seine Waffe entsichert. Ein schreckliches Gemetzel folgte; nervös gewordene Soldaten, die mit Gewehren und Kanonen wahllos in die Menge schossen, töteten 250 Lakota. Nach diesem Massaker an Männern, Frauen und Kindern – einer bis heute schmerzenden Wunde in der Seele der Indianer – waren die Ureinwohner Nordamerikas endgültig unterworfen. Black Elk (Schwarzer Wapiti-Hirsch), einer der wenigen Überlebenden, sagte bitter: „Noch etwas anderes starb im blutigen Schlamm und wurde im Schneesturm begraben. Der Traum eines Volkes starb dort."

Oben: **Eine bemalte Tonschüssel der Mimbre aus der Mogollon-Kultur, einer frühen Indianerkultur um 1050–1150 n. Chr. Das Artefakt wurde in den Treasure Hills in New Mexico gefunden.**

Links: **Häuptling He-Dog (Rüde), ein Brulé-Sioux, Anfang des 20. Jahrhunderts von John Alvin Anderson photographiert. Die Sioux gehörten zu den letzten Indianern, die den Weißen Widerstand leisteten.**

Die ersten Amerikaner

Zu Beginn des 16. Jahrhunderts hatten die Bewohner des nordamerikanischen Kontinents zum erstenmal Kontakt mit Europäern. Damals lebten in diesem riesigen Land mehrere Millionen Menschen, die über 600 verschiedenen Völkern oder Stämmen angehörten. Sie hatten eine Vielzahl von Lebensformen entwickelt, die hervorragend an die Umwelt angepaßt waren.

Man nimmt an, daß Nordamerika einst von nomadischen Jägern besiedelt wurde. Sie kamen über eine Landbrücke, die über das Beringmeer führte und den Kontinent während der letzten Eiszeit noch mit Asien verband. Im Laufe von 6000 Jahren breiteten sich diese Ankömmlinge nach Süden aus. Obwohl jüngste archäologische Funde in Südamerika auf eine noch frühere Besiedelung hinweisen, gibt es für die Anwesenheit des Menschen in Nordamerika vor dem Jahr 15 000 v. Chr. bisher keine Beweise.

Mit der Zeit wurden die Jäger und Sammler der Frühzeit seßhaft und trieben Ackerbau und Viehzucht. So war zum Beispiel das Gebiet, welches das heutige Arizona, Utah, Colorado und New Mexico umfaßt, um 700 n. Chr. zur Heimat der Vorfahren der heute als Pueblo bekannten Völker geworden. Sie lebten in differenziert ausgebauten Adobe(Trockenlehmziegel)-Dörfern an den Flüssen, aus denen sie ihre Bewässerungssysteme speisten, so daß sie zweimal im Jahr Mais sowie reichlich Bohnen, Kürbisse und sogar Baumwolle ernten konnten.

Etwa um die gleiche Zeit entstanden im Mississippi-Tal die ersten stadtähnlichen Großsiedlungen Amerikas. Die am besten erforschte Siedlung, Cahokia, hatte in ihrer Blütezeit mindestens 10 000 Einwohner. Charakteristisches Merkmal der Mississippi-Kultur waren ihre auf künstlichen Hügeln errichteten Ortszentren mit Tempelbauten und Versammlungshäusern. Bei Ankunft der Europäer waren all diese Stätten bereits längst verlassen, wahrscheinlich als Folge einer Seuche (um 1450 n. Chr.).

Der Einfluß der Europäer

Die ersten Europäer, die nach Nordamerika kamen, siedelten in der Nähe der Küsten und schiffbaren Flüsse, drangen jedoch auf der Suche nach Fellen und

DIE ERSTEN AMERIKANER

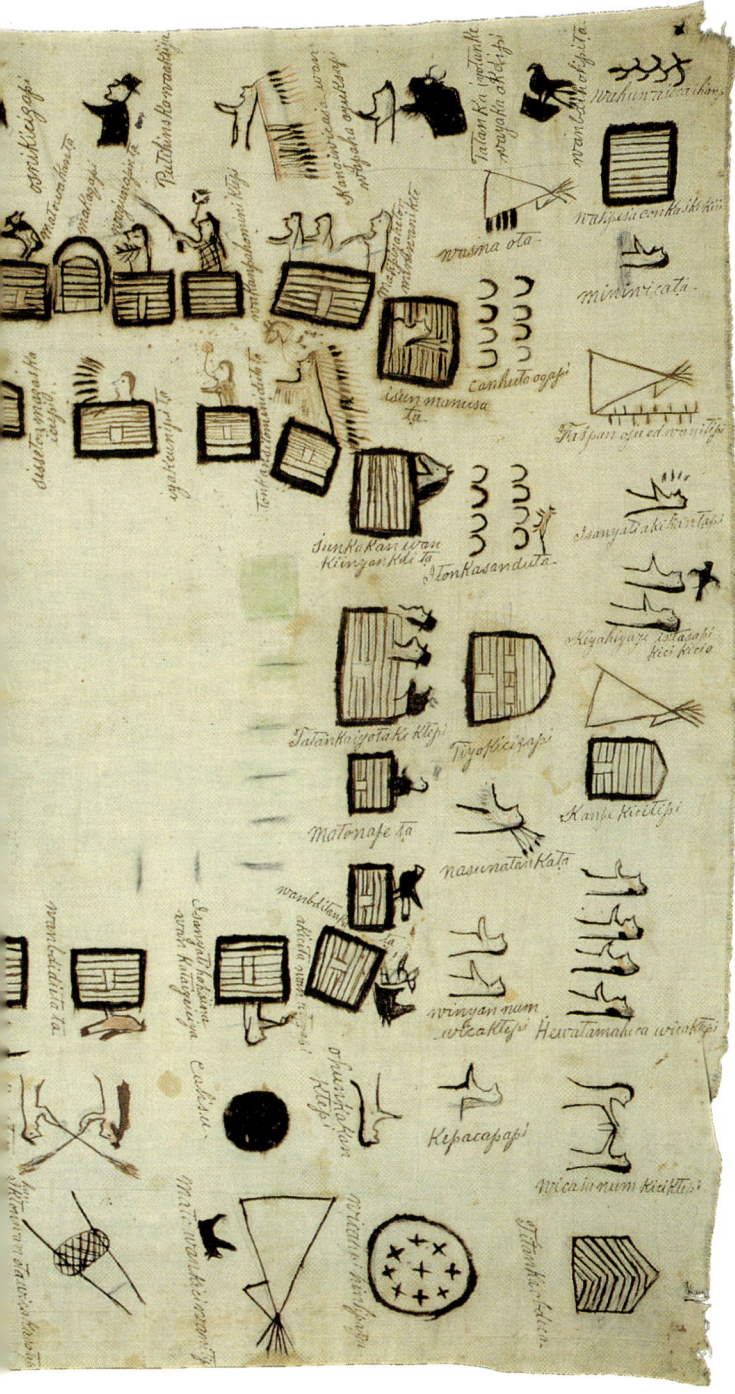

Ein „Winter Count" der Dakota-Sioux (um 1890), eine auf Bisonhaut gemalte kalendarische Darstellung von Ereignissen im Stammesleben. Dieses späte Beispiel einer traditionellen Methode der Geschichtsaufzeichnung ist ein Beispiel für die hochdifferenzierten Gesellschaftsstrukturen, die die indianischen Stammesgemeinschaften kennzeichneten.

Ackerboden später weit in das bewaldete Hinterland vor. Zudem trachteten sie, ihre politische und religiöse Autorität in diesem auf keiner Landkarte verzeichneten Territorium zu festigen. Die territorialen Ansprüche der weißen Siedler – deren Besitzstreben in scharfem Gegensatz zur Einstellung der Indianer gegenüber der Natur stand – führten schon bald zu Konflikten. Politische Bündnisse und Handelsabkommen wurden geschlossen, die zunächst für beide Seiten vorteilhaft schienen, später jedoch zur Vertreibung vieler Stämme aus ihrer Heimat führen sollten.

Der Handel mit Pelzen etwa, einträglich für die Weißen sowie für einen Teil der Indianer, brachte für den anderen Teil jedoch große Umwälzungen mit sich. Dieser Handelszweig wurde nämlich von sechs Irokesen-Stämmen – Cayuga, Mohawk, Oneida, Onondaga, Seneca und Tuscarora – beherrscht, bewaffnet von holländischen und englischen Siedlern. Diese Stämme trieben die Ojibwa vom Oberen See nach Süden, und diese wiederum verdrängten die Sioux in die Plains. Die Irokesen selbst verloren später, im Amerikanischen Unabhängigkeitskrieg, ebenfalls ihre Heimat – wegen des Bündnisses mit den Briten.

Die im 19. Jahrhundert immer weiter ins Innere des Kontinents vordringenden Europäer vertrieben die Ureinwohner mit erbarmungsloser Härte westwärts. Aufgrund des 1830 im amerikanischen Kongreß verabschiedeten Indian Removal Act (Indianer-Aussiedlungsgesetz) wurden fünf Stämme zwangsweise aus ihrer angestammten Heimat im Südosten abgeschoben und in Gebiete westlich des Mississippi umgesiedelt. Das Gesetz sah ein „Indianer-Territorium" in einem Gebiet vor, wo heute die Staaten Kansas und Oklahoma sowie Teile von Nebraska, Colorado und Wyoming liegen, doch auch hierher rückten die Weißen nach, als Bodenschätze entdeckt wurden.

Eines der krassesten Beispiele für Menschenrechtsverletzungen zu jener Zeit ist der Völkermord an den Ureinwohnern von Gebieten, in denen Mitte des 19. Jahrhunderts der Goldrausch ausbrach. Die volkreichen Stämme der Shoshone, Ute und Paiute in Nordkalifornien und Nevada wurden in kürzester Zeit auf knapp 30 000 Menschen dezimiert.

Vor der Ankunft der Europäer war die Jagd das Wichtigste im Leben der meisten nordamerikanischen

Indianer, insbesondere in den Kulturen der Großen Ebenen. Während die Frauen Früchte und Beeren sammelten und Gärten anlegten, gingen die Männer auf Großwildjagd. Nachdem die Bisonjagd jahrhundertelang zu Fuß stattgefunden hatte, brachte der Einfluß der Weißen Erleichterungen und Wohlstand: Pferde, von spanischen Siedlern schon im 16. Jahrhundert eingeführt, hatten sich in freier Wildbahn vermehrt, und ab dem 18. Jahrhundert wurden sie von den Bisonjägern der Cheyenne, Osage, Sioux und Pawnee genutzt, so daß sie ihre Jagdgründe weiter ausdehnen konnten als jemals zuvor.

Im Laufe des 19. Jahrhunderts rotteten Grenzsiedler die Bisonherden systematisch aus, wegen ihres Fleisches, ihrer Häute, zum Schutz der neuen Eisenbahnlinie – und aus Lust am Schießen. Um 1700 hatte es noch 60 Millionen Bisons gegeben, 1870 gab es keine 5 Millionen mehr. Insgesamt überlebten nur 1000 Bisons, zwei Drittel davon in Kanada.

Damit war die Lebensgrundlage der Plains-Indianer vernichtet. Doch damit nicht genug: Auch ihre Kultur sollte erlöschen. Die Plains-Stämme sahen sich ständigen Attacken auf ihre Traditionen und religiösen Bräuche ausgesetzt. Viele Zeremonien wurden verboten, weil man sie als Hindernisse für die Assimilierung der Indianer („Americanization") ansah. Der Sonnentanz, ein acht Tage dauerndes Ritual zum Dank an den Großen Geist und die Bisons, wurde 1884 von der amerikanischen Regierung verboten. Das Bureau of Indian Affairs (Behörde für indianische Angelegenheiten) verfolgte außerdem das erklärte Ziel, die Indianersprachen zu unterdrücken.

Im Jahre 1887 verabschiedete der Kongreß den Dawes Act, nach dem das Indianerland europäischem Verständnis entsprechend in 160 Hektar große Grundstücke aufgeteilt wurde. Darüber hinaus richtete man Schulen ein, in denen den Indianern europäische Werte eingeflößt wurden, in erster Linie die Liebe zum Pri-

Diese Handtrommel gehörte einem Schamanen der Assiniboin in den nördlichen Plains. Die Assiniboin waren einer der Stämme dieses riesigen Gebiets, die unter dem Vordringen des Weißen Mannes im 19. Jahrhundert entsetzlich leiden mußten. Eine 1837 von Händlern eingeschleppte Pocken-Epidemie forderte eine Unzahl von Opfern. Gleichzeitig rotteten die Weißen den Bison aus – das Tier, welches die Lebensgrundlage aller Völker der Plains bildete.

DIE ERSTEN AMERIKANER

Die Überlieferung heiligen Wissens

Die Kenntnis der geistigen Kräfte, die der Natur innewohnten, war für die nordamerikanischen Indianer sehr wichtig. Dieses Wissen wurde in Mythen und Legenden weitergegeben, die Geschichtenerzähler oder Stammesälteste vortrugen.

Für die indianischen Zuhörer waren Mythen keineswegs phantasievolle Märchen, selbst wenn sie magische Elemente enthielten, beispielsweise, daß Menschen und Tiere miteinander sprachen. Vielmehr verstand man die Geschichten als Berichte darüber, was am Anfang aller Zeit geschehen war.

Der Sinn der Mythen war es, zu lehren und zu unterhalten. So ist zum Beispiel in vielen Kulturen die Figur des Tricksters bekannt, ein listiger Kerl, Missetäter und Wohltäter zugleich. Diese zwiespältige Gestalt war profan und heilig zugleich, und ihre Scherze sollten sowohl Gelächter als auch Nachdenklichkeit hervorrufen.

Das Geschichtenerzählen nimmt einen besonderen Platz in den Kulturen der nordamerikanischen Indianer ein. Dabei wurde nicht nur gesprochen: Auch Singen und Trommeln gehörten dazu.

Darüber hinaus wurden mythische Szenarien auf Gebrauchsgegenständen abgebildet. Töpfereien, Körbe, Decken, Vorratskästen und Kleidungstücke waren mit Mustern und Symbolen verziert, die ihren Ursprung in den Erzählungen des Stammes hatten.

Die eindrucksvollsten künstlerischen Traditionen besaßen die Völker der Nordwestküste, deren Tanzmasken und Totempfähle Gestalten aus Mythologie und Geschichte verkörpern. Auch die von den Hopi im Südwesten Nordamerikas geschaffenen Kachina-Figuren stellen Geister der Mythen und der Vorfahren dar.

Eine Kachina-Puppe der Hopi. Kachinas sind Ahnengeister, die Naturphänomene verkörpern; sie spielen eine große Rolle in den Mythen und religiösen Bräuchen der Hopi-Kultur.

vateigentum. In dieser Atmosphäre kam es zur Geistertanz-Bewegung – einem verzweifelten Versuch, eine sterbende Kultur zu retten.

Wiederbelebung der indianischen Kultur

Nach dem Massaker bei Wounded Knee befanden sich die Indianerstämme in einem kritischen Zustand. Sie wurden in Reservate abgeschoben und von ihren traditionellen Lebensformen abgeschnitten. Ihr Dasein war von Armut und Krankheit überschattet.

Ihre Leiden wurden von den weißen Amerikanern nicht zur Kenntnis genommen. Die offizielle Politik ging stillschweigend davon aus, daß die Ureinwohner aussterben würden, und darum wurde für ihre Zukunft keinerlei Strategie entwickelt. Seit den 30er Jahren des 20. Jahrhunderts ist allerdings immer wieder versucht worden, die indianerfeindliche Landreform rückgängig zu machen und die Integrität der Stämme wiederherzustellen. Die Zahl der Indianer nahm wieder zu, und viele Gemeinschaften gaben sich Verfassungen, welche die traditionelle Stammesverwaltung in einen demokratischen Rahmen einbetten. Die Indianer Nordamerikas, bereits dem Untergang geweiht, verdanken ihr Überleben letztlich dem Fundament ihrer Kultur, das ihre letzten Kräfte mobilisierte: dem Band zwischen Mensch und Natur.

DIE WELT DER INDIANER

Reichtum und Vielfalt der Kulturen

Nordamerika ist ein riesiger und abwechslungsreicher Kontinent, mit extremen Unterschieden in Klima und Topographie, die von den eisigen Weiten der Arktis bis hin zu den tropischen Sümpfen des Südostens reichen. Die sehr unterschiedlichen Lebensräume bestimmen die Lebensformen der dort ansässigen Völker, und entsprechend vielgestaltig sind ihre Kulturen.

Der Nordosten

Die Wälder, Seen und Flüsse des Nordostens, wohin die ersten britischen, französischen und holländischen Händler und Siedler vordrangen, wurden von Irokesisch und Algonkin sprechenden Stämmen bewohnt. Sie fischten in Birkenkanus in den Flüssen und Seen und zogen als Jäger und Sammler durch die unberührten Wälder. Die Irokesen trieben auf einem Teil ihres Territoriums außerdem Ackerbau, pflanzten Mais, Bohnen und Kürbisse an. Die Algonkin sprechenden Völker lebten in Wigwams – Rundhütten aus Baumrinde mit kuppelförmigem Dach – oder weniger dauerhaften, zeltförmigen Tipis aus Tierhäuten. Die Algonkin-Gesellschaft war egalitär, ohne hierarchische Organisation. Die Wirtschaft basierte auf einer Mischung aus Jagd und dem Sammeln von Wildpflanzen.

Das Gebiet um die Großen Seen war von Irokesisch sprechenden Stämmen besiedelt. Ihre Dörfer waren von Palisaden umgeben, und man wohnte in

Rechts: Karte der nordamerikanischen Kulturregionen, auf der viele indianische Völker und Stämme verzeichnet sind.

Unten: Der Fischfang bot den Bewohnern des Nordostens, des Plateaus im Westen und des Nordwestens reichlich Nahrung. Dieses Photo aus dem frühen 20. Jh. zeigt Indianer vom Stamm der Spokane, die im Pend Oreille (Staat Washington) angeln.

REICHTUM UND VIELFALT DER KULTUREN

Langhäusern aus Holz, die um Gemeinschaftsgärten und Maisfelder herum errichtet waren.

Die Häuptlinge dieser Gemeinschaften waren ältere Männer, während ältere Frauen sich um die Gärten und Felder kümmerten. Obwohl die Irokesen den sie umgebenden Algonkin-Kulturen zahlenmäßig unterlegen waren, übten sie ab Ende des 17. Jahrhunderts die Vorherrschaft im Nordosten aus.

Der Südosten

Die Völker des Südostens Nordamerikas, eines Gebiets, das von den Appalachen bis nach Florida und zum Golf von Mexiko und westlich des Mississippi bis nach Texas reichte, lebten in einem vorwiegend fruchtbaren Land mit üppiger Vegetation. Die Menschen dieser Region wohnten in Dörfern und ernährten sich vom Ackerbau und von der Jagd. Sie fischten an Flußufern und Küsten. Die Seminole, die in subtropischem Klima lebten, bauten Bananen, Reis, Zuckerrohr und Süßkartoffeln an. Ihre „Häuser" bestanden lediglich aus palmwedelgedeckten Dächern.

Die Kultur der Völker des Südostens weist Spuren der Mississippi-Kultur auf, die bei der Ankunft des Weißen Mannes bereits untergegangen war. Die Chickasaw, Cherokee, Creek, Choctaw und Seminole wurden von den Europäern wegen ihres Wohlstands und ihrer Anpassungsfähigkeit als die Fünf Zivilisierten Stämme bezeichnet. Cherokee war die erste Sprache der nordamerikanischen Indianer, für die in den 20er Jahren des 19. Jahrhunderts eine Schriftform entwickelt wurde. Doch konnte das gute Verhältnis der Cherokee zu den Weißen nicht verhindern, daß sie 1830 mit Gewalt in Gebiete westlich des Mississippis umgesiedelt wurden *(Seite 9)*, ein Marsch, der für die Cherokee ein „Weg der Tränen" wurde. Ihre Mythen aber halten noch heute die Verbindung zu ihrer alten Heimat im Südosten aufrecht.

Die Plains

Zwischen den Großen Seen und den Rocky Mountains liegen die flachen Grasländer, die man als Plains oder Prärie (heute weitgehend vom Getreideanbau geprägt), bezeichnet. Während der vergangenen tausend Jahre waren die Plains die Heimat vieler Völker, von denen einige ständig als nomadisierende Bisonjäger lebten, während andere zwischen der Jagd in den Plains und einer seßhaften Lebensweise in Dörfern der angrenzenden Waldgebiete wechselten. Die

ZEITTAFEL GESCHICHTE DER INDIANER	50 000–10 000 v. CHR.	10 000–7000 v. CHR.	7000–1500 v. CHR.	1500 v. CHR.–1000 N. CHR.
Die ersten Menschen in Amerika waren nomadische Jäger aus Asien, die über die Landbrücke kamen, welche um 10 000 v. Chr. in der Beringstraße bestand. Bis 8000 v. Chr. hatten sie sich über den gesamten amerikanischen Kontinent ausgebreitet; die ersten seßhaften Gemeinschaften waren die „Waldland-Kulturen" im Osten (um 1400 v. Chr.).	**15 000 v. CHR.** Früheste Hinweise auf Menschen in Nordamerika. **13 000–11 000 v. CHR.** Eiszeitliche Hebung der Erdkruste: Die Menschen wandern nach Süden. **10 000 v. CHR.** Klimaerwärmung; Entstehung archaischer Jäger-Sammler-Kulturen.  *Diese Speerspitzen gehören zu der Wüstenkultur der Sandia (um 10 000 v. Chr.).*	**10 000–8000 v. CHR.** Letzte Eiszeit (Pleistozän) endet. **UM 9000 v. CHR.** Das Mammut und anderes Großwild der letzten Eiszeit beginnt auszusterben. Im Großen Becken entsteht eine Wüstenkultur. **UM 7000 v. CHR.** Anbau vieler Wildpflanzenarten (z. B. Kürbisse, Avocados, Bohnen und Chilipfeffer).	Entstehung der nordamerikanischen Indianerkultur. **5000–3500 v. CHR.** Mais wird kultiviert. **2500–1500 v. CHR.** Haustiere und Viehzucht; Töpferei und Webkunst.	 *Ein Pueblo der Anasazi-Kultur im Südwesten.* **1400 v. CHR.** Östliche Grabhügelkulturen (Adena, Hopewell, Mississippi). **UM 300 v. CHR.** Mogollon-Kultur im Südwesten. **UM 100 v. CHR.** Hohokam- und Anasazi-Kulturen entstehen im Südwesten. **UM 750 N. CHR.** Pueblo-Periode; Adobe-Dörfer.

REICHTUM UND VIELFALT DER KULTUREN

Einführung des Pferdes griff tief in das Leben auf den Plains ein. Manche Stämme, die Ackerbau betrieben und in grasgedeckten Erdhäusern lebten, gaben diese für das Tipi auf, dessen Stangen und Planen aus Bisonhäuten leicht transportiert werden konnten.

Einige der im 19. Jahrhundert am stärksten mit der Bisonjagd verbundenen Stämme kamen erst spät in die Plains. Die Cheyenne zum Beispiel, die ursprünglich an den Großen Seen ansässig waren, zogen Anfang des 19. Jahrhunderts in die Ebenen und wurden nomadisierende Bisonjäger. Obwohl die Plains Schauplatz wilder Kämpfe zwischen rivalisierenden Stammesgemeinschaften wurden, teilten sich ihre Menschen dennoch eine gemeinsame Zeichensprache und den Glauben an einen höchsten Schöpfer, den „Großen Geist".

Der Südwesten

Zwei Hauptgruppen besiedelten die Trockensteppen und Canyons des Südwestens. Die erste, zu denen Hopi, Zuni und Pima gehören, besitzen ein reiches religiöses und kulturelles Erbe, das auf die Anasazi-Kultur zurückgeht, deren älteste Zeugnisse aus dem 1. Jahrhundert v. Chr. stammen. Die Hopi, Zuni und Pima werden nach dem spanischen Wort für „Dorf" Pueblo-Völker genannt. Denn sie lebten in Siedlungen von dicht an- und aufeinandergebauten Häusern aus luftgetrockneten Lehmziegeln (Adobes), ausgestattet mit unterirdischen Kammern für religiöse Zeremonien, den Kivas. Die Pueblo-Völker waren sowohl Ackerbauern und Viehzüchter als auch Jäger und Sammler – sowie bemerkenswert tüchtige Kunsthandwerker. Sie sind es noch heute.

Im 16. Jahrhundert n. Chr. stießen zwei weitere, Athapaskan sprechende, Völker zu dieser Gruppe, die Navajo und die Apache. Beide übernahmen vieles von der Pueblo-Kultur. So begannen die Navajo zum Beispiel mit der Schafzucht und verwoben die Wolle zu Textilien mit farbenprächtigen Mustern.

Kalifornien

Die Küstenstämme der Chumash und Pomo lebten von den Reichtümern des Meeres und trieben mit den binnenländischen Jägern und Sammlern der Yuma einen intensiven Tauschhandel. Ab Mitte des 18. Jahrhunderts änderte sich das an die jahreszeitlichen Abläufe gebundene Leben der Küstenstämme grundlegend: Spanische Missionare kamen ins Land. Mit

1000–1600 N. Chr.	17. Jahrhundert	18. Jahrhundert	19. Jahrhundert	20. Jahrhundert
1050–1150 N. Chr. Blütezeit der Mississippi-Kultur. **UM 1275** Viele Pueblo-Siedlungen aufgegeben. **1497** Europäer erforschen die Ostküste Nordamerikas. **1513** Spanische Expeditionen dringen von Mexiko aus in den Südosten Nordamerikas vor.	Die Nutzung des Pferdes breitet sich unter den Indianern aus; zunehmender Kontakt mit Europäern bringt schwere Seuchen. **1607** Englische Kolonisten gründen Jamestown, ihre erste dauerhafte Siedlung. **1622** Powhatan-Bund greift Jamestown an. **1695** Pima-Aufstand gegen die Spanier im Südwesten. **1697** Erster einer Reihe von Kolonialkriegen zwischen den europäischen Mächten; Franzosen und ihre Algonkin-Verbündeten bekämpfen die Engländer. *Profil eines Kriegers (um 1200), gefunden in Oklahoma. Kupfer.*	Umsiedelung, Verschleppung und Ausrottung der Indianer durch Weiße. **1763–64** Pontiac-Verschwörung gegen die Engländer im Gebiet der Großen Seen. Erster großer Indianeraufstand. **1776** Nach der Unabhängigkeit folgen weitere Enteignungen der Indianer. **1776–1787** Erste Indianer-Reservate im Nordosten. Vertreibungen gehen trotz der Verträge, die die Landrechte der Indianer festlegen, weiter. **1799** Seneca-Häuptling Handsome Lake begründet die Langhaus-Religion, die erste indianische Wiedererweckungsbewegung.	**1830** „Indian Removal Act": Die Indianer müssen sich im Westen im „Indian Territory" ansiedeln. **1865–85** Bisonherden der Plains dahingeschlachtet. **1876** Sioux und Cheyenne besiegen US-Kavallerie unter General Custer. **1890** Massaker bei Wounded Knee.	*Pueblo-Indianer mit der US-Flagge (20er Jahre).* **1918** Gründung der „Native American Church". **1934** US-Regierung genehmigt Selbstverwaltung der Stämme. **1968** „American Indian Movement" (AIM) wird gegründet.

der Zeit nahmen sie den Stämmen ihre Sprache und Religion. Doch es kam noch schlimmer: Der Goldrausch von 1848-49 brachte ihnen verheerende Seuchen, und man verdrängte sie gewaltsam, wo immer man nach dem begehrten Edelmetall suchte.

Das Große Becken

Das Große Becken, die ehemaligen, ausgetrockneten Wasserflächen zwischen den Rocky Mountains und der Sierra Nevada, war die Heimat der Ute, Paiute und Shoshone. Diese Völker wurden nach dem englischen Wort für „Ausgräber" als Digger Indians bezeichnet, weil sie in ihrem kargen, trockenen Lebensraum vor allem durch das Ausgraben von Wurzeln und Knollen überlebten. Auch kleine Säuger und Reptilien fingen sie mit Schlingen und Fallen. Als Behausungen dienten ihnen Windschirme oder – vor allem in der Zeit vor der Ankunft der Weißen – vertieft angelegte Erdhäuser. Der kalifornische Goldrausch löste eine Invasion in die Region des Großen Beckens aus, die 1864 von der US-Regierung annektiert wurde. Die Ureinwohner wurden durch Krankheiten dahingerafft; Überlebende zwängte man in Reservate.

Die Nordwestküste

Der Küstenstreifen von Nordkalifornien bis Südost-Alaska, von der Natur reich beschenkt, ist die Heimat zahlreicher Kulturen. In den Küstengewässern und Flüssen wimmelt es von Fischen, und die üppigen Wälder bieten eine Fülle von Wild und Beeren. Die Völker der Nordwestküste sind berühmt für das hohe Niveau ihrer Handwerkskunst und die komplexe Organisation ihrer Gesellschaft. Einige Völker, wie die Haida, hielten Sklaven, die von Raubzügen die Küste entlang mitgebracht wurden.

Die meisten Völker dieser Region waren in Clans unterteilt, von denen jeder ein Wappentier besaß, zum Beispiel Schwertwal, Wolf, Rabe oder Frosch. Diese Tiere waren in Schnitzereien und Malereien auf Häusern und Totempfählen zu sehen. Ein wichtiges Ereignis im gesellschaftlichen Leben war der „Potlatch", bei dem die Clans ihren Reichtum zur Schau stellten, indem sie ihren Besitz verschenkten oder zerstörten.

Das Plateau

Diesseits der Nordwestküste, im Landesinneren, liegt die Plateaulandschaft. Von dem Fischreichtum der Flüsse dieser Region lebten mehrere Stämme, darunter die Nez Percé (französisch: Durchbohrte Nasen), Cayuse und Lillooet, die auch als geschickte Jäger und Sammler bekannt sind. Als sich die Nez Percé und die Shoshone im späten 17. Jahrhundert Pferde beschafften, wurden sie Bisonjäger auf den westlichen Plains.

Die Subarktis

Im Norden der Plains und der Großen Seen liegen die kalten Flüsse und dichten Wälder der Subarktis. Zu ihren Ureinwohnern gehören Stämme der Athapaskan-Sprachfamilie, wie die Dogrib, Chipe-

Eine Haida-Frau von der Nordwestküste bemalt einen aus Binsen geflochtenen Hut (photographiert um 1900).

REICHTUM UND VIELFALT DER KULTUREN

Noch heute Hunderte von Sprachen

Nomadische Jäger aus Sibirien waren die ersten, die den amerikanischen Kontinent besiedelten. Aus ihren Sprachen – von denen jede Spur verloren ist – entwickelte sich eine Fülle jüngerer Sprachen, um die 2200. Obwohl viele von ihnen unter der Herrschaft der Weißen erloschen, schätzt man, daß die Indianer, die nördlich von Mexiko leben, heute immer noch etwa 300 Sprachen mit 2000 Dialekten sprechen.

Das moderne Gemälde (1951) des Dakota-Sioux Oskar Howe zeigt einen lehrenden Stammesältesten. Bis vor kurzem waren die meisten Sprachen der Indianer Nordamerikas ungeschrieben, so daß alles Wissen und alle Überlieferung mündlich weitergegeben wurden.

Die großen Wanderungen auf dem nordamerikanischen Kontinent führten dazu, daß die zu einer Sprachfamilie gehörenden Sprachen oft eine weite Verbreitung fanden. Die Eskimo-Aleute-Sprachen zum Beispiel werden in der gesamten Arktis gesprochen. Die Sprachen der Apache und der Navajo des Südwestens gehören zur Athapaskan-Sprachfamilie, deren andere Mitglieder in der westlichen Subarktis zu finden sind.

Die Schrift der Indianer bestand vor dem Kontakt mit Europäern aus Piktogrammen – Bildsymbolen, die über Sprachgrenzen hinweg verstanden wurden. Eine Buchstabenschrift wurde Anfang des 19. Jahrhunderts von dem Cherokee Sequoyah entwickelt. Viele indianische Amerikaner haben ihre alte Sprache bis heute bewahrt. Mindestens 100 000 Menschen sprechen Navajo. Die Gros Ventre von Montana haben ihre einst ausgestorbene Sprache sogar wieder aufleben lassen.

wyan, Slave, Koyukon und Kutchin, sowie Algonkin sprechende Stämme, wie die Cree und die Ojibwa. Diese Nomaden lebten in kleinen Gruppen, die ihre Lebensweise gemäß den Jahreszeiten änderten. Im Frühjahr fischten sie, im Winter jagten sie Großwild. Die südlichen Wälder lieferten Beeren und Wildgeflügel sowie Stachelschweine, mit deren Borsten Kleider bestickt wurden („Quillwork").

Um 1700 gingen subarktische Stämme vom Jagen und Sammeln zu einer vielseitigeren Wirtschaftsform über, die auf dem Pelzhandel mit den Weißen beruhte. Dies hatte beträchtliche Mobilität und erhöhte Risiken zur Folge, wodurch die mythischen und schamanischen Jagdrituale eine noch größere Bedeutung bekamen als zuvor.

Die Arktis

Dieses riesige Gebiet umfaßt Sibirien, Alaska, Nordkanada und Grönland. Seit 5000 Jahren leben hier Inuit oder Eskimo, deren Vorfahren vermutlich die letzten Einwanderer waren, die aus Asien kamen. Inuit bedeutet „Volk", während „Eskimo" von einem alten Algonkin-Wort für „Fleischesser" abgeleitet ist. Manche Inuit leben halbnomadisch im Binnenland, doch die meisten jagen an der Küste auf Meeressäuger. Ihre Werkzeuge und Waffen sind aus Walroßelfenbein, ebenso wie die kleinen geschnitzten Amulette. Während die kanadischen Inuit Schneehütten (Iglus) auf dem zugefrorenen Meer bauen, überwintern die Alaska-Inuit in Erdhütten. Die Inuit-Dialekte werden von allen Stämmen der Arktis verstanden.

HEILIGE STÄTTEN

Die Indianer Nordamerikas bringen allen Stätten in der Natur, die für eine bestimmte Gegend charakteristisch sind, Achtung entgegen. Manche Plätze allerdings sind mit größerer magischer Macht ausgestattet als andere. Eindrucksvolle Gebirge sowie Orte in Wassernähe gelten als besonders stark von spiritueller Kraft durchdrungen. Doch auch einzelnen Bäumen oder Felsen können solche Kräfte innewohnen. Manche Orte werden wegen ihrer übernatürlichen Entstehung oder als Schauplatz wichtiger Ereignisse für heilig gehalten. Was auch immer sie bedeutend machte – alle heiligen Orte waren bevorzugte Kultstätten für Zeremonien der Danksagung und Besänftigung von Geistern, für Visionssuchen, Initiationsriten und Begräbnisse. Die gesamte Umgebung, in der sie leben, wird von allen Indianern in Ehren gehalten, damit die ebenfalls dort wohnenden Geister nicht Anstoß nehmen und den Menschen schaden.

Oben: Zwischen 850 und 1150 n. Chr. war Cahokia in Missouri ein bedeutendes Kultzentrum mit über 100 Pyramiden, Tempeln und Grabhügeln („Mounds").

Gegenüber: Steil und zerklüftet aufragende Gipfel wie Big Foot Pass *(gegenüber, unten)* in den Badlands, South Dakota, hatten mythische und heilige Bedeutung. Der Chelly Canyon in Arizona *(gegenüber, oben rechts)* war ein heiliger Ort für die Anasazi und die späteren Pueblo-Völker, die Hopi und Navajo.

Ganz oben: Auffallende Gebirgsformationen wie Church Rock in Utah wurden von Schamanen bei ihrer Visionssuche aufgesucht. Nach der Mythologie der Nordwestküsten-Stämme war der Berg Stek-ya-den in British Columbia *(oben)* ein Ort der Vergeltung und des Todes. Tiergeister-Petroglyphen *(rechts)* sind am Crooked River in Oregon in Stein geritzt. Petroglyphen findet man an Stätten, die für Kulthandlungen genutzt wurden.

ALS MENSCHEN UND TIERE NOCH EINS WAREN

Zu Beginn der Zeit war die Welt von Wasser bedeckt. Nur ein Baumstamm ragte heraus, auf dem Präriefalke und Krähe saßen. Auf dem Urgewässer spielten noch andere Vögel: Ente, Bläßhuhn und Lappentaucher. Und obwohl Falke und Krähe tüchtige Flieger waren, war Fliegen nicht das, was sie für ihre Aufgabe brauchten: die Erschaffung der Welt zu vollenden. In den Tiefen des Wassers, so ahnten Falke und Krähe, war Erde. Nur einem großen Taucher, der bereit war, die gewaltige Reise zu unternehmen, würde es gelingen, sie heraufzuholen.

Ente tauchte, erlebte einen mystischen Traum und starb. Bläßhuhn folgte und erlitt dasselbe Schicksal. Schließlich begab sich Lappentaucher nach unten. Als er am Grund ankam, ergriff er mit den Händen etwas Sand, kehrte an die Oberfläche zurück – und starb. Doch Falke holte mit seinen magischen Kräften alle drei Vögel ins Leben zurück. Als Lappentaucher die Augen aufschlug, glaubten ihm die anderen Vögel nicht, daß er den Grund berührt hatte, und verhöhnten ihn. „Seht unter meinen Fingernägeln nach!" rief Lappentaucher. Und tatsächlich, dort war Sand. Da nahmen die Vögel den Sand und warfen ihn in alle Richtungen über das Wasser. So schufen sie festes Land – die Erde.

Diese Schöpfungsgeschichte des kalifornischen Mono-Stamms stellt ein klassisches Beispiel für einen indianischen „Tiertaucher"-Mythos dar, in dem die Erde mit der magischen Hilfe von Vögeln oder anderen Tieren aus den Tiefen der Urgewässer auftaucht. Andere Legenden berichten davon, wie die Menschen aus einer dunklen und unwirtlichen Unterwelt hervorkamen. In jenen fernen Zeiten hatten Menschen und Tiere noch dieselben Gedanken und eine gemeinsame Sprache, und große, oft schemenhafte Schöpfungskräfte waren am Werk. In der Urzeit weilten Rabe, Coyote und Old Man auf der jungen Erde und schufen Berge, Täler, Flüsse, Tiere und Menschen.

Die Indianervölker Nordamerikas besitzen unzählige Schöpfungsmythen. Allen liegt die gemeinsame Überzeugung zugrunde, daß die Menschen als Gefährten und nicht als Herren der anderen Geschöpfe und Dinge in die Welt traten. In der Anfangszeit wurden Menschen, Tiere, Pflanzen, Felsen, der Erdboden und alle Dinge in vollkommener Gleichheit erschaffen. Menschen und Tiere unterschieden sich nicht voneinander. Diese Gleichheit wird von allen, die von jener Zeit wissen, in großen Ehren gehalten.

Oben: „In den Bergen der Sierra Nevada" von dem deutschen Maler Albert Bierstadt (1830–1902). Diese imposante Landschaft war den dort ansässigen Maidu heilig.

Gegenüber: Maske des Schöpfergottes der Nordwestküsten-Indianer, Nass-Shaki-Yeil. Er war Hüter des Lichts und Großvater des listigen Raben. Der Stirnschmuck wurde um 1850 von einem Handwerker der Tsimshian gefertigt.

ALS MENSCHEN UND TIERE NOCH EINS WAREN

Die Helfer der Schöpfung

Ente, Lappentaucher, Käfer und Krebs – das waren die kühnen Lebewesen, die in der Frühzeit der Schöpfung in die Tiefen des Ur-Ozeans hinabtauchten. Sie beförderten Sandkörner oder Schlamm nach oben; diese Materie wuchs dann gewaltig und bildete das feste Land.

Oben: **Dieser perlenbestickte Lederbeutel aus dem 19. Jh. hat die Form einer Schildkröte. In den Mythen der Prärie-Indianer trägt eine Schildkröte die Erde, und sie war es auch, die die Erste Mutter auffing, als sie vom Himmel fiel. Der Beutel enthielt die Nabelschnur eines Mädchens. Solche Amulette sollten lebenslangen Schutz gewähren.**

Bevor die Erde erschaffen war, lebten die Menschen oben im Himmel in einem Dorf, in dessen Mitte ein Baum mit großen weißen Blüten stand. Diese Blüten gaben den Menschen im Himmel Licht, und wenn sie herabfielen, wurde der Himmel dunkler. Die Zeit verging, und eine Frau hatte einen Traum. Darin erhielt sie eine Botschaft: „Der Baum muß entwurzelt werden!" Die Himmelsmenschen berieten sich und beschlossen, den Baum herauszureißen; doch als sie es versuchten, versank der Baum im Boden und hinterließ ein Loch. Verärgert rief der Häuptling die Frau zu sich und stieß sie durch das Loch hinab.

Die Frau fiel und fiel. Als sie nach unten blickte, sah sie die Untere Welt, eine Welt, wie wir sie kennen. Doch diese Welt war noch nicht geformt. Es gab noch kein Land – alles, was die Frau sah, war Wasser. Vögel schwammen auf der Oberfläche oder flogen darüber hinweg. Noch während die Frau fiel, hob Ente den Kopf. „Wie machen wir für dieses fallende Wesen einen Rastplatz?" rief Ente. Alle Vögel tauchten nacheinander hinab, um zu sehen, ob das Wasser einen Grund hatte. Schließlich kam Eistaucher an die Reihe und brachte etwas Erde mit.

Der Anführer der Vögel sagte: „Legt die Erde auf den Rücken von Schildkröte!" Biber stampfte die Erde auf dem Schildkrötenrücken fest, und als die Frau vom Himmel ankam, legten sie sie auf dieses Stückchen Boden. Hier gebar sie auf geheimnisvolle Weise Kinder, von denen alle Menschen abstammen.

Diese Legende der Seneca aus dem Staat New York beschreibt die Erschaffung der Welt auf eine für viele Mythen Nordamerikas typische Art. Am Anfang aller Zeiten lebten die Himmelsmenschen. Das waren weder Menschen noch Geister noch Götter, sondern unpersönliche, schemenhafte Wesen, Ahnen der Ersten Mutter, die zur Unteren Welt fiel, aber sie ähnelten den späteren Menschen. Die Untere Welt selbst war ein riesiges Urgewässer, das von Vögeln und anderen Tieren bevölkert war. In den meisten Erzählungen der nordamerikanischen Jägergesellschaften können diese Geschöpfe denken und sprechen. Ein wiederkehrendes Motiv besteht darin, daß die Tiere die Schöpfung, die noch nicht fertig war, vollendeten.

In dieser Seneca-Geschichte – ebenso wie in der Mono-Legende *(Seite 21)* – übernimmt ein Tauchvogel die Aufgabe. Er stürzt sich in das Urgewässer und fördert Krumen vom Meeresboden zutage, die dann auf dem Rücken der Schildkröte festgeklopft werden. Die ganze Erde ist also eine auf dem Rücken der Ur-Schildkröte ruhende Insel in einem riesigen Ozean.

In einigen Tiertaucher-Mythen der nordamerikanischen Indianer wetteifern Tauchvögel und andere Tiere miteinander. Die stärksten und geschicktesten, wie Eistaucher oder Ente, tragen oft den Sieg davon, in anderen Geschichten wiederum hat ein kleines und unbedeutendes Tier Erfolg. Bei den Cherokee im Südosten Nordamerikas ist der erfolgreiche Tiertaucher ein Wasserkäfer, in der Schöpfungsgeschichte der Chickasaw, eines anderen Stammes aus dem Südosten, ist es ein Flußkrebs. In diesen Schöpfungsmythen beginnt das Leben auf der Erde mit Tieren, deren Lebensraum das Wasser und die Luft sind. Das wich-

Diese Schamanenrassel der Tlingit aus dem 19. Jahrhundert hat die Gestalt eines Lappentauchers, auf dessen Rücken zwei kleinere Vögel sitzen. Wasservögel spielen eine wichtige Rolle in den Tiertaucher-Schöpfungsmythen: Sie vollenden die Schöpfung, indem sie in den Ur-Ozean hinabtauchen und die ersten Teilchen Erde heraufholen, aus denen das Festland entsteht, damit Menschen und Tiere zusammenleben können.

tigste Vorhaben dieser Geschöpfe ist die Erschaffung der Erde, damit erdverhaftete Wesen wie die Menschen mit ihnen in einer neuen Welt zusammenleben können. Sobald trockenes, festes Land da ist, gibt es auch Menschen, die darauf umhergehen.

Nordamerikanische Schöpfungsmythen erklären meist nur die Entstehung des Gebiets, das die jeweilige Stammesgemeinschaft kennt. Im Nordwesten Alaskas beispielsweise gibt es eine schmale, sandige Halbinsel, Tikigak, die 40 Kilometer weit in das Nordpolarmeer hineinragt. Dieses Stück Land bildete sich vor der letzten Eiszeit allmählich aus ausgeschwemmtem und vor der Küste abgelagertem Material der dortigen Sandsteinklippen. Die Tikigak-Inuit, welche die Halbinsel seit tausend Jahren bewohnen, erzählen sich folgende Geschichte vom Ursprung ihrer Heimat.

Nach dieser Legende wurde die zwar existierende, aber noch unvollständige Welt von Menschen und von Wesen bevölkert, die halb Mensch, halb Tier waren. Eines dieser Wesen war Tulungigrak („einer wie ein Rabe"), ein durch Zauberkraft erschaffener Mann mit dem Kopf eines Raben (*tulugak* heißt Rabe). Ihm fiel die Aufgabe zu, die Schöpfung zu vollenden. Tulungigraks Schöpfungsarbeit sollte aus zwei Taten bestehen. Er mußte ein walähnliches Ungeheuer erlegen, das in den dunklen Urgewässern vor dem noch ungeformten Alaska lebte, und er hatte der Welt, die noch in Dunkelheit verharrte, den Wechsel von Tag und Nacht zu bringen. Der Rabenmann nahm seine Harpune und fuhr im Kajak aufs Wasser hinaus, bis er den Atem des Ungeheuers durch die Nacht hörte. Er sang Beschwörungsverse, während er sich dem Seeungeheuer näherte und es schließlich harpunierte. Es versank, aber da es noch an Tulungigraks Harpunenleine hing, tauchte es wieder auf und verwandelte sich in Land. Den neuentstandenen Landstrich, der von den Tikigak bevölkert wurde, nannte man *Tikigak nuna* (Land der Tikigak).

Wie die Tiertaucher-Legende der Seneca erklärt auch die Tikigak-Geschichte, wie die Erde aus einem Ur-Ozean auftauchte. In diesem Fall ist das Werkzeug der Schöpfung ein Vogelmensch. Die Wesen – ob klein, ob groß –, die im Dienst der Schöpfung handeln, besitzen eigene magische Kräfte. Von einem höchsten, allmächtigen Schöpfer ist nie die Rede.

Der Griff dieser Schöpfkelle der Tlingit (19. Jh.) stellt Rabe dar, den „Trickster" der Schöpfungsmythen der Nordwestküste. Der listenreiche Held und Gott brachte der Welt Tageslicht und Feuer. Nach dem Glauben der Indianer waren Raben ebenso wie andere Vögel und Meerestiere schon vor den ersten Menschen da. Die aus Horn, Knochen, Kupfer und Seeohrschnecken gefertigte Kelle wurde vermutlich bei Zeremonien benutzt.

ALS MENSCHEN UND TIERE NOCH EINS WAREN

Von Sonne, Mais und Bisons

Die Vielfalt der Naturerscheinungen – wie etwa der Wechsel von Tag und Nacht – lieferten Themen für eine Fülle von Ursprungsgeschichten. In einigen Mythen bildet die Schöpfung nur den Nebenaspekt eines großen Streites zwischen Tieren; in anderen kommen Tiere wie der scharfäugige Rabe der Inuit oder der listige Coyote der Comanche den ersten Menschen zu Hilfe, die in der Frühzeit um ihr Überleben kämpfen müssen.

In der gesamten Mythologie Nordamerikas entspringen Naturphänomene wie Tag und Nacht, die Jahreszeiten, Wasser, Bisons und Wale häufig etwas Kleinem, Belanglosem. Mehr noch: Im Schöpfungsprozeß der größeren Dinge verwandeln sich die winzigen Schöpfer oft auch selbst. In einem Irokesen-Mythos wird von einem Disput zwischen Streifenhörnchen und Bär über die Frage des Tageslichts erzählt. Streifenhörnchen wollte, daß Tag und Nacht einander abwechseln, und sang: „Das Licht muß kommen! Wir müssen Licht haben!" Bär dagegen sang: „Nacht ist besser! Wir müssen Finsternis haben!" Als nach Strei-

fenhörnchens Gesang der Tag dämmerte, wurde Bär böse und jagte den Rivalen auf einen Baum. Dabei kratzte er mit den Pranken über Streifenhörnchens Rücken und hinterließ die beiden schwarzen Streifen auf dem Fell, die für Streifenhörnchen typisch sind. Seither folgen Tag und Nacht aufeinander.

Eine Legende des Tahltan-Stammes an der Nordwestküste berichtet von einem Streit zwischen zwei anderen Tieren, Stachelschwein und Biber, über die Dauer der Jahreszeiten. Mit seinen fünf emporgestreckten Fingern zeigte Stachelschwein, wie viele Wintermonate es haben wollte. Biber dagegen hielt seinen Schwanz hoch: „Es soll viele Wintermonate geben, so viele, wie es Kerben in meinem Schwanz gibt!" Verärgert über den Widerspruch biß Stachelschwein seinen Daumen ab und schrie mit emporgestreckter Hand: „Vier Monate sollen es sein!" Biber gab nach, und seither dauert der Winter in dieser Region vier Monate, und Stachelschweine besitzen vier Zehen an jedem Fuß.

In vielen nordamerikanischen Mythen gibt es Tiere schon seit dem Anfang aller Zeiten. Doch für die Zentral-Inuit im arktischen Kanada waren Meeressäugetiere wie Robbe, Walroß und Wal aus den abgeschnittenen Fingergliedern der mythischen Frau Nuliayuk erschaffen worden, welche die wichtigste Meeresgöttin werden sollte *(Seite 55)*.

Eine Geschichte der Comanche der Plains, der Großen Ebenen, erklärt, wie die großen Bisonherden entstanden. In Urzeiten gehörten alle Bisons einer alten Frau und einem kleinen Jungen. Die Tiere wurden im Gebirge in Gehegen gehalten, und kein Mensch konnte dahin gelangen. Coyote, ein Trickster, dem zahlreiche mythische Handlungen zugeschrieben werden, beriet sich mit den Indianern, und gemeinsam beschlossen sie, ein kleines Tier ins Versteck der Bisonhüter zu schicken. Der Junge, so hofften sie, würde das Tier bei sich aufnehmen, so daß es die Bisons befreien könnte. Zweimal schlug der Plan fehl, doch beim drittenmal gelang es dem kleinen Jungen trotz des Widerspruchs der alten Frau, sein neues Haustier zu behalten. In der Nacht schlich sich das Tierchen davon und stimmte auf dem Weg zum Bisongehege ein lautes Geheul an. Die Bisons gerieten in Panik, durchbrachen das Tor und stürmten in die Ebene hinunter.

Die Vorstellung, daß ein mächtiges Wesen den Menschen in den Anfangszeiten etwas Lebenswichtiges vorenthielt, kommt auch in Geschichten über Naturerscheinungen vor. Die Stämme der Nordwestküste und die Inuit von Alaska erzählen, daß der „Hüter des Tageslichts" dieses in einem Lederbeutel verwahrte; Rabe stahl den Beutel, und als er ihn aufhackte, strömte das Tageslicht heraus. Die Tlingit und Haida beschreiben, wie Rabe Wasser stahl; auf seiner Flucht spritzte es über die Erde, so daß die Flüsse und Seen des Nordwestens entstanden.

Ein bei den südlichen Stämmen, die Ackerbau trieben, verbreiteter Mythos schreibt den Ursprung von Mais und Bohnen einer Zauberin zu. Die Natchez erzählen von der Maisfrau, die Zwillingstöchter hatte. Wann immer ihre Vorräte knapp wurden, ging Maisfrau in das Maishaus und kam mit zwei Körben voll zurück. Eines Tages schlichen die Zwillinge ihr nach. Sie sahen, wie Maisfrau die Nahrung durch Reiben ihres Leibes hervorbrachte, und liefen angeekelt davon. Da sagte ihnen Maisfrau: „Von heute an müßt ihr allein zurechtkommen. Tötet und verbrennt mich. Im Sommer werden Pflanzen sprießen, wo ihr mich verbrannt habt. Diese müßt ihr großziehen, und wenn sie reif sind, werden sie eure Nahrung sein."

Eine Schnupftabakdose aus West-Alaska in Form von zwei Robben. Robben sollen aus den Fingern der Meergöttin Nuliayuk geschaffen worden sein. Inuit-Männer rauchten den Tabak, während Frauen ihn kauten oder schnupften.

Gegenüber: **Die Mythen vom Auftauchen der Menschen aus der Erde, die sich bei den Pueblo-Indianern finden, spiegeln ihre Lebensweise als Ackerbauern wider. Auch der Mais kam aus der dunklen Unterwelt empor. Auf dieser Navajo-Decke aus dem 19. Jh. steht der Maisgeist zwischen zwei heiligen Gestalten.**

ALS MENSCHEN UND TIERE NOCH EINS WAREN

Aus dem Dunkel ans Licht

Viele der Schöpfungsmythen, die sich die Ackerbauern im Südwesten Nordamerikas erzählen, handeln davon, wie die ersten Menschen aus einem Reich der Dunkelheit, das sich tief unter der Erdoberfläche befand, ans Sonnenlicht der Oberwelt gelangten. Freundlich gesinnte Lebewesen bahnten ihnen hilfreich den Weg: Tiere, die Gänge gruben, Pflanzen, die kletterten, und gewiefte Strategen wie Coyote und Spinnenfrau.

„In der Unterwelt waren alle Menschen dumm." So beginnt eine Schöpfungsgeschichte der Hopi, die im dürren Hochland von Arizona beheimatet sind. Wie nahezu alle Pueblo-Völker im Südwesten Amerikas erzählen sich die Hopi Ursprungsgeschichten, in denen Welten beschrieben werden, die vor der heutigen bestanden. In diesen Reichen lebten die Menschen, bevor sie in ihren späteren Stammesgebieten ankamen und heimisch wurden. In den Hopi-Mythen, ebenso wie in denen ihrer Nachbarvölker Zuni, Navajo und Tewa, waren diese Gegenden tief unter der Erde gelegen, wo das Leben immer qualvoller wurde. Die meisten Pueblo-Schöpfungsmythen handeln vom Auftauchen der unterirdischen Menschen, von der langen und beschwerlichen Reise durch drei oder vier Höhlen, bis sie an die Oberwelt des Sonnenlichts gelangten.

Die frühen Pueblo-Indianer waren Ackerbauern. Bevor die Spanier Mitte des 16. Jahrhunderts eintrafen, bauten die Hopi und Zuni Bohnen, Mais und Kürbisse an, sammelten Wildpflanzen und jagten Groß- und Kleinwild. In der extremen Trockenheit des südwestlichen Hochlandes mußten die lebenspendenden Ernten einem dürren Boden mühsam abgerungen werden. So ist es einleuchtend, daß diese Völker glaubten, unter dem Boden sei alles karg und finster, und nur über der Erde gebe es Fruchtbarkeit und Fülle. Ebenso verständlich ist die Vorstellung, die ersten Menschen seien aus einer feindlichen und dunklen Unterwelt herauf an das verheißungsvolle Tageslicht gestrebt. Die Symbolik dieses magischen Vorgangs war so überzeugend, daß auch die Navajo und die Apache, die erst später in die Region zogen, diese Glaubensvorstellung übernahmen, obwohl sie von alters her als Viehzüchter oder nomadisierende Jäger gelebt hatten und den Ackerbau erst von den Pueblo-Völkern lernten.

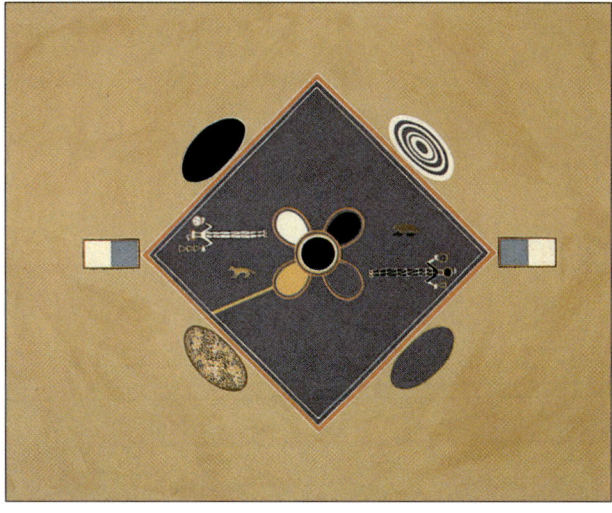

Auf diesem Sandgemälde ist die Heimat der Navajo ein Quadrat. Die Ovale an den Seiten zeigen die Himmelsrichtungen an. Im Quadrat sind Sich-verändernde-Frau, Symbol der Fruchtbarkeit, und Weiße-Muschel-Frau, Symbol des Wassers, dargestellt. Der Kreis in der Mitte ist der Ort, an dem die Menschen auftauchten. Die vom gelben Oval ausgehende Linie ist das Schilfrohr, an dem die ersten Menschen auf die Erde kletterten.

Hauptfiguren in den Geschichten der Pueblo-Völker sind nicht nur die Menschen, die den Tiefen der Erde zu entkommen trachteten, sondern auch Götter: der Schöpfer, der Sonnengott und die Zwillingskinder der Sonne. Außerdem spielen zwei halbgöttliche Wesen eine Rolle, die den heraufkommenden Menschen zu Hilfe eilen: Spinnenfrau, deren Einfallsreichtum – oder auch nur ihr Seidenfaden – den Weg nach oben weist, und Coyote, der Trickster, dessen Energie und Geschicklichkeit den Reisenden helfen, mit Schwierigkeiten fertig zu werden. Auch

Tiere wie Maulwürfe, Dachse und Heuschrecken tragen zum Gelingen dieser Reise bei, indem sie Gänge durch die Erde graben oder Pflanzen erklimmen, die von der Unterwelt in die Oberwelt hinaufragen.

„In der Unterwelt waren alle Menschen dumm." Die Hopi-Geschichte beginnt deshalb so, weil Männer und Frauen unablässig miteinander stritten. Und als die verfeindeten Geschlechter beschlossen, sich zu trennen und an den gegenüberliegenden Ufern eines Flusses zu leben, wurde ihre Gemeinschaft unfruchtbar – und die Unterwelt immer unwirtlicher: Sie schrumpfte, der Horizont wölbte sich unangenehm niedrig, und schließlich wurde sie überflutet. Angesichts eines solchen Unheils tat der Häuptling der Unterweltmenschen alles, um einen Fluchtweg, ein Tor nach oben zu finden. Schließlich fertigte er einen Gebetsstab für Spinnenfrau an und nahm durch diese Kulthandlung Verbindung zu ihr auf.

Spinnenfrau wollte den Menschen helfen, „zu einem guten Ort, in gute Behausungen" aufzusteigen. Sie ermöglichte ihnen, die Grenze zwischen der Unterwelt voller Dunkelheit und Feuchtigkeit und der Oberwelt des Lichts und der Wärme zu überqueren. Zuerst pflanzte sie eine Fichte, und als diese nicht bis zur Oberwelt durchdrang, ein Schilfrohr, das schließlich die Erdoberfläche durchstieß.

Dann versuchten verschiedene Tiere probeweise den Aufstieg; nur Heuschrecke, die ihre Flöte bei sich trug, schaffte es. Oben wurde sie von den „Wolkenherren" der vier Himmelsrichtungen angegriffen. Nachdem diese Heuschreckes Mut durch Blitzeschleudern auf die Probe gestellt hatten, gaben sie nach, denn Heuschrecke hatte die ganze Zeit über ruhig auf

„Allein mit der Vergangenheit" – Titel eines von Roland Reed in den 20er Jahren aufgenommenem Photos. Zwei Navajo blicken über den Canyon de Chelly (Arizona) auf die Ruinen eines Dorfes, das von den Anasazi, den Vorgängern der Pueblo-Indianer, in vorgeschichtlicher Zeit erbaut wurde. Die Ruinen scheinen eins zu sein mit der Landschaft.

ihrer Flöte gespielt. „Du bist gut und tapfer!" riefen sie begeistert. „Dein Herz und die Herzen deines Volkes müssen gut sein. Geh und sag den Menschen, sie mögen kommen, und alles Land soll ihnen gehören." Die Menschen waren acht Tage unterwegs und freuten sich, als sie schließlich in der Oberwelt ankamen.

Die Geschichte verdeutlicht die Denkweise der Hopi; *hopi* bedeutet Frieden, und alles, was die Angehörigen dieses Stammes tun, soll in Harmonie geschehen. Ihr höchstes Ideal besteht darin, friedlich in einer heiligen Beziehung zu allen Dingen und Geschöpfen dieser Erde zu leben.

ALS MENSCHEN UND TIERE NOCH EINS WAREN

Die großen Wanderungen

In den Geschichten der Hopi und anderer Pueblo-Völker folgt nach dem Aufstieg aus der Unterwelt die Wanderung, denn die Menschen mußten sogleich weiterreisen, um sich einen Platz zu suchen, wo sie leben konnten. Sie zogen von Ort zu Ort und ließen sich endlich in einer Region nieder, die für alle Zeiten ihr Stammesgebiet werden sollte.

Die Ursprungsmythen der Pueblo-Völker beschreiben die Wanderung durch mehrere Unterwelten nach oben in die von der Sonne erhellte Welt. Manche Stammesgemeinschaften, darunter die der Hopi, erzählen noch von einer weiteren Wanderung.

Als die Hopi der Unterwelt entkommen waren – wie es heißt, am Zusammenfluß des Colorado und des Little Colorado –, befahl ihnen der Schutzgeist Masaw, in alle vier Himmelsrichtungen zu ziehen, bis sie das Meer erreichten, und dann auf demselben Weg zurückzugehen, bis sie ihre wahre Heimat gefunden hätten. Nicht jede Stammesgemeinschaft kam auch wirklich am vorbestimmten Ort an, doch diejenigen, die es schafften, ritzten zum Gedenken an ihre große Wanderung Bilder in Felswände. Diese Felsbilder zeigen zwei Spiralmotive: Viereckige Spiralen, die die Umkehr am Ozean symbolisieren, und runde Spiralen, die verbildlichen, wie sich die Menschen ihrem Heimatland näherten.

Im Hopi-Territorium sind solche eingeritzten Spiralen innerhalb einer Swastika (eines stilisierten Sonnenrades) ausgelegt, welche die Wanderung der Sonne über den Himmel darstellt. Die Mitte des Sonnenrades, Tuwanasavi, versinnbildlicht sowohl das Zentrum des Kosmos als auch das Herz des Hopi-Landes. Die Hopi haben mehrere Kultstätten (Kivas) in deren Mitte sich ein Loch im Boden befindet; dieses Loch stellt die Öffnung (Sipapu) dar, durch welches die ersten Menschen in die heutige Welt kletterten.

Vor 500 bis 1000 Jahren ritzten Nordamerikaner diese heiligen Bilder in weißen Kalkstein. Die Künstler waren vermutlich Vorfahren der Ojibwa, die sich gegenwärtig um die Erhaltung des historischen Ortes kümmern. Die Felsbilder befinden sich im heutigen Peterborough County, Ontario.

Es gibt eine Fülle von Erzählungen, die Stammeswanderungen zum Thema haben. Im Südwesten Nordamerikas spiegeln manche von ihnen Konflikte zwischen den Stämmen wider, etwa die zwischen den Tewa im nördlichen New Mexico und den Ute in Colorado. Auf dem Gebiet der Zuni und Tewa gibt es Markierungen, die Wanderern anzeigen, wo hilfreiche Geister wohnen. Mythische und auch historische Landkarten verzeichnen solche heiligen Landmarken.

DIE GROSSEN WANDERUNGEN

Wie der Schlangen-Clan in die Wüste kam

Eine Wanderungsgeschichte erzählt, wie der Schlangen-Clan, der zum Volk der Tewa im Norden New Mexicos gehört, in die südwestliche Wüste einwanderte. Die Legende ist ein Beispiel dafür, daß manche Stammesgemeinschaften bestimmte Tiere besonders verehrten – in diesem Fall die Schlange.

Einst lebte ein Junge aus dem Tewa-Volk an einem Fluß. Jeden Tag saß er am Ufer und sagte sich: „Ich möchte gern wissen, wohin dieses Wasser fließt." So fällte er einen Baum, aus dem er einen Kasten baute, und erzählte seinen Eltern von dem Wunsch, flußabwärts zu fahren. Sein Onkel fertigte ihm Gebetsstäbe. „Wenn du einem heiligen Wesen begegnest", sagte der Onkel, „gib ihm diese Gebetsstöcke." Am nächsten Morgen segelte der Junge los.

Nach einer Weile erblickte er einen Berg. Er legte am Ufer an und ging um den Berg herum. Da kam ihm ein Mädchen entgegen und sagte: „Ich war es, die dich herkommen ließ."

Sie stieg mit ihm bergauf, bis sie zu einem Haus kamen, in dem Leute saßen. Sie gaben ihm zu essen, und als er gegessen hatte, schaute er seine Gastgeber genauer an. Sie wirkten wie Menschen, hatten aber eine gelbe, schlangenähnliche Haut. Als sie das Haus verließen, verwandelten sie sich tatsächlich in Schlangen. Der Junge dankte dem Häuptling und gab ihm die Gebetsstäbe.

Daraufhin führten die Schlangenmenschen dem Jungen Tänze vor, sangen Lieder und forderten ihn auf, mitzumachen. Sie fragten den Jungen, ob er das Schlangenmädchen, das ihn hierher gebracht hatte, heiraten wolle. Nach der Hochzeit sagte der Vater der Braut zu dem Jungen: „Es wird Zeit, daß du zu deiner Familie zurückkehrst. Meine Tochter wird mit dir gehen."

Im Haus des Jungen waren sie willkommen. Alles ging gut, bis die Kinder der Schlangenfamilie anfingen, die anderen Kinder im Dorf zu beißen. Da führte die Schlangenfrau ihre Familie fort.

Im Süden trafen sie auf andere Menschen. „Wer seid ihr?" fragten die Schlangen. „Wir sind der Sand-Clan", erwiderten die Fremden. „Dann seid ihr mein Volk", sagte die Frau. Gemeinsam zogen sie weiter und trafen noch andere Clans: Eidechsen-, Bären-, Coyoten-, Antilopen- und Tabakpflanzen-Clans.

So trafen sich die Clans der Tewa, und einige von ihnen schlossen sich zusammen. Der Coyote-Clan und die Antilopen bildeten eine Stammesgemeinschaft, doch die Schlangen konnten nicht mit anderen Clans zusammenleben und siedelten sich in der Wüste an.

Diese moderne Malerei auf Bisonhaut (Werk eines Künstlers aus Arizona) stellt die mythische Wanderung des Schlangen-Clans der Tewa dar.

ALS MENSCHEN UND TIERE NOCH EINS WAREN

Der Große Geist

Viele nordamerikanische Indianergesellschaften kannten einen höchsten Gott, den sie als „Großen Geist", „Vater", „Großvater" oder „Old Man" bezeichneten. Er war der Schöpfergott am Anfang aller Zeit – der Geist, der über und in allem Lebendigen herrschte.

Mit der Okipa-Zeremonie nahmen die Mandan Verbindung zum Großen Geist und ihrer mythischen Vergangenheit auf. Ein Gemälde von George Catlin aus dem frühen 19. Jahrhundert.

Die Indianer der Plains – der Großen Ebenen und Prärien –, wie die Pawnee, die Blackfoot und die Sioux, besaßen besonders vielschichtig ausgeprägte Glaubensvorstellungen. Für diese Stammesgemeinschaften war alles menschliche Leben heilig, und alles menschliche Handeln stand in Beziehung mit dem allgegenwärtigen Großen Geist. Dieser Gott – Tirawa für die Pawnee, Napi („Old Man") für die Blackfoot in Montana, Wakan Tanka bei den Sioux – wohnte in allen Menschen, Tieren, Orten und Naturerscheinungen.

Obwohl die anderen Geister, die aus dem Großen Geist hervorgingen und neben ihm existierten, durchaus auch Verehrung genossen, oblag alle Existenz allein dieser höchsten Gottheit.

Die Skidi-Pawnee, eine Präriegemeinschaft von 19 Dörfern, deren Glaubensvorstellungen und Zeremonien bereits an der Wende zum 19. Jahrhundert niedergeschrieben wurden, verehrten den Schöpfer Tirawa mit Hingabe und Demut. Dabei waren die Skidi-Pawnee ein besonders stolzes Volk, das sich oft im Krieg mit Nachbarn befand und dessen Männer hervorragende Bison- und Hirschjäger waren. Ihr Schöpfer Tirawa thronte mit seiner Frau, dem Geist des Himmelsgewölbes, über den Wolken und griff kaum in das irdische Leben der Menschen ein. Er herrschte mittelbar, durch andere Götter.

Tirawa unterstand der Abendstern und diesem seine vier Gehilfen: Wind, Wolke, Blitz und Donner. Morgenstern war der zweitmächtigste und der Vater des ersten Menschen. Andere bedeutende Kräfte waren die vier Weltviertel (Himmelsrichtungen) sowie Sonne und Mond, die Eltern der Erde, die den Menschen so wichtige Dinge wie Jagdgeräte gebracht hatten. In diesem Kosmos wurde das alltägliche Geschick der Männer und Frauen von Tiergeistern gelenkt, die sich in heiligen Hütten trafen.

Das Volk der Skidi-Pawnee huldigte Tirawa und seinen Helfern in alljährlichen, lange andauernden Kulthandlungen. In Tänzen ahmten sie ihre Beutetiere nach – nicht nur als eine Form der Verehrung, sondern auch, um sich Macht über sie bei der Jagd zu sichern. Bei anderen Feierlichkeiten, die immer in einer

Ein gütiger Gott

Die Vorstellung vieler Indianervölker von einem gütigen und allmächtigen Gott deckte sich mit dem Gottesbegriff der Europäer. Alle, auch die kühnsten Krieger, brachten dem Großen Geist innige Ehrerbietung entgegen – was im Widerspruch steht zum Bild vom barbarischen Wilden, das die Wildwest-Propaganda entwarf, um damit die Ausrottungskriege zu rechtfertigen.

Der Große Geist der Sioux wurde nicht nur angerufen. Oft offenbarte er sich besonders empfindsamen und verantwortungsbewußten Menschen in mächtigen Visionen oder Traumbildern.

Ein solcher Visionär war Brave Buffalo (Tapferer Büffel), ein Medizinmann der Sioux aus North Dakota. Seine Vision vom Großen Geist verließ ihn nie mehr: „Als ich zehn Jahre alt war, blickte ich mich um und sah das Land und die Flüsse, den Himmel darüber und die Tiere um mich herum und erkannte, daß sie alle von einer großen Macht erschaffen waren."

Zeltdecke eines Sioux-Tipis (um 1830), das die heilige Pfeife beherbergte, mit der die Verbindung zum Großen Geist hergestellt wurde.

Weninock, Häuptling der Yakima im Osten des Staates Washington, beschrieb eine anderen Dimension des göttlichen Geistes, nämlich die des gütigen Gebenden. „Gott schuf das Land der Indianer, und es war, als ob er eine große Decke ausbreitete. Darauf stellte er Indianer. Und alle Tiere und Pflanzen in diesem Land gehörten den Indianern." In unruhigen und seelisch belastenden Zeiten bot der Große Geist den Indianern Sicherheit und Führung.

großen Zeremonialhütte stattfanden, gehörten die „heiligen Bündel". Jedes Dorf besaß sein eigenes Bündel, das seinen Ahnen vom Großen Geist geschenkt worden war. Das Bündel hing gegenüber der Tür; es wurde zu bestimmten Anlässen heruntergenommen und feierlich geöffnet. Dorfhäuptlinge und heilige Männer überwachten die Riten; sie plazierten sich zu diesem Zweck in der Zeremonialhütte – ebenso wie die anderen Teilnehmer –, wie die Götter und Sterne am Himmel standen.

Bei den Pawnee hießen die Bündel *chuh-rara-peru* (eingewickelter Regen). Ihr Inhalt war unterschiedlich, doch alle enthielten eine Pfeife und die meisten auch Tabak, Farben, Knochen und Federn sowie Mais, den die Pawnee-Frauen anbauten. Die Bündel wurden vor den Häuptlingen ausgebreitet, und man brachte ihnen Opfergaben in Form von Rauch aus einer Zeremonialpfeife sowie Bisonzungen dar. Bis 1818 huldigte man Tirawa auch mit Menschenopfern – einem rituell getöteten Mädchen, das der Morgenstern als Gefährtin verlangte. Gesänge der Häuptlinge begleiteten die Kulthandlungen.

Bei anderen Plains-Indianern zeigte sich der Große Geist auf unterschiedliche Weise. So ist zum Beispiel Old Man, von dem die Legenden der Blackfoot erzählen, ein Wohltäter oder Betrüger, ein merkwürdiges Mischwesen aus Weisheit und Torheit, das gütig oder gemein sein kann. Old Man spielt auch manchen Schabernack oder wird seinerseits von kleinen Kreaturen wie Eichhörnchen und Mäusen hereingelegt. In einer Erzählung spielt Old Man mit Eichhörnchen um ein Feuer; dabei verbrennt er sich, ißt alle Hörnchen auf, kämpft mit einem Luchs und schlägt schließlich jene Risse in die Birkenrinde, die diese heute aufweist. In seiner wohltätigen Gestalt hingegen schenkt Old Man Tieren und Menschen zahlreiche nützliche Kenntnisse.

Wie viele Götter und Geister, die in Nordamerika verehrt wurden, ist der Große Geist manchmal auch personifiziert. Doch als Person bleibt er meist schemenhaft, und in der Regel verschwindet er nach dem Schöpfungsakt wieder aus dem Mythos. In der Mythologie der Hopi war der erste Gott Taiowa. Am Anfang aller Zeiten schuf er Sotuknang, „als eine Person, Taiowas

Adlerfedern, Stachelschweinborsten, rote Tuchstreifen und Glasperlen sind das Material dieses um 1900 gefertigten Kopfschmucks der Lakota. Eine solche Kriegsfederhaube war der Stolz jedes Häuptlings der Plains-Indianer. Die Zahl der Adlerfedern bezeugt die Anzahl der Heldentaten des Trägers.

Neffen". Dieser Sotuknang schuf das „Leben im endlosen Raum und legte die Universen in richtiger Ordnung an". Sotuknang errichtete neun Weltreiche, und alles in Raum und Zeit ging von seiner Hand aus.

Nach dem ersten großen Schöpfungsakt zog sich Taiowa in eine der neun von seinem Neffen geschaffenen Welten zurück und spielte in den Mythen und im Kultgeschehen praktisch keine Rolle mehr. Solche „Schöpfer, die wieder verschwinden," gibt es auch bei den Navajo, Pima, Apache und anderen Stämmen im Südwesten Nordamerikas.

Der Priester und Heiler Black Elk (Schwarzer Wapiti-Hirsch), ein Oglala-Sioux, der von 1860 bis 1950 lebte, erzählte eine der schönsten Geschichten über den Großen Geist und die ihm gewidmeten Mythen und Zeremonien. Black Elk hatte so große Persönlichkeiten wie Crazy Horse (Wildes Pferd) und Sitting Bull (Sitzender Bisonstier) persönlich gekannt und war bei zwei einschneidenden historischen Ereignissen dabeigewesen: 1876 bei der Schlacht am Little Big Horn, als General Custers Regiment vernichtet wurde, und 1890 beim Massaker von Wounded Knee. Das Wesen des Großen Geistes, den die Sioux nach dem Wort *wakan* (heilig oder heilige Macht) Wakan Tanka nannten, wird in Black Elks Geschichte von dem visionären Erlebnis zweier Sioux-Jäger deutlich.

Der Morgen dämmerte bereits, als die beiden Jäger auf einem Hügel standen und eine schöne junge Frau näherkommen sahen, die ein Kleid aus weißem Bisonleder und auf dem Rücken ein Bündel trug. Als einer der beiden lüstern nach ihr greifen wollte, verwandelte die Frau ihn in einen Haufen Knochen. Dem anderen Mann befahl die Frau, in sein Dorf zurückzukehren und dem Häuptling Standing Yellow Horn (Aufrechtes Gelbes Horn) den Auftrag zu geben, eine Zeremonialhütte aus 28 Pfählen und Bisonhäuten zu bauen. Als diese Befehle sorgfältig ausgeführt waren, erschien die Frau wieder. Sie nahm das Bündel vom Rücken und sagte zu Standing Yellow Horn: „Bewahre das Bündel gut auf und liebe es. Es ist *lela wakan* (sehr heilig), und du mußt es immer als solches ehren. Kein unreiner Mann darf es jemals sehen, denn in dem Bündel ist eine sehr heilige Pfeife. Mit dieser Pfeife wirst du in den kommenden Jahren eure Stimmen zu Wakan Tanka, eurem Vater und Großvater, hinaufschicken. Mit dieser heiligen Pfeife wirst du über die Erde wandern, denn die Erde ist deine Großmutter und Mutter, und sie ist heilig. Jeder Schritt auf ihr sollte sein wie ein Gebet."

Die Frau erklärte Standing Yellow Horn dann, daß der steinerne Pfeifenkopf die Erde und alle vierbeinigen Tiere in Gestalt eines Bisonkalbs darstelle. Der hölzerne Pfeifenstiel verkörperte alles, was auf der Erde wuchs. Zwölf am Stiel befestigte Adlerfedern versinnbildlichten alle Vögel in der Luft. „Wenn du diese Pfeife rauchst", sagte die Frau, „werden sich alle Dinge, wird sich alles im Universum mit dir vereinigen: Alle schicken ihre Stimmen zu Wakan Tanka, dem Großen Geist. Wenn du mit dieser Pfeife betest, betest du für alle Dinge und mit allen Dingen."

Die Lakota-Sioux führten den Befehl der *wakan*-Frau aus. Das Pfeifenritual zu Ehren des Großen Geistes vollzog sich in zwei Stufen. Getrocknetes Kraut wurde an einem Feuer entzündet, das in der Mitte der Hütte brannte; der Rauch wurde durch den Pfeifenstiel gezogen und stieg hoch in den Himmel – so rauchte Wakan Tanka als erster. Dann wurde die Pfeife mit Tabak gestopft und der Rauch ehrfurchtsvoll in sechs heilige Richtungen geblasen: nach Westen, Norden, Osten, Süden, zum Himmel und zur Erde. Black Elk erläuterte: „Auf diese Weise ist das ganze Weltall in der Pfeife."

Alle Einzelheiten der Pfeifenzeremonie bezogen sich auf Wakan Tanka als allmächtige Lebenskraft. Die Zeremonialhütte verkörperte dieses Weltall. Die 28 Stützpfeiler stellten den Mondmonat dar, und jeder Tag dieses Monats war heilig. Black Elk erklärte dies wie folgt: „Zwei Tage versinnbildlichen den Großen Geist. Zwei sind für Mutter Erde, vier für die vier Winde; einer ist für den Adler, einer für die Sonne, einer für den Mond und einer für den Morgenstern; vier sind für die vier Jahreszeiten, sieben für unsere sieben großen Riten; einer ist für den Bison, einer für das Feuer, einer für das Wasser, einer für das Gestein; und schließlich ist einer für die zweibeinigen Lebewesen, die Menschen. Die Zeremonialhütte ist das Zentrum der Erde; in diesem Zentrum, das in Wirklichkeit überall ist, wohnt Wakan Tanka."

Nachdem die *wakan*-Frau die Sioux in die Zeremonie eingeführt hatte, ging sie in Richtung des Sonnenlaufs um die Zeremonialhütte. Die Menschen in der Hütte sahen, wie sich die Frau in einen Bison verwandelte, sich in alle Himmelsrichtungen verbeugte und verschwand.

Zeremonialpfeife der Sioux aus dem 19. Jahrhundert. Den aus einer solchen Pfeife aufsteigenden heiligen Rauch hielt man für einen mystischen Verbindungsweg zum Großen Geist.

ALS MENSCHEN UND TIERE NOCH EINS WAREN

Sonne, Mond und Sterne

Es gibt eine gewaltige Zahl von nordamerikanischen Mythen, welche die Geburt von Sonne, Mond und Sternen erklären. An diesen Geschichten läßt sich ablesen, welche Rolle die Gestirne für ein Volk spielten: Sie war abhängig von dem Klima, in dem die Menschen lebten.

Für die Blackfoot im nordwestlichen Montana und die Navajo in den südwestlichen Wüsten war die Sonne viel mehr als eine Lichtquelle: Sie wußten, daß alles, was wächst, Licht und Wärme braucht – die es von der mächtigen Sonnengottheit bekommt. In ähnlicher Weise verehrten die Cherokee und andere Völker des Südostens den lebenspendenden Himmelskörper.

Im Gegensatz zu dieser Auffassung stand die der Inuit des Nordens sowie der Tlingit und Tsimshian des Nordwestens. Sie erlebten die Sonne als eine Himmelskraft ohne große Macht, als schwach und darauf beschränkt, das Tageslicht zu bringen.

Viele Mythen der Nordwestküste, die beschreiben, wie das Tageslicht in die Welt kam, schildern auch die Entstehung der Sterne und des Mondes. Meist drehen sie sich um den gewitzten Raben. Ein Mythos der Tlingit erzählt, wie der Trickster Rabe, halb Vogel, halb Mensch, sich in das Haus des Hüters des Tageslichts schlich und die Tochter des Häuptlings mit einem Zaubertrick schwängerte, so daß sie ihn selbst, den Raben, gebar. Nun sah er gewisse Beutel, die an der Wand im Hause seines Großvaters hingen. Das Rabenbaby krabbelte umher, krähte, weinte und deutete auf die Beutel. Schließlich rief der Großvater: „Gebt meinem Enkel, was er haben will, damit er still ist!" Man gab dem Knaben den Beutel, der die Sterne enthielt. Er spielte damit, und plötzlich ließ er ihn durch den Rauchabzug hinausfliegen. Der Beutel flog in den Himmel, die Sterne fielen heraus und ordneten sich so an, wie wir sie heute sehen.

Rabe wiederholte seinen Trick und erhielt auch den nächsten Beutel, in dem der Mond enthalten war.

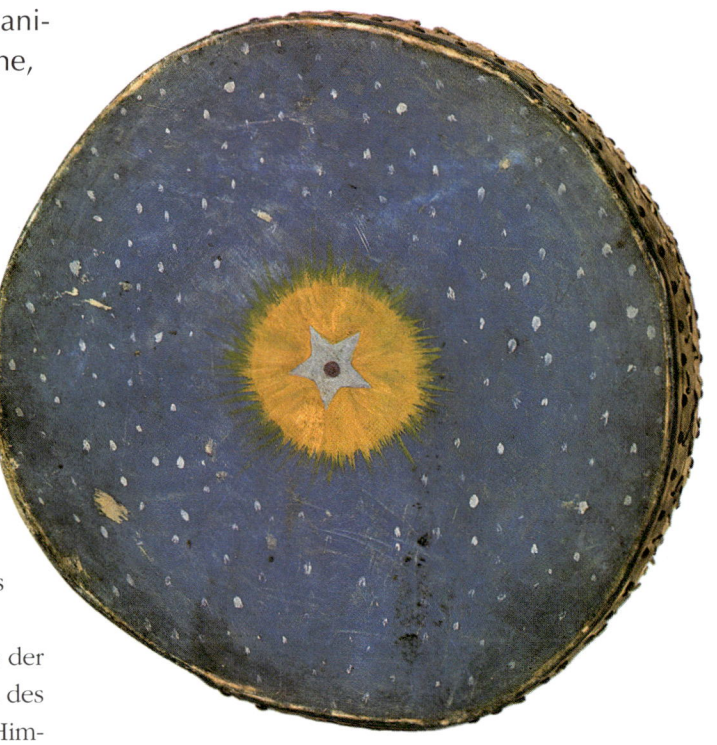

Diese bemalte Handtrommel aus Wildleder gehörte vermutlich einem Mitglied der Geistertanz-Bewegung, die sich um 1890 in den Plains verbreitete. Sie ist mit Sternen und Punkten verziert, die die Geister des Kosmos darstellen. Die Geistertänzer huldigten den heiligen Ahnengeistern, ihren Verbündeten. Sie sollten ihnen helfen, die indianische Lebensweise zu erhalten und den Zerstörungen des Weißen Mannes Einhalt zu gebieten.

Am meisten aber kam es Rabe auf das Tageslicht an. Das Tageslicht war der wichtigste Besitz des Großvaters, es befand sich in seiner Obhut; deshalb wurde es in einem fest zugebundenen Kästchen verwahrt.

Der Großvater hatte inzwischen begriffen, daß eine übernatürliche Macht dabei war, ihm sein Eigentum zu nehmen, und befahl widerwillig, man möge den Kasten aufbinden und dem Rabenbaby geben. Als Rabe den Kasten in der Hand hielt und das Tageslicht herausgelassen hatte, krächzte er nach Rabenart und flog durch den Rauchabzug davon. So kamen das Tageslicht und der Sonnenschein an die Nordwestküste, zusammen mit dem Mond und den Sternen.

Der erste Sonnenaufgang

Die Geschichte der Cherokee aus dem Südosten Nordamerikas beginnt im Dunkel der mythischen Urzeit, als Tiere den Menschen bei ihrer Suche nach Licht zu Hilfe kamen.

Früher gab es kein Licht, und im Dunkeln rannten die Menschen einander um. „Was wir brauchen, ist Licht!" stellten sie fest. „Die Menschen auf der anderen Seite der Welt haben Licht", sagte Rotkopfspecht. „Vielleicht geben sie uns etwas ab."

Nach einigem Hin und Her sprach Opossum: „Ich gehe und hole Licht. Ich habe einen buschigen Schwanz und kann es in meinem Fell verstecken." So reiste es nach Osten und kniff dabei seine Augen in der Helligkeit zusammen. Auf der anderen Seite der Welt fand es die Sonne vor, nahm ein Stück davon und versteckte es. Doch die Sonne war so heiß, daß sein Fell am Schwanz verbrannte, und als Opossum zu Hause ankam, hatte es das Licht verloren.

Als nächster ging Bussard auf die Suche. Als er die Sonne erreichte, stieß er auf sie nieder und riß mit seinen Klauen ein Stück heraus. Er legte es auf seinen Kopf und machte sich auf den Heimweg, doch die Sonne verbrannte seine Kopffedern, so daß auch Bussard das Licht verlor. Als Bussard kahlköpfig heimkam, waren alle verzweifelt.

Da hörten sie plötzlich ein feines Stimmchen aus dem Gras. „Ihr habt alles getan, was ein Mann tun kann, aber vielleicht schafft es eine Frau." „Wer spricht da?" riefen die Tiere. „Ich bin eure Großmutter Spinne", erwiderte das Stimmchen.

„Vielleicht bin ich in der Welt, um euch das Licht zu bringen."

Daraufhin drückte Spinne etwas Ton in eine Schüssel und lief nach Osten, wobei sie einen Spinnfaden hinter sich ließ. Als sie sich der Sonne näherte, blieb sie unbemerkt, weil sie so klein war. Vorsichtig streckte Spinne die Hand aus und holte sich ein winziges Stück Sonne. Sie legte es auf den Ton in der Schüssel und folgte dann ihrem Faden von Ost nach West zurück. Unterwegs wurden die Sonnenstrahlen vor ihren Füßen immer größer: Für die Erde ging erstmals die Sonne auf.

Bis zum heutigen Tag ist das Netz der Spinne wie eine Sonne mit ihrem Strahlenkranz geformt. Und Spinnen fertigen ihr Netz immer am Morgen – vielleicht als Erinnerung an ihre göttliche Tat.

Dieser lederne Hopi-Schild ist der aufgehenden Sonne nachgestaltet. Bei Kulthandlungen wurde er von einem Priester auf dem Rücken getragen.

ALS MENSCHEN UND TIERE NOCH EINS WAREN

Wie alle Dinge entstanden

Auf den Ursprung des Kosmos wird in der Mythologie Nordamerikas nur selten eingegangen. Statt mit den großen Schöpfungsakten befassen sich viele Mythen mit der Erschaffung der Einzelheiten, die in der Natur zu beobachten sind. So erklärt eine Geschichte der Lillooet die Schattenflächen auf dem Mond mit drei hockenden Froschschwestern. In ähnlicher Weise werden die Plejaden in einem Irokesen-Mythos als eine Gruppe tanzender Kinder gesehen.

„Am Anfang schuf der Große Medizinmann die Erde und das Wasser auf der Erde und die Sonne, den Mond und die Sterne." Die Schöpfungsgeschichte der Cheyenne aus den Plains, die mit diesen Worten beginnt, fährt mit der Entstehung des Menschen fort, ohne weiter auf den Ursprung des Kosmos einzugehen. Einige Indianerkulturen kannten zwar poetische Visionen vom Anfang aller Zeiten, doch in der Regel gehen die Erzählungen ohne viel Umschweife zur Beschreibung des Lebens auf der Erde und der ersten Menschen über. Eine solche Geschichte erzählen die Lenape von Delaware wie folgt: Am Anfang aller Zeit gab es nur Kishelamakank, allein im Raum und im Schweigen. Plötzlich hatte der Gott eine Vision: Er sah den Raum gefüllt mit Sternen, Sonne, Mond und Erde. Und so geschah es. Die Erde füllte sich mit Leben und danach mit den Menschen in ihrer großen Vielfalt. Doch die Gedanken eines einzigen Gottes waren nicht genug. Darum holte sich der Schöpfer bei seiner großen Aufgabe Hilfe. Er schuf vier Hüter der Schöpfung, und mit ihrer Unterstützung erzeugte er die Sonne, den Mond, die Sterne und die Erde. Die Sonne mit ihrer Wärme und der Mond mit seiner Fruchtbarkeitskraft brachten das Leben in die Welt, so die Schöpfungsgeschichte der Lenape. Danach fährt sie mit der Beschreibung der „Dinge, wie sie sind und schon immer waren", fort.

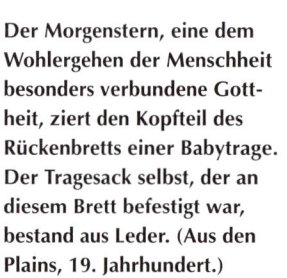

Wurden die großen kosmologischen Ereignisse kurz abgehandelt oder sogar übergangen, so erfuhren die nachfolgenden Einzelheiten der Schöpfung um so größere Ausführlichkeit: Die Welt der Menschen und Natur trat in den Vordergrund. In einem Schöpfungsmythos der Navajo schleuderten die ersten Menschen, als sie in ihrer endgültigen Heimat angekommen waren, den Sonnenmann und den Mondmann, die sie bei ihrem Aufstieg in die „fünfte Welt" begleitet hatten, in den Himmel. Weil die Sonne aber sengend heiß brannte, brachten sie der Macht der Hitze und des Lichts Opfer dar, und es gelang ihnen tatsächlich, die Stellung der Sonne so zu beeinflussen, daß sie seither – bis heute – günstiger steht und täglich auf einer geregelten Bahn von Osten nach Westen zieht. Der Mond aber beherrscht den Nachthimmel.

Ein Mythos der Lillooet an der Nordwestküste erzählt, wie drei Froschschwestern die Annäherungsversuche von Biber und Schlange, die ihnen den Hof machten, zurückwiesen. Das enttäuschte Weinen von Biber brachte Regengüsse. Die Schwestern retteten sich vor der bedrohlichen Flut in das Haus des Mondes. Als der Mond sie einlud, sich am Feuer zu wär-

Der Morgenstern, eine dem Wohlergehen der Menschheit besonders verbundene Gottheit, ziert den Kopfteil des Rückenbretts einer Babytrage. Der Tragesack selbst, der an diesem Brett befestigt war, bestand aus Leder. (Aus den Plains, 19. Jahrhundert.)

WIE ALLE DINGE ENTSTANDEN

Eine Tanzmaske der Inuit aus dem 19. Jahrhundert. Die Holzfläche
um das Gesicht herum stellt die Luft dar; die Holzreife sind die Schichten
oder Stockwerke des Kosmos, die Federn Sinnbilder der Sterne.

men, wollten sie unbedingt auf seinem Kopf sitzen. Sie sprangen ihm ins Gesicht und verdarben seine bis dahin makellose Schönheit. Sie sitzen noch heute dort.

Vielleicht weil Sterne in Gruppen angeordnet sind, beschreiben manche nordamerikanischen Mythen bestimmte Sternbilder als Familien oder kleine Gemeinschaften. Die Plejaden, die aus sieben Sternen bestehen und darum auch Siebengestirn heißen, gaben zu vielen Ursprungsmythen Anlaß. Eine Geschichte von den Onondaga, einem Irokesen-Stamm im heutigen Staat New York, handelt davon, wie eine Gruppe von Menschen in ergiebigen Jagdgründen ankam. Die Gegend war lieblich und schön, und während die Erwachsenen ihre Hütten bauten, vergnügten sich die Kinder mit Tanzen.

Die Zeit verging, und die Kinder tanzten täglich. Eines Tages kam ein merkwürdiger alter Mann zu ihnen und sagte, sie sollten mit dem Tanzen aufhören. Doch die Kinder schenkten ihm wenig Beachtung und tanzten weiter. Dann schlug ein kleiner Junge vor, beim nächstenmal ein Fest zu veranstalten, zu dem die Kinder Speisen aus den Hütten ihrer Eltern mitbringen sollten. Doch die Eltern schlugen ihnen die Bitte ab. Die Kinder trafen sich wieder und tanzten, immer noch glücklich, aber hungrig.

Eines Tages, als sie so tanzten, merkten sie, wie sie in die Luft schwebten, denn sie waren vor Hunger ganz leicht geworden. „Schaut nicht nach unten", rief ihr Anführer. Als sie immer höher hinaufschwebten, kamen die Eltern mit Speisen herbeigelaufen, um die Kinder zur Erde zurückzulocken. Doch es war zu spät. Eines der Kinder, das nach unten blickte, wurde eine Sternschnuppe. Die anderen erreichten den Himmel und bildeten das Sternbild der Plejaden.

Die ersten Menschen

Die ersten Menschen unterschieden sich nicht wesentlich von den Tieren. Sie nahmen die gleiche Nahrung zu sich, lebten im selben Land und sprachen dieselbe Sprache. Manche Mythen schildern die Frühzeit als ein ideales Zeitalter ohne Krankheit und Tod – bis Trickster wie Rabe und Coyote die Dinge änderten und das Leben zu dem machten, was es heute ist.

Eine Legende der Inuit in Alaska beginnt so: „Rabenmann harpunierte das Land. Es tauchte aus dem Wasser auf, und darauf stand eine kleine Behausung mit einem Mann und einer Frau darin." Nach dieser Legende waren die Menschen schon immer da, seit Beginn der Schöpfung. In vielen Ursprungsmythen lebten sie mit den Tieren und einem Trickster, einem halbgöttlichen Schelm, zusammen, und alle Lebewesen vereinten in sich die Natur des Menschen und die jener Tiere, die die Stämme kannten und oft auch jagten. Derlei Visionen versetzen die ersten Menschen oft in eine öde und gestaltlose Landschaft – manchmal halb Wasser, halb Land – oder in eine urzeitliche Welt. Über diese Welt herrschte ein Schöpfer, der die Menschen ins Leben gedacht, geträumt oder gesungen hatte.

In vielen nordamerikanischen Kulturen hegte man die Vorstellung, daß die Menschen geschaffen wurden, bevor irgend etwas anderes entstand. In anderen wiederum entwickelten sich die Menschen am Ende eines langen Schöpfungsprozesses, nachdem es Pflanzen, Tiere und die Dinge der Natur bereits gab. Die von den Cheyenne der Plains beschriebenen ersten Menschen wurden von ihrem Schöpfer, dem Großen Medizinmann, in ein „schönes Land" gestellt, gleichzeitig mit den Tieren und den Vögeln; alle waren Freunde „und hatten eine gemeinsame Sprache". Die Menschen waren nackt und niemals hungrig – bis Fluten und Erdbeben über die Welt hereinbrachen. Die Ahnen mußten sich nun mit Tierhäuten bekleiden und ihre Nahrung erjagen. Der Große Medizinmann erbarmte sich schließlich und schenkte ihnen Mais zum Anpflanzen und Bisons zum Jagen.

Die paradiesische Traumzeit der Cheyenne stellt unter den nordamerikanischen Mythen jedoch eine Ausnahme dar und könnte auch von christlichen Vorstellungen beeinflußt worden sein.

Viele Mythen beschreiben die ersten Menschen als hilflose, schwache Wesen mit körperlichen Mängeln und handwerklich unbegabt. In einigen Mythen vervollkommnet ein allmächtiger Schöpfer die Menschen der frühen Zeit, in anderen müssen sie allein zurechtkommen; manchmal hängt ihr Wohl oder Wehe auch vom Ausgang eines Kampfes unter Geistern ab.

Unvollkommene Wesen waren die Menschen beispielsweise in den Ursprungsmythen der Blackfoot der Plains. Sie wurden von Old Man, dem Großen Geist, gemacht, der „umherreiste und auf seinem Weg die Dinge erschuf" *(Seite 51)*. Die ersten Menschen, die Old Man formte – und zwar aus Lehm –, waren eine Frau und ein Kind. Nach vier Tagen ließ er sie aufstehen und gehen. Doch die Menschen waren arm und nackt, und Old Man mußte ihnen zeigen, wie man Nahrung sucht. Da sie keine Waffen hatten, wurden sie vom Bison verfolgt. Old Man verachtete ihre Schwäche, lehrte sie aber, wie man Pfeil und Bogen herstellt. Nun konnten sie den Bison jagen.

Die Gestalt der frühen Menschen war nicht festgelegt. Eine Geschichte, die man sich bei den Yana in Nordkalifornien erzählte, besagt, daß das Geschlecht der ersten Menschen veränderlich war. Es gab

In diesen Inuit-Kamm (um 500 v. Chr.) ist das Bild eines Bogenschützen eingeritzt, der über einem hingestreckten Mann und mehreren Tieren steht. Der Schütze könnte ein Schöpfergott sein.

Der Lebenspender und der Beobachter

In diesem Mythos der Tututni, die im Südwesten Oregons ansässig waren, treten zwei Schöpfungswesen aus dem reinigenden Dampf ihrer Schwitzhütte, um gemeinsam die Menschheit zu erschaffen: der Lebenspender und der Beobachter.

Am Anfang gab es kein Land. Eines Tages saßen der Lebenspender und der Beobachter vor ihrer Schwitzhütte. Da sah der Beobachter, wie sich das Wasser bewegte und Land mitbrachte. Der Lebenspender rauchte etwas Tabak, und das Land wurde fest. Fünfmal rauchte er und redete darüber, wie die Welt und die Menschen erschaffen werden könnten. Dann arbeitete er. Tag und Nacht, Bäume und Gras erschienen, und der Ozean zog sich zurück.

Nun war es an der Zeit, die ersten Menschen zu schaffen. Der Lebenspender nahm etwas Gras, vermischte es mit Schlamm und formte Gestalten zwischen seinen Händen. Nach vier Tagen hatte er zwei Hunde fertiggestellt, ein Paar, und die Hündin warf Junge. Dann schuf der Lebenspender zwei Figuren aus Sand. Diesmal entstanden Schlangen.

Bald dachte der Lebenspender: „Wie kann ich nur Menschen machen? Zweimal ist es schon fehlgeschlagen!" Der Beobachter sagte: „Laß mich heute abend rauchen, vielleicht kommen Menschen aus dem Rauch." Drei Tage lang rauchte er, und aus dem Rauch ging ein Haus hervor, aus dem Rauch aufstieg. Nach einer Weile trat eine schöne Frau heraus. Der Lebenspender freute sich und sagte: „Nun wird es nicht mehr schwer sein, Menschen zu machen." Die Frau konnte den Lebenspender und den Beobachter nicht sehen; nach neun Tagen wurde sie traurig und fragte sich, wer wohl ihre Familie sei.

Eines Tages sagte der Lebenspender zum Beobachter: „Bleib hier und sei dieser Frau der Mann. Du wirst viele Kinder haben und der Vater aller Menschen werden. Ich verlasse diese Welt. Alles in ihr soll dir gehören." Die Frau wurde schwanger, und als ihr Sohn geboren wurde, kannte sie den Vater des Kindes immer noch nicht. Da wickelte sie ihren Sohn in ein Tuch und ging davon.

Zehn Jahre lange waren die Frau und ihr Sohn auf Reisen. Schließlich fragte der Junge: „Mutter, wo ist dein Ehemann?" Sie erwiderte: „Ich habe von meinem Ehemann geträumt." Da sagte der Lebenspender zum Mann: „Jetzt ist die Frau wieder zu Hause."

Am nächsten Abend öffnete sich die Tür, und der Junge rief: „Mein Vater ist gekommen!" Der Mann erklärte alles, was geschehen war. Der Lebenspender befahl ihnen, viele Kinder zu haben. Dann vervollständigte er die Welt und schuf die Tiere. „Du, deine Frau und deine Kinder", sagte der Lebenspender, „werdet viele Sprachen sprechen. Ihr werdet die Eltern aller Stämme sein."

ALS MENSCHEN UND TIERE NOCH EINS WAREN

Der amerikanische Maler George Catlin (1796–1872) dokumentierte die indianische Kultur vor ihrer Zerstörung durch den Weißen Mann. Um 1820 malte Catlin diese Indianer auf der Bisonjagd – das sollte es 50 Jahre später nicht mehr geben.

nur 30 Frauen und 30 Männer. Die Männer gingen auf die Jagd, während die Frauen in Mörsern Eicheln zerkleinerten, um Mehl zum Brotbacken zu gewinnen. Die Männer kamen mit leeren Händen von der Jagd zurück. „Was sollen wir tun?" fragten die Frauen. „Es gibt kein Fleisch. Laßt uns Frauen aus Männern und Männer aus Frauen machen."

So geschah es. Die neuen Männer zogen aus und töteten viel Wild, während die neuen Frauen zu Hause blieben und Eicheln zerstießen. So ging es ihnen gut, und ihre Zahl nahm zu. Doch der Trickster Coyote war damit gar nicht einverstanden: „Es gibt zu viele Frauen und zu viele Männer!"

Coyotes Gegner waren Waldkaninchen, Grauhörnchen und Eidechse. Sie wußten vom Tod, wollten aber nicht, daß er endgültig war, und stritten sich mit Coyote darüber, ob es erlaubt sein sollte, den Tod in die Welt zu bringen *(Seite 43)*. Dann hatten die Tiere noch einen anderen Streit mit Coyote, und zwar über Hände. In jenen Zeiten waren die Hände von Menschen und Tieren rund und fingerlos, wie Coyotes. „Laßt uns die Hände durchschneiden", schlug Eidechse vor. „Wir brauchen Finger, um Pfeile abzuschießen und Sonnenblumenkerne und Eicheln zu zerkleinern." Coyote sagte: „Man kann Ellbogen benutzen. Warum wollt ihr die Dinge ändern?"

„Wir mögen sie nicht, wie sie sind", erwiderten Eidechse und Kaninchen. Eidechse setzte sich in die Sonne, hob einen scharfkantigen Stein auf und schnitt sich Finger in die Hände. „Gut, gut!" flüsterten alle. Dann schnitt sie auch die Hände der anderen zurecht. Nun konnten sie Wild mit Steinpfeilen jagen; sie konnten Lachse angeln und Eicheln zerstoßen. „Wenn Frauen Kinder bekommen", sagte Eidechse, „werden alle Finger haben." Nur Coyote hatte keine Finger. Mit hängendem Kopf saß er vor der Schwitzhütte.

Der Schöpfer einer schönen Erde

Nach einer Legende der Kato, im heutigen Kalifornien beheimatet, ruhte der Schöpfergott Nagaitcho nicht eher, bis die Erde alles bot, was die ersten Menschen für ein gutes Leben brauchten.

Zwei Schöpfungsgeister, Nagaitcho und Donner, herrschten über einen alternden Kosmos, der ohne Menschen, Tiere und Pflanzen war. Selbst der Sandsteinfels, der den Himmel bildete, war alt. Donner wütete in die vier Himmelsrichtungen. „Der Fels ist alt", sagte Nagaitcho zu ihm. „Wir werden ihn wieder schön machen."

Sie breiteten den Himmel aus und stellten sich darauf. Nun legten sie Tore und Pfade an und machten ein Loch in den Himmel, durch das Wolken und Nebel drangen. Die Wolken wurden so, daß die Köpfe der späteren Menschen nicht schmerzen würden.

Nagaitcho formte einen Menschen aus Erde. Er machte ein linkes Bein und ein rechtes Bein und dann einen linken Arm und einen rechten Arm. Dann riß er Gras aus, knüllte es zusammen und machte damit den Bauch. Danach klopfte er etwas Gras zu einem Klumpen: Das war das Herz. Er formte einen Klumpen Lehm zu einer Leber. Mit noch mehr Lehm machte er Lunge und Nieren. Als Speiseröhre schob er ein Schilfrohr hinein.

„Was soll das Blut sein?" fragte er sich dann. Er zerstieß etwas Ocker und mischte es mit Wasser. Als nächstes gestaltete er Mund, Nase und Augen. „Nun die Geschlechtsteile", sagte er. Und als er sie fertig hatte, nahm er eines der Beine, spaltete es und machte eine Frau daraus.

Die Geschichte fährt mit einer detaillierten Beschreibung der Schöpfung all der Dinge fort, die die neuen Menschen zum Leben brauchten. Eßbare Seegräser und Muscheln setzte Nagaitcho ins Wasser. „Was soll das Salz sein?" fragte er sich dann. Der Meeresschaum wurde Salz. Die Indianer probierten das Salz und würzten fortan ihre Speisen damit.

Als nächstes trat Nagaitcho eine Reise durch das Land an und nahm seinen Hund mit. Sie betrachteten die schöne Landschaft voller Mammutbäume, Eichen und Kastanien, voller Quellen, Bäche, Hügel und Täler. Große und kleine Tiere stillten ihren Durst am Wasser, das sie sich mit den Menschen teilten.

„Ich habe eine gute Erde geschaffen, Hund", sagte Nagaitcho, der Schöpfer. Die Nüsse, Beeren und Gräser waren reif. In den Flüssen schwammen Fische für die Menschen. Alle möglichen eßbaren Dinge wuchsen in Hülle und Fülle. Die ersten Menschen des Nagaitcho hatten den richtigen Platz gefunden und lebten dort in Harmonie.

Einen solchen Korb benutzte ein mythischer Dieb, als er die Sonne aus der Unterwelt stahl, um sie an den Himmel zu hängen. Das schöne Exemplar stellte ein Pomo im 19. Jahrhundert her.

ALS MENSCHEN UND TIERE NOCH EINS WAREN

So kamen Alter und Tod in die Welt

Viele nordamerikanische Schöpfungsgeschichten nehmen den Ablauf des Lebens, von der Geburt bis zum Tod, als gegeben hin. Doch nicht alle akzeptieren, daß die Sterblichkeit von Anfang an unvermeidlich war. Nach einer Geschichte der in Nordkalifornien lebenden Modoc waren fünf mordende Brüder dafür verantwortlich, daß die Menschen alterten.

Fünf Brüder zogen durchs Land und brachten jeden um, der ihnen über den Weg lief. Bald hatte sich ihr übler Ruf so weit verbreitet, daß sich die Leute in den Bergen und Flüssen vor ihnen verbargen. Darum trafen die Brüder niemanden im Norden, im Süden und im Westen; als sie aber im östlichen Weltviertel ankamen, fanden sie dort einen alten Mann und eine alte Frau. „Wir wollen mit euch kämpfen", sagten die Brüder. „Wir wollen aber nicht kämpfen", entgegneten die alten Leute. „Geht weg und laßt uns in Frieden."

Die Brüder kümmerten sich nicht um diese Worte und griffen die alten Leute an. Sie schossen mit Pfeilen auf den Greis und schlugen ihn mit Keulen. Sie machten ein Feuer und versuchten, ihn zu verbrennen. Als sie merkten, daß sie ihn nicht töten konnten, bekamen sie Angst und liefen davon. Doch die beiden Alten folgten ihnen. „Halt!" rief der Greis. Doch als die Brüder nicht darauf hörten, liefen der alte Mann und die alte Frau schneller und holten sie ein.

Auf der Stelle welkte der älteste Bruder dahin und vergreiste. Er stolperte noch ein paar Schritte weiter und fiel dann tot um. Nacheinander geschah dies mit allen Brüdern. „Und so kam das Alter in unsere Welt", heißt es in der Modoc-Legende. „Wenn diese Brüder die alten Menschen in Ruhe gelassen hätten, gäbe es kein Alter."

Nicht nur das Alter, auch der Tod ist in manchen nordamerikanischen Überlieferungen nicht gleich zu Beginn der Zeit in der Welt, sondern kommt erst später. Ganz am Anfang waren alle Menschen und Tiere unsterblich. Doch dann geschah etwas Unvorhergesehenes: Jemand tat – ganz unwissentlich – etwas Unrechtes, und der Tod war da. So jedenfalls geschieht es in einer Erzählung der Tahltan an der Nordwestküste Nordamerikas. Eine Baumfrau und eine Steinfrau sind schwanger. Steinfrau macht während der Schwangerschaft nicht alles richtig, und ihr Kind wird noch während der Geburt zu Stein und stirbt. Zwar bringt Baumfrau ein lebendiges Kind zur Welt, doch von diesem Moment an ist die Sterblichkeit der Menschen unabwendbares Schicksal: „Menschen sind wie Bäume. Einige leben lange, andere sterben jung. So kommt der Tod zu Menschen jeden Alters, wie bei den Bäumen, und niemand lebt sehr lange."

Die Blackfoot bahrten ihre Verstorbenen auf einer Bestattungsplattform auf, um sie vor Raubtieren zu schützen und den Himmelgeistern näherzubringen. Roland Reed nahm dieses Photo 1912 auf.

Coyote und der Tod

Dieser Legende zufolge, die sich der Stamm der Caddo in Arkansas erzählt, wäre der Tod nur ein Zwischenspiel im Laufe eines ewigen Lebens gewesen, wenn nicht der Trickster Coyote beschlossen hätte, daß er endgültig sein muß, damit die Lebenden keinen Mangel leiden.

Am Anfang gab es keinen Tod. Jeder blieb am Leben, bis es so viele Menschen gab, daß sie sich auf der Erde drängelten. So hielten die Häuptlinge einen Rat ab, und einer von ihnen sagte, daß die Menschen sterben sollten, doch nur für eine Weile; wenn die Zeit um sei, sollten sie zurückkommen. Da sprang Coyote auf und verlangte, daß die Menschen für immer tot sein sollten. Die Welt sei nicht groß genug, um all die Menschen zu beherbergen, und wenn sie ins Leben zurückkehrten, sei nicht genug Nahrung für alle da.

Doch Coyote setzte sich nicht durch. Es wurde beschlossen, daß die Medizinmänner des Dorfes ein nach Osten gerichtetes Grashaus bauen und auf das Dach eine weiße Adlerfeder stecken sollten. Wenn jemand starb, würde die Feder blutig werden und herunterfallen. Dann sollten die Medizinmänner in dem Haus sitzen und singen. Das Singen würde den Geist des Toten herbeirufen, so daß er wieder lebendig würde.

Nach einiger Zeit wurde die erste Feder blutig und fiel herunter. Die Medizinmänner versammelten sich, und nach ein paar Tagen kam ein Wirbelwind aus Westen, umkreiste das Haus und drang von Osten ein. Als der Wind im Haus war, trat ein schöner junger Mann heraus, der erst vor kurzem getötet worden war. Alle freuten sich, nur Coyote nicht. Als das nächste Mal eine Feder blutig wurde und vom Dach fiel und der Wirbelwind das Grashaus umkreiste, verriegelte Coyote die Tür. Der Geist im Wirbelwind fand die Tür verschlossen vor und kehrte um. Von da an war der Tod endgültig.

Als Coyote sah, was er getan hatte, bekam er Angst. Seither lief er durch die Gegend und blickte sich unentwegt nach Verfolgern um. Und wenn man den Wind pfeifen hörte, hieß es immer: „Jemand, ein Geist, wandert umher." Nun mußten die Geister der Toten über die Erde wandern, bis sie das Geisterland finden würden.

KUNST UND MYTHOS

Die reiche Kunst der nordamerikanischen Kulturen spiegelt die Verbindung der Indianer zur spirituellen Welt wider, insbesondere zu den Geistern der Tiere. Gebrauchsgegenstände, Kleidungstücke, Häuserfronten, Boote und heilige Objekte wie Masken, Totempfähle und Pfeifen wurden mit Darstellungen von Geistwesen, mit Symbolen und Mustern geschmückt. Vielfältige Techniken wie Schnitzen, Malen, Weben und Nähen kamen dabei zum Einsatz. Die Dekorationen hatten den Zweck, Geistern Dank zu sagen, Schutz auf dem Kriegspfad zu erflehen oder Begleitung auf einer spirituellen Reise zu erbitten.

Oben: Kunstvoll geschnitzte und bemalte Masken des pazifischen Nordwestens, wie diese Klappmaske der Kwakiutl, erinnern an die Vorfahren der Clans. Auch Siege über einen Gegner – Mensch, Tier oder Geist – wurden mit Maskentänzen gefeiert.

Oben: Diese aus dem späten 19. Jahrhundert stammende Webdecke mit Ochsenmotiv, „steer weaving" genannt, zeigt warme Erdfarben. Das Motiv des Kopfes in der Mitte wurde auch in Sandmalereien der Navajo gefunden und könnte einen Gott oder ein anderes heiliges Wesen darstellen. Der Legende nach war es Spinnenfrau, die den Webern das Handwerk beibrachte.

Links: Eine mit Muschelperlen bestickte Lederrobe, die Anfang des 17. Jahrhunderts dem Powhatan-Häuptling und Vater Pocahontas' gehört haben soll. Die beiden Tiere stellen wohl Tiergeister dar, die den Mann in der Mitte schützen.

Rechts: Luftgeister waren oft besonders schreckenerregend, wie dieser Schutzgeist eines Schamanengrabes, der aus Holz geschnitzt ist und in der Nähe des Grabes gefunden wurde. Sein geöffneter Mund mag bedeuten, daß er singt. In seinen Händen hielt er ursprünglich Rasseln, mit denen er vermutlich sicherstellen wollte, daß niemand die Ruhe des Verstorbenen störte.

Oben links: Spirituelle Reisen werden oft in Mythen beschrieben und beeinflussen auch die Verzierung von Gegenständen wie diese Hochzeits- und Zeremonialschale der Navajo. Rituelle Vorschriften verlangen, daß das Muster einen Ausweg für die Geister bietet.

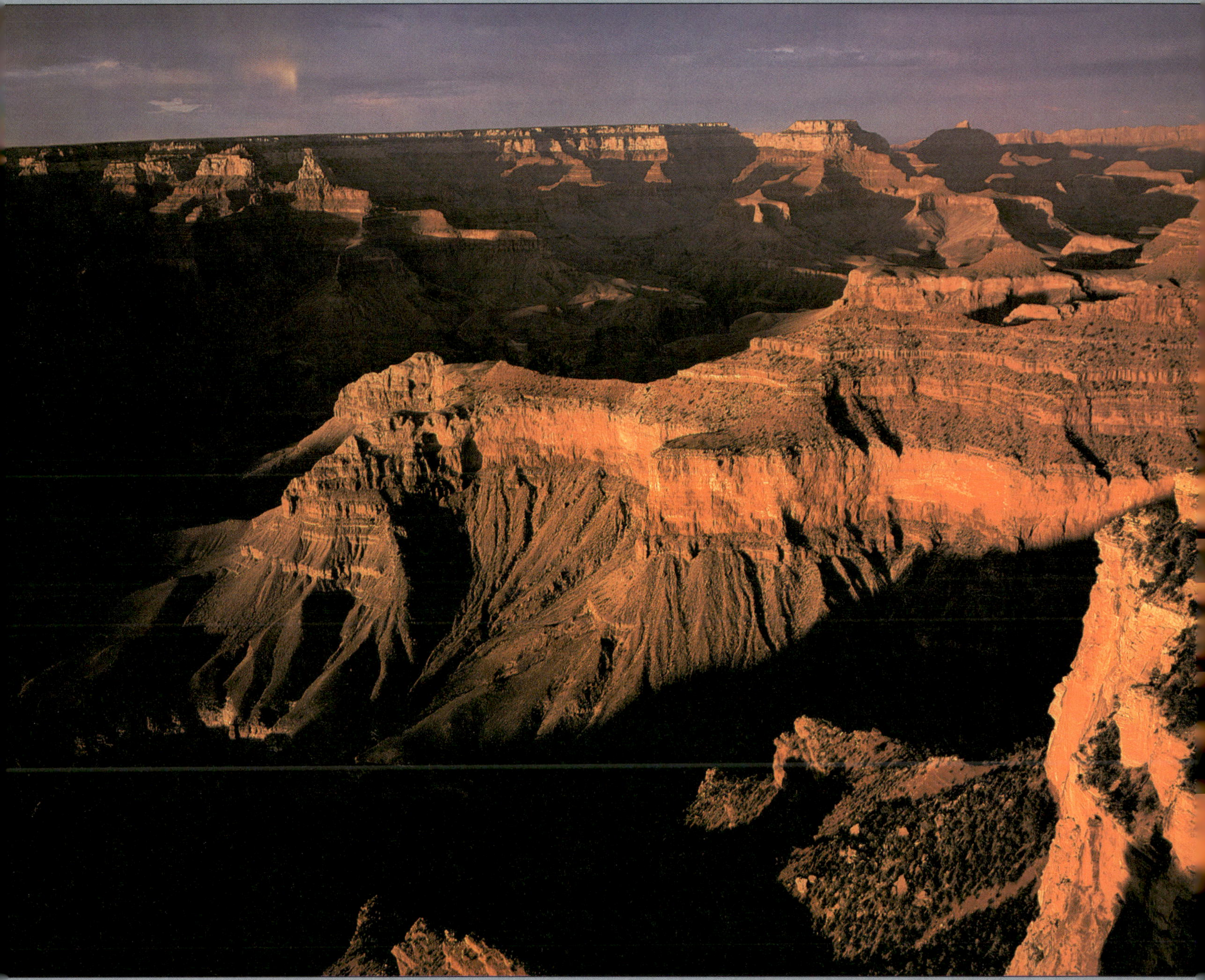

BESEELTER KOSMOS

„Der Große Geist ist unser Vater, aber die Erde ist unsere Mutter. Sie ernährt uns; was wir in den Boden legen, gibt sie uns zurück." Das sagte Big Thunder von der Wabanaki Nation, Maine. Ein Koyukon aus Zentral-Alaska: „Das Land weiß es. Wenn du ihm Schlechtes antust, weiß es das ganze Land. Es versteht, was mit ihm geschieht. Ich glaube, alles hängt irgendwie zusammen …" „Was ist Leben? Es ist das Blinken eines Leuchtkäfers in der Nacht. Es ist der Atem eines Büffels im Winter. Es ist der kleine Schatten, der über das Gras läuft und sich im Sonnenuntergang verliert" – die letzten Worte von Crowfoot, einem Blackfoot-Krieger, gesprochen im Jahre 1890.

Diese Worte dreier Männer aus unterschiedlichen indianischen Gemeinschaften legen von einer Sichtweise Zeugnis ab, die allen indianischen Kulturen Nordamerikas gemeinsam ist. Ihr Weltverständnis trennt nicht zwischen Geistigem und Materiellem, zwischen Wirklichem und Übernatürlichem oder zwischen Belebtem und Unbelebtem, denn alles Existierende besitzt eine spirituelle Kraft oder „Medizin", wie die Indianer sagen. Wenn Big Thunder vom Großen Geist als dem Vater und von der Erde als der Mutter spricht, beschreibt er eine spirituelle Verwandtschaft zwischen der Menschheit und dem Kosmos. Diese mystische Beziehung schließt aus, daß der Mensch etwas besitzen könne, was aus der Erde kommt – allein der Gedanke daran wäre ebenso absurd wie vermessen. Auf der Erde zu leben, auf ihr zu atmen, zu trinken und zu essen bedeutet Einssein mit dem Kosmos.

Unten: In den Mythen der Kiowa in Wyoming ist die als „Devil's Tower" (Teufelsturm) bekannte Felssäule mit dem Großen Geist verbunden.

Die Erde selbst ist heilig und hat eine heilige Geschichte, die erklärt, wie die ersten Menschen entstanden und wie jeder Stamm ein bestimmtes Gebiet auf ihr erhielt. Die Tiere, welche die Menschen für ihre Ernährung und Kleidung brauchen, haben den gleichen Wert und die gleiche Würde wie ihre Jäger. Auch sie sind Teil der kosmischen Einheit, und ihren Geistern muß Respekt entgegengebracht werden, sogar wenn sie tot sind. Der Himmel ist ebenfalls Teil des Kosmos und als solcher von Geistern belebt: den Geistern der Sonne, des Mondes und der Sterne, den Geistern des Windes und des Meeres. Und schließlich hat alles in der Natur seinen Geist – Wälder, Berge, Felsen, Flüsse, Seen, Pflanzen. Die kosmische Harmonie hängt vom Gleichgewicht all dieser spirituellen Kräfte ab. Mythen und Legenden erklären den Ursprung der „Persönlichkeiten" der Geister, das Verhalten der Sonne, den Ablauf der Jahreszeiten, die Wanderungen der Tiere. Mit Erzählungen, Ritualen und Zeremonien zeigen und bekräftigen die nordamerikanischen Indianer ihre Zugehörigkeit zum heiligen Kosmos.

Gegenüber: Der Grand Canyon in Arizona ist ein Naturwunder, das in den Mythen der Pueblo-Völker, die in der Region ansässig sind, eine heilige Bedeutung besitzt.

BESEELTER KOSMOS

„Die Erde ist meine Mutter"

Nordamerikanische Geschichten über den Ursprung der Erde sind so unterschiedlich wie die Völker und Stämme selbst; doch von Küste zu Küste, von Norden bis zum Süden, gilt die Erde übereinstimmend als heilig. In der großen Familie miteinander verbundener Geister, die den Kosmos bevölkern, ist die gütige und großzügige Erde mit einer Urmutter vergleichbar. Die zahlreichen Mythen und Kulte, mit denen die Menschen der Erde huldigen, zeugen von einem tief in die Vergangenheit reichenden Verwandtschaftsgefühl.

Der Great Serpent Mound, ein großer, schlangenförmiger Erdhügel, wurde vor über 2000 Jahren von den Angehörigen einer Ohio-Tal-Kultur angelegt. Er ist ein Beispiel für die aus alten Zeiten stammende Erdverehrung der Einwohner Nordamerikas.

Alle Erscheinungsformen der Schöpfung im indianischen Kosmos haben eine geistige Dimension. Von besonderer Heiligkeit aber ist die Erde, die alle lebenden und wachsenden Dinge beherbergt. Die Erde wird im Glauben der nordamerikanischen Indianer häufig als Mutter betrachtet. In ihren Geschichten und Überlieferungen hat sie viele Gesichter, doch immer ist sie mit ihren Kindern, den Menschen, verwandt und wird von ihnen in Ehren gehalten.

Anfang des 19. Jahrhunderts versuchte der Seher und Shawnee-Häuptling Tecumseh, mehrere Stämme gegen die Übergriffe des Weißen Mannes zu einigen. Wenn er von der Erde sprach, sprach er für jeden nordamerikanischen Indianer. Im Jahre 1811 sagte er: „Die Sonne ist mein Vater und die Erde meine Mutter; an ihrer Brust will ich ruhen."

Viele Geschichten über die Erschaffung der Erde erklären, wie es zu dieser Sichtweise kam. Nach einer Überlieferung der Algonkin wurde die Erde einst von Gluskap erschaffen, einem mythischen Helden, der die ganze bekannte Welt aus dem Leichnam seiner jungfräulichen Mutter formte. In ähnlicher Weise sprechen die Oglala-Sioux, die den Großen Geist, Wakan Tanka, oft den Großvater aller Dinge nennen, auch von der Erde als der Großmutter aller Dinge. In manchen Mythen bekommt die weibliche Erde einen Partner. Für die Yuma in Südkalifornien ist der Himmel der Ehemann der Erde. Nach einer urzeitlichen Umarmung zwischen der Erdfrau und dem Himmelsmann wurde die Erde schwanger und gebar Zwillingssöhne. Die Zwillinge erhoben sich aus dem Leib ihrer Mutter und stemmten den Himmel hoch.

Weit weg von der Wüste ist die göttliche Geometrie der Welt als Zweiteilung zwischen Erde und Himmel weniger leicht vorstellbar. In den Mythen der Algonkin-Stämme in den nordöstlichen Wäldern stellt man sich den Kosmos als eine Folge von Reichen vor, die in Stockwerken angeordnet sind: Die flache Erde wird vom Reich der Winde und Wolken überwölbt. Darüber ist der Kreis des Oberen Himmels, wo der Große Geist wohnt. Doch der Himmel ist nur der Boden der höchsten Himmelswelt, und die Erde wiederum ist das Dach einer Unterwelt, aus der das Wasser und die Pflanzen kommen.

Als sich die nordamerikanischen Indianer immer weiter nach Westen abgedrängt sahen, verteidigten sie die Integrität ihrer geheiligten Erde gegen alles Fremde. Mitte des 19. Jahrhunderts rief Smohalla, ein Medizinmann der Nez Percé, der den „Dreamer-Kult" (Träumer-Kult) ins Leben rief, sein Volk zur Rückbesinnung auf und erinnerte es an den heiligen Pakt mit der Erde. Smohalla verlangte von seinen Anhängern, die Lebensweise des Weißen Mannes abzulehnen. Als

Die heilige Heimat der Choctaw

Diese Geschichte aus dem unteren Mississippi-Gebiet berichtet davon, wie der Stamm der Choctaw jahrelang auf der Suche nach einer neuen Heimat umherwanderte. Die Erde selbst war es, die ihnen den Weg wies und schließlich auch die verstorbenen Choctaw aufnahm.

Die Ältesten der Choctaw versammelten sich und wählten zwei Männer, Zwillinge, aus, auf daß sie sie in ein neues Territorium führten. Der Schamane befahl den Zwillingen, einen jungen, schlanken Baum zu fällen und zu entrinden. Dann malte er den Pfahl an und stieß ihn in die Erde. „In welche Richtung der Pfahl morgen früh zeigt", sagte der heilige Mann, „dorthin müßt ihr reisen." Am nächsten Morgen neigte sich der Pfahl nach Südosten, und so zogen die Choctaw in diese Richtung. Jahrelang waren sie unterwegs. Kinder wurden geboren, Alte starben. Die sterblichen Reste ihrer Lieben führten sie in Krügen mit. Nacht für Nacht stellten die Leute den Pfahl auf, und jeden Morgen sahen sie nach, wohin er zeigte.

Eines Morgens stand der Pfahl aufrecht. Da wußten sie, daß sie in dem Land angekommen waren, wo sie siedeln sollten. „Und wo", fragten sie sich, „sollen wir die sterblichen Überreste unserer Lieben lassen?" „Laßt sie uns in diesem heiligen Erdhügel bestatten", sagten die Zwillinge. „Der Ort des Fruchtbaren Hügels ist nun für immer unsere Heimat."

So kam es, daß der heilige Ort der Choctaw in Nanih Waya lag – bis der Weiße Mann das Land am „River Beyond Age", dem Mississippi, in Besitz nahm.

Ein indianisches Dorf, gemalt von Paul Kane (1810–1871). Spirituelle Gesichtspunkte bestimmten die Wahl des Siedlungsortes.

BESEELTER KOSMOS

die Weißen den Boden pflügten und einzäunten, zerstörten sie nicht nur die Lebensräume der Indianer Nordamerikas, sie mordeten auch einen zutiefst verehrten Körper. „Ihr verlangt, ich solle den Boden pflügen!" rief Smohalla. „Soll ich ein Messer nehmen und die Brust meiner Mutter zerschneiden? Ihr verlangt, ich solle nach Steinen graben! Soll ich unter ihrer Haut nach Knochen graben? Ihr verlangt, ich solle Gras schneiden und Heu machen und es verkaufen und reich werden wie die Weißen! Darf ich es wagen, meiner Mutter Haar zu schneiden?"

Ähnliche Ängste trieben auch Young Chief (Junger Häuptling), den Führer der ebenfalls im Nordwesten beheimateten Cayuse, um. „Ich möchte wissen, ob der Boden etwas zu sagen hat? Ich höre, was der Boden sagt. Der Boden sagt: ‚Der Große Geist hat mich hierher getan. Der Große Geist befiehlt mir, für die Indianer zu sorgen, sie gut zu ernähren.' Das Wasser sagt dasselbe. Das Gras sagt dasselbe. ‚Ernähre die Indianer gut', sagt der Boden. ‚Der Große Geist hat mich hierher getan, damit ich alles, was auf mir wächst, Bäume und Früchte, hervorbringe.' Ebenso sagt der Boden: ‚Aus mir wurde der Mensch geschaffen. Der Große Geist wollte, als er die Menschen auf die Erde brachte, daß sie sich gut um den Boden kümmern und sich nicht gegenseitig Böses antun.'"

Im Jahre 1900 sagte Big Thunder (Großer Donner) von der Wabanaki Nation: „Der Große Geist ist unser Vater, aber die Erde ist unsere Mutter. Sie ernährt uns; was wir in den Boden legen, gibt sie uns zurück, und auch Heilpflanzen gibt sie. Sind wir verwundet, gehen wir zu unserer Mutter und legen uns mit der verwundeten Stelle auf sie, damit sie sie heile."

Der Weiße Mann machte sich die Landschaft Nordamerikas auf seine Weise untertan. Nun ist der Körper der heiligen Mutter Erde voller Spuren und Narben von seinem Wirken. Doch in den Mythen der Indianer lebt sie in alter Unversehrtheit weiter.

Die untergehende Sonne spiegelt sich in der Sumpflandschaft des Bosque-del-Apache-Naturparks in New Mexico. Das Verhältnis der nordamerikanischen Indianer zur Natur ist komplex. Landschaften sehen sie als Ausdrucksformen des allumfassenden geistigen Kosmos an.

Old Man erschafft das Land der Blackfoot

Einigen Mythen zufolge beruht die Heiligkeit der Erde darauf, daß der Schöpfer einst persönlich auf ihr wandelte. Die Blackfoot erzählen in ihren Schöpfungsgeschichten, daß Napi selbst, „Old Man", die gebirgige Landschaft ihres Heimatgebiets im Westen Nordamerikas geschaffen habe.

Im Schöpfungsmythos der Blackfoot wandert Old Man durch die urzeitliche Welt und schafft die Menschen und das zerklüftete Bergland, das die geliebte Heimat der Blackfoot werden sollte.

Einst kannten alle Tiere der Plains Old Man. Er kam von Süden und schuf unterwegs Berge, Prärien, Bäume und Sträucher. So reiste er weiter und erschuf die Welt, wie wir sie heute sehen. Wo Old Man auch hinkam, brachte er neue Dinge hervor. So bedeckte er beispielsweise die Plains mit Gras für die Tiere. Und wenn die Dinge nicht ganz richtig waren, änderte Old Man sie bereitwillig. Da die Prärie nicht gut geeignet schien für das Dickhornschaf, nahm Old Man die Tiere bei ihren Hörnern und führte sie in die Berge. „Dies ist der passende Ort für euch", sagte er. Das gleiche tat er, als er die Antilope geschaffen hatte. Er führte sie aus ihrer ersten Heimat in den Bergen hinunter in die Prärie. Auf diese Weise sorgte Old Man dafür, daß die Erde und die Tiere, die auf ihr lebten, gut zueinander paßten.

Während Old Man damit beschäftigt war, Tiere und Menschen zu schaffen und die Landschaft hervorzubringen, versuchten andere große Geister – wie der Geist der Sonne und der des Donners –, ihm ins Handwerk zu pfuschen, doch seine angenehme und einsatzfreudige Art behielt die Oberhand. Ab und zu ruhte er sich aber ebenso gern von der Arbeit aus. Er hatte auch einen ausgeprägten Sinn für Humor; eine heitere Episode aus dem Schöpfungsmythos der Blackfoot beschreibt, wie der Schöpfer auf einem schönen hohen Berg saß und wohlgefällig auf das Land, das er geschaffen hatte, hinabschaute. Es gefiel ihm sehr. „Das ist ein hübscher Platz, um hinunterzurutschen", sagte er sich. „Ich werde mir einen Spaß machen." Und schon begann er, den Berg hinunterzurutschen. Die Spuren, die er hinterließ, sind noch heute als „Old Man's Sliding Ground" (Old Man's Rutschbahn) in Montana zu sehen.

Der Himmelsdom

Der Himmel wird in den indianischen Glaubensvorstellungen von Geistern bewohnt, deren Wirken sich als Nacht und Tag oder als Wetter und Jahreszeiten manifestieren. Viele Mythen berichten vom Ursprung dieser Himmelsgeister und ihrer Rolle in der Schöpfung.

Der mythische Himmel der Indianer Nordamerikas ist in den verschiedenen kulturellen Traditionen unterschiedlich aufgebaut. Für die Stämme Kaliforniens ist der Himmel wie ein Dach, getragen von Steinsäulen, die manchmal vor Altersschwäche zusammenstürzen und Verwüstungen auf der Erde anrichten, während für die Ojibwa und die Pueblo-Völker die Obere Welt eine Folge von Stockwerken oder Schichten darstellt.

Eine besonders genaue Karte der Himmelswelt haben uns die Pawnee der Plains überliefert. In ihren Mythen besteht der Himmel aus drei Schichten oder Kreisen. In Höhe der Wolken liegt der „Visionenkreis". Darüber befindet sich der „Sonnenkreis", und der höchste von allen ist der Kreis Tirawas, der „Kreis des Himmelsvaters". Tirawa, der Große Geist, der jeden anderen Geist schuf und beherrscht *(Seite 30),* ist der Ehemann des weiblichen Geistes, der das gesamte Himmelsgewölbe darstellt.

Tirawa bestimmte den Platz und die Aufgabe jedes Himmelskörpers. Die Sonne und den „Großen Stern" des Morgens stellte er in den Osten; der Mond und der „Helle Stern" des Abends kamen in den Westen. Der Polarstern im Norden wurde von Tirawa zum „Sternenhäuptling des Himmels" ernannt, und der „Geist-Stern", der nur gelegentlich sichtbar sein sollte, kam in den Süden. Die vier Sterne der Weltviertel – Nordosten, Nordwesten, Südosten und Südwesten – sollten den Himmel in der Höhe festhalten und hatten ferner die Aufgabe, die Geister von Blitz, Donner, Wolken und Winden zu beaufsichtigen. Nachdem Tirawa diesen Kräften ihren Platz und ihre Rollen zugewiesen hatte, warf er einen Kieselstein in ihre Mitte. Der Stein rollte in den Wolken umher, bis die Wasser der unteren Welt erschienen. Aus diesen Wassern tauchte die Erde auf.

In den Pawnee-Mythen lebt die Sonne im Osten, der Mond im Westen. Über dem Himmelsgewölbe wohnt der Große Donnerer mit seinen beiden Donnersöhnen, schön gekleidet und geschmückt mit Blitzen und Regenbögen. Andere Donnergeister leben auf den Klippen und Bergen des Himmels; sie reisen auf unsichtbaren Brücken von Berg zu Berg, wo ihre Häuser stehen. Einige der Wettergeister reagieren auf Gebete der Menschen, andere sind weniger gnädig.

Die Cherokee, im Südosten Nordamerikas beheimatet, stellen sich die Himmelswelt anders vor. In ihrer Überlieferung besteht der Himmel aus Fels, über dem die Donnergeister leben. Einigen Erzählern der Cherokee zufol-

Diese Tsimshian-Maske stellt ein Mondgesicht dar. Zwar spielt der Mond in den Mythen aller nordamerikanischen Indianer eine Rolle, doch die Tsimshian und andere Stämme der Nordwestküste halten ihn für die wichtigste Lichtquelle.

Krieg gegen die Himmelsgeister

In der folgenden Geschichte der Kathlamet, eines Stammes der Nordwestküste, waren unbändige Geister die allmächtigen Herrscher des Urhimmels. Doch die ersten Bewohner der Erde, die Menschen und Tiere, verbündeten sich, und es gelang ihnen, die Geister zu unterwerfen und zu vertreiben.

Unten auf der Erde, in frühen Zeiten, als Menschen und Tiere noch eins waren und die gleiche Sprache sprachen, zerstörten ständige Unwetter Häuser und Kanus, so daß sich alle elend fühlten. Da sagte Eichelhäher: „Wir wollen den Himmel heruntersingen." Er sang fünf Jahre lang, doch nichts geschah. „Ruft alle herbei!" befahl Eichelhäher, und dann sangen alle unablässig, aber der Himmel bewegte sich nicht. Zuletzt sang Schneevogel. Da begann sich der Himmel zu neigen. Er neigte sich immer weiter, bis er die Erde berührte. Die Menschen befestigten ihn an der Erde, und alle kletterten hinauf in den Himmel.

Im Himmel begannen die Menschen, die Tiere waren, einen Krieg mit dem Himmelsvolk. Sie zerschnitten die Bogensehnen ihrer Feinde und verjagten die Himmelskrieger. Dann griffen die Raubvögel unter der Führung von Adler die Südwestwinde an. Die vier älteren Südwestwinde wurden getötet, doch der jüngste überlebte und entkam. Dann gingen die meisten Menschen nach Hause, und der Himmel wich wieder zurück. Einige der Tiermenschen blieben jedoch im Himmel: Specht, Rochen, Hirsch und Elch sind noch heute dort. Sie wurden Sterne.

Dieser reich bemalte und geschnitzte Pfahl, die Arbeit eines Haida der Nordwestküste, stellt Donnervogel dar. Donnervögel waren Himmelsbewohner und mit großer Macht ausgestattet. Man sah sie als Werkzeuge der Schöpfung an.

ge ist der Mond ein Ball, der bei einem mythischen Spiel an den Himmel geworfen wurde. Das kam so: Einst spielten zwei Dörfer gegeneinander. Da berührte der Anführer der einen Mannschaft den Ball entgegen den Regeln mit der Hand – er hob ihn auf und versuchte, ihn ins Ziel zu werfen. Dabei warf er ihn so hoch, daß er den Felshimmel traf. Der Ball blieb dort stecken und hängt nun am Himmel, als ständige Mahnung, nie zu betrügen.

Für die Cherokee reichte der Felshimmel am „Sonnenaufgangsort" bis zur Erde nieder, wo man ihn berühren konnte. Eines Tages machte sich eine Gruppe junger Männer auf den Weg zu jenem Ort, wo die Sonne aufgeht. Lange waren sie nach Osten unterwegs und kamen schließlich an die Stelle, wo der Himmel die Erde berührte. Sie sahen, daß der Himmel ein Felsbogen war, der die Erde überwölbte, und die Erde schwang auf und nieder. Wenn sie nach oben schwang, öffnete sich eine Tür zwischen Himmel und Erde; schwang sie zurück, war die Tür geschlossen. Die Sonne kam von Osten durch die Tür und kletterte an der Innenseite des Bogens hoch.

Die jungen Männer, die in den Himmel gelangen wollten, warteten, bis sich die Tür öffnete und die Sonne herauskam. Doch der erste, der durch die Tür in den Himmel zu treten versuchte, wurde von einem Felsbrocken erschlagen. Die anderen waren, als sie heimkehrten, alte Männer geworden.

BESEELTER KOSMOS

Die Geister in den Wassern

In den Mythen der nordamerikanischen Indianer besitzt oder verkörpert jedes große Wasser, sei es das Meer, ein See, ein Fluß oder eine Überschwemmung, eine geistige Macht. Die Macht kann dem Wasser selbst oder den darin lebenden Fischen oder Seesäugern innewohnen.

In vielen Mythen über die Erschaffung der Welt tauchte das feste Land aus dem Urmeer auf *(Seite 21)*. Andere Mythen beschreiben spätere Fluten, die mit der Sintflut der jüdisch-christlichen Tradition vergleichbar sind. Überschwemmungen wurden immer von rachedurstigen Geistern über die Erde gebracht.

Die Caddo in den südöstlichen Plains sprechen von einer mythischen Zeit, als alle Wasser der Erde austrockneten. Als die Menschen das sahen, sagten sie: „Die Fische und Tiere der Flüsse haben das Austrocknen verursacht."

Halb wahnsinnig vor Durst holten die Menschen tote Fische und Schildkröten aus den Flüssen, schnitten sie in Stücke und warfen sie wild durch die Gegend. Dieses törichte Verhalten rief den Zorn eines Himmelsgeistes hervor; er kam zur Erde nieder und bestrafte die Menschen mit einer Überschwemmung. Dann führte der Geist eine kleine Gruppe Menschen auf den Gipfel eines Berges, und diese Überlebenden taten sich, als sich die Wasser wieder zurückzogen, mit anderen Menschen zusammen, die während der Großen Flut zu Alligatoren geworden waren.

Das Lachsvolk

Das Meer an der Nordwestküste wimmelt von Fischen und anderen Tieren, und die Überlieferungen der Küstenvölker kennen eine Menge Meeresgeister. Der Mythos vom Ursprung der Haida beginnt an der Küste: Eines Tages, als Rabe, der Trickster, den Strand nach Nahrung absuchte, erblickte er ein menschliches Gesicht, das ihn aus einer halbgeöffneten Muschelschale ansah. Der Rabe war einsam und neugierig, und so hackte er die Schale ganz auf. So kam es, daß der erste Haida an Land kroch.

Kein Meeresgeschöpf spielte eine wichtigere Rolle als der Lachs, der in den Sommermonaten vom Pazifik aus die Flüsse der Nordwestküste hinaufzieht, um dort zu laichen. Die fünf Lachsarten – der Chinook- oder Königslachs, der Blaurückenlachs, der Pinklachs, der Coho- oder Silberlachs und der Chum- oder Dog-Lachs – galten bei den Nordwestküsten-Indianern als die fünf Clans des Lachsvolkes. Die meiste Zeit des Jahres sahen diese Lachsleute wie Menschen aus und wohnten in großen Dörfern im Meer jenseits des Horizonts. Im Frühling verließen die Lachs-Clans ihre Unterwasserbehausungen und zogen die Flüsse hinauf zu ihren Laichplätzen, wo sie sich – nach ihrem eigenen Beschluß – als Fische fangen ließen.

Obwohl die Lachs-Clans zusammen loszogen, waren die streitbaren Dog-Lachse immer wieder darauf aus, die Kanus der Coho-Lachse umzukippen; dies erklärt, warum gerade diese Lachsart immer etwas später ankommt als die anderen. Bei den Erntefesten

Mit dieser Tlingit-Maske wird der hilfreiche Geist eines Kraken angerufen. Sie wurde im Grab eines Inuit-Schamanen gefunden.

der Stämme des Nordwestens wurde die Großzügigkeit des Lachsvolkes, das sich von den Menschen fangen und essen ließ, gefeiert. Denn wenn man die Geister des Lachsvolkes angemessen ehrte, würden sie damit einverstanden sein, immer wieder als Fische geboren zu werden, um den Menschen als Nahrung zu dienen. Die Tsimshian veranstalteten Begrüßungszeremonien für den Lachs, und die Nootka gaben die Skelette nach dem ersten Fang an das Wasser zurück.

Doch die Gewässer der Nordwestküste enthielten nicht nur die für die Ernährung so wichtigen Lachse, Robben und Wale, sondern beherbergten auch Geistwesen, die für Stürme und Fluten verantwortlich waren. Eines davon war Sisiutl, die zweiköpfige Riesenschlange der Kwakiutl-Legenden. Sisiutl bewachte die Unterwasserdörfer anderer Meeresgeister und verschlang jeden, der ihnen zu nahe kam. Sie konnte die Form eines Kanus annehmen, das sich ohne Hilfe vorwärtsbewegte und Robben fraß.

In dem Bestreben, die unberechenbare Gewalt des Meeres zu bändigen, riefen die Inuit-Schamanen freundlich gesinnte Geisterwesen von Tieren an. Dieses geschnitzte Walroß könnte seefahrenden Inuit als Amulett gedient haben.

Die Macht des Meeres

Von den Meeresmythen der nordamerikanischen Indianer sind die der kanadischen Inuit besonders eigentümlich, denn sie beschreiben das Meer als eine allmächtige Gottheit: die Meeresgöttin Nuliayuk.

Nuliayuks Geschichte beginnt mit einer Tragödie. Als heiratsfähige junge Frau weigerte sie sich, einen Ehemann zu nehmen, und wurde deswegen von ihrem Vater auf eine Insel verbannt. Später besann er sich und zog los, um sie nach Hause zu holen. Auf der Rückfahrt aber brach ein Sturm aus, und der Vater warf Nuliayuk über Bord. Als sie sich an der Bordwand festklammerte, hackte er ihr die Finger ab, und sie versank im Wasser. Ihre Fingerglieder verwandelten sich in die großen Meeressäuger. Nuliayuk lebte für immer auf dem Grund, wo sie über die Tiere des Meeres herrschte. Seit jener Zeit hing das Wohlergehen der an der Küste lebenden Inuit von Nuliayuks gutem Willen ab. Gefiel ihr die Art, wie die Menschen lebten, konnten sie reiche Fänge machen, doch wenn sie Tabus brachen und sie beleidigten, hielt sie die Tiere zurück. Die Schamanen mußten sich dann auf eine Seelenreise zum Meeresgrund begeben, um Nuliayuk zur Freigabe der Beutetiere zu bewegen. In anderen Versionen des Mythos heißt diese Göttin Sedna oder Takanakapsaluk *(Seite 117)*.

Natürlich gab es in Nordamerika viele Stämme, die das Meer kaum kannten. Wanderungsmythen der Wüstenvölker des Südwestens erzählen manchmal von dem „Wasser mit nur einem Ufer". Diese vage Kenntnis des Ozeans beruhte vermutlich auf Hörensagen oder stammte von Generationen, die vor langen Zeiten einmal gewandert waren.

Die Männer der Papago im Süden Zentral-Arizonas unternahmen alljährlich eine Wallfahrt zum Golf von Kalifornien, um Salz vom Strand zu holen. Bevor sie damit in die Heimat zurückkehren konnten, mußten sie ins Meer gehen und dieser fremden Macht Gebetsstöcke sowie ein paar Handvoll Mais opfern. Die Papago waren Nichtschwimmer, und so galt das Betreten des Wassers als Heldentat. Alles, was sie im Wasser fanden, wie Seegras oder Treibholz, wurde zu einem besonders zaubermächtigen Amulett.

Alle, die von dieser Prüfung heil zurückkehrten, genossen einen höheren Status und wurden oft Schamanen. Lieder und Reden entstanden, die die Erinnerung an dieses Ereignis wachhielten: „Ich verstreute Maismehl, als ich in das ausgedehnte Wasser lief", lautet ein solcher Gesang. „Obwohl es gefährlich gegen mich wogte, ließ ich mich nicht beirren. Ich ging weiter und warf das heilige Mehl hinein. Gefährlich wogte es, es brandete gegen mich, es brach sich hinter mir, doch ich stand fest und hielt Ausschau nach allem, was zu sehen war."

BESEELTER KOSMOS

Die Macht von Sonne und Mond

Die unterschiedlichen Lebensräume und Lebensweisen der Indianer bestimmten, welche Eigenschaften den Geistern von Sonne, Mond und Sternen beigemessen wurden. In den heißen Plains war die Sonne immer männlich, während ihr Geist im hohen Norden, wo sie sich seltener, geradezu verschämt zeigte, als weiblich galt. In den Mythen der Pawnee wird die Macht des Sonnengeistes durch Tirawa, den höchsten Schöpfergott, eingeschränkt. Ein anderer, Old Man bei den Blackfoot, wird manchmal als freundschaftlicher Rivale der Sonne beschrieben.

Im Weltbild der Pawnee verdanken alle Himmelsgeister ihr Dasein und ihre Kräfte Tirawa, dem Großen Geist. Er war es, der die Himmelsgeister einer strengen Hierarchie unterwarf. Als höchster Himmelsgeist nach Tirawa galt die Sonne, ein männlicher Sonnengeist. Er verfolgte und verführte den weiblichen Geist des Mondes, und ihre Kinder wurden Morgenstern und Abendstern, die in der Hierarchie der Götter gleich hinter ihren Eltern rangierten.

Vater Sonne gilt in den Pawnee-Mythen als Erschaffer sowohl der Tiere als auch aller eßbaren Pflanzen und Früchte der Erde. In einer Geschichte kam der großmütige und schützende Vater Sonne einmal einem armen Jungen und dessen Großmutter zu Hilfe und schenkte dem Jungen ein Gewand, mit dessen Zauberkraft er Bisons erschaffen konnte. Durch das Bündnis mit der Sonne war der Waisenknabe nun in der Lage, Fleisch und Wildgemüse für die hungernden Dorfbewohner zu besorgen.

In einem anderen Pawnee-Mythos wurde eine Waise von der Sonne mit einem Hirsch beschenkt, der übernatürliche Kräfte besaß. Der Hirsch versorgte das Waisenkind mit Fleisch und Fell. Danach erhob sich das Kind von der Erde und kehrte zur Sonnenscheibe zurück, woher es ursprünglich gekommen war.

Dieser lederne Sioux-Schild aus dem 19. Jahrhundert ist mit den Schutzgeistern des Himmels verziert. Selbst gegen Gewehrkugeln sollten solche Schilde Schutz gewähren.

Die Blackfoot in Montana erzählten eine Geschichte, die von der unbesiegbaren Macht der Sonne handelt. Eines Tages war der Schöpfer, Old Man, mit der Sonne auf der Jagd. Die Sonne nahm eine Tasche vom Rücken und holte bestickte Leggings hervor. „Sie

DIE MACHT VON SONNE UND MOND

Eine Falle für die Sonne

In einer Geschichte, die sich die Menomini von Wisconsin erzählten, wird eine unsympathische Sonne von einem gewitzten jungen Jäger gedemütigt. Als die Sonne versucht, sich aus einer Haarschlinge zu befreien, braucht sie die Hilfe einer winzigen Maus.

Zwei Männer gingen auf die Jagd in den Wald, nahmen aber ihren jüngeren Bruder nicht mit. Verärgert legte sich der Junge schlafen und deckte sich mit seiner Biberfellrobe zu. Am Morgen ging die Sonne auf und schickte mittags einen Strahl zur Erde, der sein Biberfellgewand schrumpfen ließ und den Jungen der Sonne aussetzte. „Du hast mich grausam behandelt und mein Gewand verbrannt", rief er der Sonne zu. „Warum hast du mich bestraft? Das habe ich doch nicht verdient!" Die Sonne lächelte nur und schwieg.

Der Junge nahm seine verbrannte Biberfellrobe, Pfeil und Bogen und kehrte zum Lagerplatz zurück. Als seine Schwester ins Zelt trat und ihn fragte, warum er so bitterlich weine, erzählte er ihr von der grausamen Tat der Sonne.

Am nächsten Morgen sagte der Junge zu seiner Schwester: „Schwester, gib mir einen Faden!" Sie gab ihm ein Stück Sehne, doch der Junge schüttelte den Kopf und sagte: „Nein, ich brauche einen Haarfaden." Da riß sich die Schwester ein Haar aus dem Kopf, und als der Junge mit den Fingern an dem Haar zog, wurde es lang und länger. Dann ging er dorthin, wo er gelegen hatte. Er knotete das Haar zu einer Schlinge und legte es quer über den Weg.

Sowie die Sonne die Schlinge berührte, zog sich die Schlinge um ihren Hals zu und würgte sie. Die Schlinge war heiß und grub sich tief ein. Da verfinsterte sich der Himmel, und die Sonne rief laut ihre Geister zu Hilfe. Inständig bat sie eine Maus, den Faden durchzubeißen, und erst nach viel Mühe gelang dies der Maus. Der Junge sagte zu der Sonne: „Für deine Grausamkeit habe ich dich bestraft! Nun kannst du gehen." Zufrieden mit seiner Rache kehrte er zu seiner Schwester zurück. Die Sonne schien wieder, und es wurde hell auf Erden wie zuvor.

In der Mitte dieser Maske der Bella Coola von der Nordwestküste ist eine ehrfurchtgebietende Sonne zu sehen.

sind große Medizin", sagte die Sonne. „Ich brauche sie nur anzuziehen und um einen Hain herumzulaufen. Die Leggings zünden ihn an, und das Wild wird herausgetrieben, so daß ich es schießen kann."

Old Man beschloß, die Leggings zu stehlen, und als sich die Sonne nachts zum Schlafen legte, nahm er sie an sich. Dann reiste er eine weite Strecke und legte sich schließlich nieder, wobei er seinen Kopf auf die Leggings bettete. Am Morgen wurde er von der Sonne geweckt. „Old Man, was machst du mit meinen Leggings unter deinem Kopf?" „Oh, ich brauchte nur ein Kissen, darum habe ich deine Leggings genommen!" In der nächsten Nacht geschah das gleiche. Old Man lief bis zum Morgen weiter, doch töricht wie er war, wußte er nicht, daß die ganze Welt das Haus der Sonne war. So weit er auch reisen mochte – niemals würde die Sonne ihn aus den Augen verlieren.

Das Geschlecht der Sonne

Die Sonne der Pawnee und anderer Stämme der Plains war männlich, für die Inuit der Arktis hingegen weiblich und hatte zudem einen tragischen Charakter. Der Sonnengeist der Inuit war ursprünglich eine junge Frau. Sie wurde von ihrem Bruder mißbraucht; da verstümmelte sie sich und floh in den Himmel, wo sie *sikinim inua*, „die Sonnenperson", wurde. Die arktische Sonne, oft orangerot gefärbt, wenn sie im Mittwinter kurz erscheint, wurde bei den Inuit als „Sonnenschwester" gesehen, die aufgeht, um ihre furchtbaren Wunden zu zeigen.

Im übrigen spielt die Sonne in den Mythen der Inuit eine wenig bedeutende Rolle. Dagegen überrascht es nicht, daß der arktische Mond, der in langen, klaren Winternächten überaus deutlich am Himmel zu sehen ist, überragende Bedeutung besaß.

Der Mondgeist

Alignak, der schändliche Bruder der Inuit-Sonne, ging auf den Mond und wurde der Mondgeist. Dort lebt er nun in einem riesigen Iglu, das er mit den Seelen der großen Tiere teilt. Karibu (die Rentiere Nordamerikas) laufen an den Innenwänden des Mondhauses entlang, und draußen, in einem gewaltigen Zuber mit Meerwasser, hält Alignak die Seelen von Robben, Walen und Walrossen gefangen. Über diese Tiere kann Alignak verfügen, wie er es für richtig hält.

Alignak beobachtet die Menschen genau. Mißfällt ihm ihr Verhalten, hat er die Macht, die Tiere, von denen das Überleben der Menschen abhängt, bei sich zu behalten. Zu anderen Zeiten, wenn er über den Himmel zieht und das freie Leben eines himmlischen Jägers genießt, versorgt er auch die irdischen Jäger mit reichlich Beute. Daß Alignak, der auf den

Die Sterne, Krähen und Elstern auf diesem um 1890 angefertigten Hemd eines Arapaho-Geistertänzers stellen Geister der Vorfahren und Naturkräfte dar. Ihre Hilfe erhoffte der Tänzer bei der Wiederherstellung des Gleichgewichts im geistigen Kosmos.

Mond verbannt worden war, weil er die Tabus der Vergewaltigung und des Inzests verletzt hat, gleichzeitig eine gegensätzliche Identität als schützende und produktive Gottheit besitzt, ist ein Widerspruch, der schwer zu verstehen ist.

Eine Erklärung könnte sein, daß der schuldig gewordene Bruder Alignak auch einer der Trickster ist *(Seite 76)*. Denn die Listenreichen vereinen in sich sowohl destruktive als auch kreative Elemente.

Andere Mythen des Nordens sehen den Mond als gütige Kraft, die den Menschen zu Hilfe kommt. Eine Geschichte der in Alaska lebenden Gwich'in beschreibt, wie ein armer Knabe, ein Schamane, der sein Volk durch seine Zauberkraft mit Karibufleisch versorgt hatte, zum Mond aufstieg: In Zukunft würde er sich von dort aus um die Menschen kümmern. Bevor er verschwand, erzählte er seiner Mutter: „Ich werde in den Himmel gehen. Du wirst mich mit dem Viertel eines Karibus im Mond sehen. Wenn es auf der Erde viel Nahrung geben wird, wirst du mich aufrecht stehen sehen. Wenn eine Hungersnot droht, werde ich mich vorbeugen."

In vielen Mythen, die von den Himmelskörpern handeln, werden die Armen und die Ausgestoßenen, wie dieser Knabe, mit irdischem Reichtum gesegnet und nach dem Tod an den Himmel versetzt.

Entführt von einem Stern

Nicht immer waren die Beziehungen zwischen den Menschen und den Geistern des Himmels harmonisch. Die Tsimshian der Nordwestküste kennen eine Geschichte, in der die Geister grausam sind.

Eines Nachts sprach ein kleiner Junge arglos mit einem Stern: „Ach, du Armer", sagte er, „wie mußt du doch frieren!" Der Stern hörte die Worte und kam eines Abends auf die Erde herunter und nahm den Jungen mit sich in den Himmel. Die verzweifelten Eltern suchten überall. Schließlich erfuhr der Vater von einer Frau, die allein in den Bergen lebte, wo sein Sohn war: „Dein Junge ist am Rauchabzugs auf dem Haus des Sternenmanns festgebunden. Er weint die ganze Zeit. Die Funken des Feuers verbrennen ihn."

Dann riet sie dem Mann, viele Pfeile zu machen und sie übereinander in den Himmel zu schießen, bis der oberste am Rand des Himmelslochs steckte. Der Mann folgte ihrem Rat und schoß die Pfeile einen nach dem anderen ab, bis sie eine Leiter von der Erde bis zum Himmelsloch bildeten und er hinaufklettern konnte.

Im Himmel sammelte der Vater Holz und schnitzte ein paar Statuen, die seinem Kind glichen. Dann machte er Feuer und sengte die Figuren an. Die letzte, aus gelbem Zedernholz, weinte sogar wie ein Kind. Der Vater reiste weiter im Himmel, bis er zum Haus des Sternenmanns kam. Der Junge war tatsächlich am Rauchabzug festgebunden, und wenn die Leute im Haus das Feuer schürten, weinte er, weil ihn die Funken verbrannten. „Weine doch nicht", flüsterte der Mann seinem Sohn zu. „Sie könnten dich drinnen hören!"

Als die Leute im Haus schliefen, band der Vater den Jungen los und befestigte an seiner Stelle die Figur aus gelbem Zedernholz. Dann liefen beide davon. Als am Morgen das Feuer neu entfacht wurde, schrie das Zedernholz, hörte aber nach einer Weile wieder auf. Da merkten die Sternenmenschen, was geschehen war, und machten sich an die Verfolgung. Doch Vater und Sohn hatten bereits das Himmelsloch erreicht. Sie kletterten an den Pfeilen zur Erde und zogen sie hinter sich heraus. So bekamen die Eltern ihren Sohn zurück.

BESEELTER KOSMOS

Geistwesen in der Natur

In der Glaubenswelt der nordamerikanischen Indianer haben die Geister oder Götter der Natur sehr unterschiedliche Macht und Bedeutung. Manche werden als universelle Kräfte gesehen; andere sind nur für bestimmte Erscheinungen der Welt zuständig, beispielsweise den Wind, das Meer, den Regen oder die Tiere. Und wieder andere sind weniger hochstehende Geistwesen, die nur an bestimmten Orten erscheinen, und auch das nur gelegentlich.

Nach einer Legende der Ojibwa aus den nordwestlichen Wäldern wurden bei der Schöpfung der Erde vier bedeutende Geister zum Nutzen der Menschheit geschaffen. Jeder dieser Geister lebte in einer der vier Himmelsrichtungen und stemmte zugleich die Ecken des Himmels hoch. Der Nordgeist brachte Eis und Schnee, damit die Menschen die Spuren der Tiere verfolgen können. Der Südgeist sorgte dafür, daß Kürbisse, Melonen, Mais und Tabak wuchsen. Der Westgeist war für Regen zuständig, während der Ostgeist Licht brachte – er ließ die Sonne um die Erde reisen.

Auch andere Indianervölker teilten den vier Himmelsrichtungen vier Geister zu. Der Windriese der Irokesen, Ga-oh, hatte vor dem Eingang seiner Höhle einen Bären, einen Panther, einen Elch und ein Rehkitz. Wenn der Nordwind blies, sagten die Irokesen, daß der Bär am Himmel frei herumlief. Wehte der Westwind, heulte der Panther; der Ostwind war der Elch, der „seinen Atem ausstößt"; und der Südwind war das „Rehkitz, das zu seiner Mutter zurückkehrt".

Die Inuit waren darauf bedacht, böse Geister zu meiden – wie diejenigen an manchen Felsen, die aus der Landschaft von Alaska herausragen. Es kam nämlich vor, daß Reisende während einer Ruhepause an einem bestimmten Fels verschwanden; seitdem schlug niemand mehr sein Lager an diesem Ort auf, der ganz offensichtlich von einem bösen Geist bewohnt wurde.

Andere Geister waren hilfreiche Wohltäter, wie zum Beispiel jene, denen beim Grünkornfest der Seneca in jedem Herbst ausgiebig gehuldigt wurde. Während des Tanzes wandte sich einer der vornehmsten Stammesältesten an die Diener des „Herrn des Lebens", die den Menschen das ganze Jahr über alles zum Überleben Notwendige gaben. Seine lange Rede begann mit einer Beschreibung der gemeinsamen Freude, „da wir alle in dieser Welt noch am Leben sind". Er fuhr fort: „Außerdem danken wir der Erde und danken auch all den Dingen, die sie enthält. Wir danken dem sichtbaren Himmel. Wir danken der Lichtkugel, die jeden Tag ihre Bahn zieht. Wir danken der Lichtkugel, die jede Nacht ihre Bahn zieht. Und unser Dank gilt all den Donnerern, die Regen bringen. Darüber hinaus danken wir den Dienern des Herrn des Lebens, die uns Tag für Tag und Nacht für Nacht bewachen und beschützen."

Ein rücksichtsloser oder selbstsüchtiger Mensch kann einen Naturgeist beleidigen und damit dem Wohlergehen aller schaden, doch nicht immer mündet der Zorn dieses Geistes in eine allgemeine, die Gemeinschaft betreffende Krise. Die Kachinas *(Seite 121)*, Naturgeister, die in den Pueblo-Mythen des Südwestens vorkommen, erinnern den einzelnen an seine

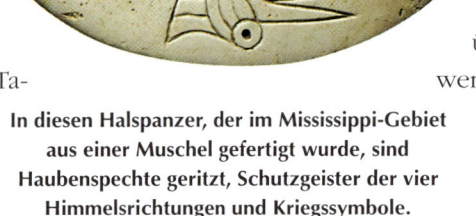

In diesen Halspanzer, der im Mississippi-Gebiet aus einer Muschel gefertigt wurde, sind Haubenspechte geritzt, Schutzgeister der vier Himmelsrichtungen und Kriegssymbole.

Nipinuke und Pipunuke, Geister der Jahreszeiten

Der ewige Kreislauf der Jahreszeiten, der sich jedes Jahr wiederholt, wird in dieser Geschichte als Partnerschaft zwischen zwei mächtigen Geistern beschrieben. Der Geist Nipinuke bringt Frühling und Sommer, Pipunuke löst ihn ab und bringt den Winter.

Die Geistwesen der Jahreszeiten heißen Nipinuke und Pipunuke. Die beiden teilen sich die Welt, und jeder bleibt auf seiner Seite, solange er kann. Doch dann kommt die Zeit, in der sie die Plätze tauschen müssen.

Wenn Nipinuke kommt, bringt er Wärme, Vögel, grüne Blätter und Gras mit. Doch wenn sich der Sommer seinem Ende zuneigt, muß er seinen Platz unweigerlich für Pipunuke räumen.

Pipunuke kommt mit Stürmen, Eis und Schnee und zerstört, was Nipinuke hinterlassen hat. So ist für die Abfolge der Jahreszeiten in der Natur und das Gleichgewicht in der Welt gesorgt. Dieses Gleichgewicht heißt Achitescatoueth.

Verpflichtungen der Gesellschaft gegenüber. Eine Geschichte der Tewa beschreibt einen Tag, an dem alle zusammen Zwiebeln sammeln sollten. Doch zwei Mädchen hatten keine Lust und wollten etwas anderes unternehmen. Gegen Abend hatten sie sich allerdings besonnen und gerade mit der Arbeit begonnen, als die Sonne unterging. Plötzlich hörte eines der Mädchen ein Geräusch. Ein Kachina-Geist erschien. In den Händen hielt er zwei lange Yuccablätter. „Du gehorchst dem Häuptling nicht", sagte er und holte zum Schlag aus. „Wir gehen mit dir", weinte das Mädchen – es hielt den Kachina für einen Menschen. „Nein, ich wollte euch nicht nach Hause bringen", sagte der Kachina und schlug sie. Die Mädchen liefen davon, der Geist hinterher. Beim Laufen verloren sie die Zwiebeln, die Bänder der Mokassins rissen, die Leggings lösten sich und Schals und Gürtel fielen auf den Boden. Der Kachina rief: „Tut das nie wieder! Wenn alle das Dorf verlassen, müßt ihr mitgehen. Nun wißt ihr, was mit unartigen Mädchen passiert! Und jetzt geht nach Hause." Ohne Zwiebeln und ohne Mokassins, Schals und Gürtel kehrten sie zurück.

Die Indianer Nordamerikas lebten in dem Bewußtsein, daß alle sichtbaren Dinge beseelt waren. Die Mythenwelt der Inuit liefert ein besonders eindringliches Beispiel dafür, wie vielfältig die Welt der Geistwesen sein konnte. In der kanadischen Arktis herrschten drei Hauptgeister: die Mutter der Seetiere,

BESEELTER KOSMOS

der Mondgeist und der Geist der Luft und des Wetters. Sprach ein Mann allzu überzeugt und prahlerisch von seinen Jagdkünsten, lief er Gefahr, den Geist der Luft und des Wetters zu beleidigen und ein strafendes Gewitter zu verursachen. Wenn eine Frau das Tabu verletzte und während ihrer Menstruation Robbenfleisch zubereitete, konnte es ebenso geschehen, daß die beleidigte Mutter der Seetiere Robben und Walrosse zurückhielt, so daß sie dem betroffenen Stamm als Jagdbeute nicht zur Verfügung standen.

Die Geister lebender Tiere waren für die Jäger und Fischer des Nordens am wichtigsten. Sie schlachteten ihre Beute nicht einfach ab, denn einem Jäger, der sich nicht an das Versprechen hielt, ihre Geister mit angemessenen Tötungsritualen zu ehren, würden sie künftig aus dem Weg gehen. Bei den Inuit von Alaska mußte die Seele des Wals, die in seinem Kopf saß, dem Meer mit dem ganzen Kopf zurückgegeben werden; sonst konnte sie nicht zu ihrem Ursprungsort zurückkehren und wiedergeboren werden. Andere große oder bedeutende Tiere mußten rituell geschlachtet werden, damit ihre Geister von ihrem Sitz im Hals entweichen konnten. Wenn Männer und Frauen sich an diese Riten hielten, würden die Tiere ihnen helfen, indem sie ihnen „ihre Körper ausliehen", das heißt, ihnen erlaubten, sie zu jagen.

Manitu: Die Macht, die allem innewohnt

Es gab noch eine Fülle anderer Geister: Geister der Vorfahren, die in der Nähe von Dorfgräbern und Lagerplätzen wohnten, Geister von Orten wie Seen und Felsen; Geister, die unsichtbar in der Luft schwebten und sich einem entsprechend begabten Menschen näherten, um aus ihm einen Schamanen zu machen.

Eines der ersten indianischen Wörter, das Missionare und Entdecker im nordöstlichen Waldland Nordamerikas lernten, war das Algonkin-Wort Manitu, was „Macht, Geist" bedeutet. Manitus konnten eigenständige Geistwesen sein, aber auch Geister, die Tieren, Orten und Naturgewalten innewohnten; sie konnten hilfreich sein, aber auch rachedurstig. Auch die Schamanen, die als Mittler zwischen den Geistern und den Menschen fungierten und aus diesem Grund Kontakt mit ihnen aufnahmen, waren gegen den Einfluß der Manitus keineswegs immun.

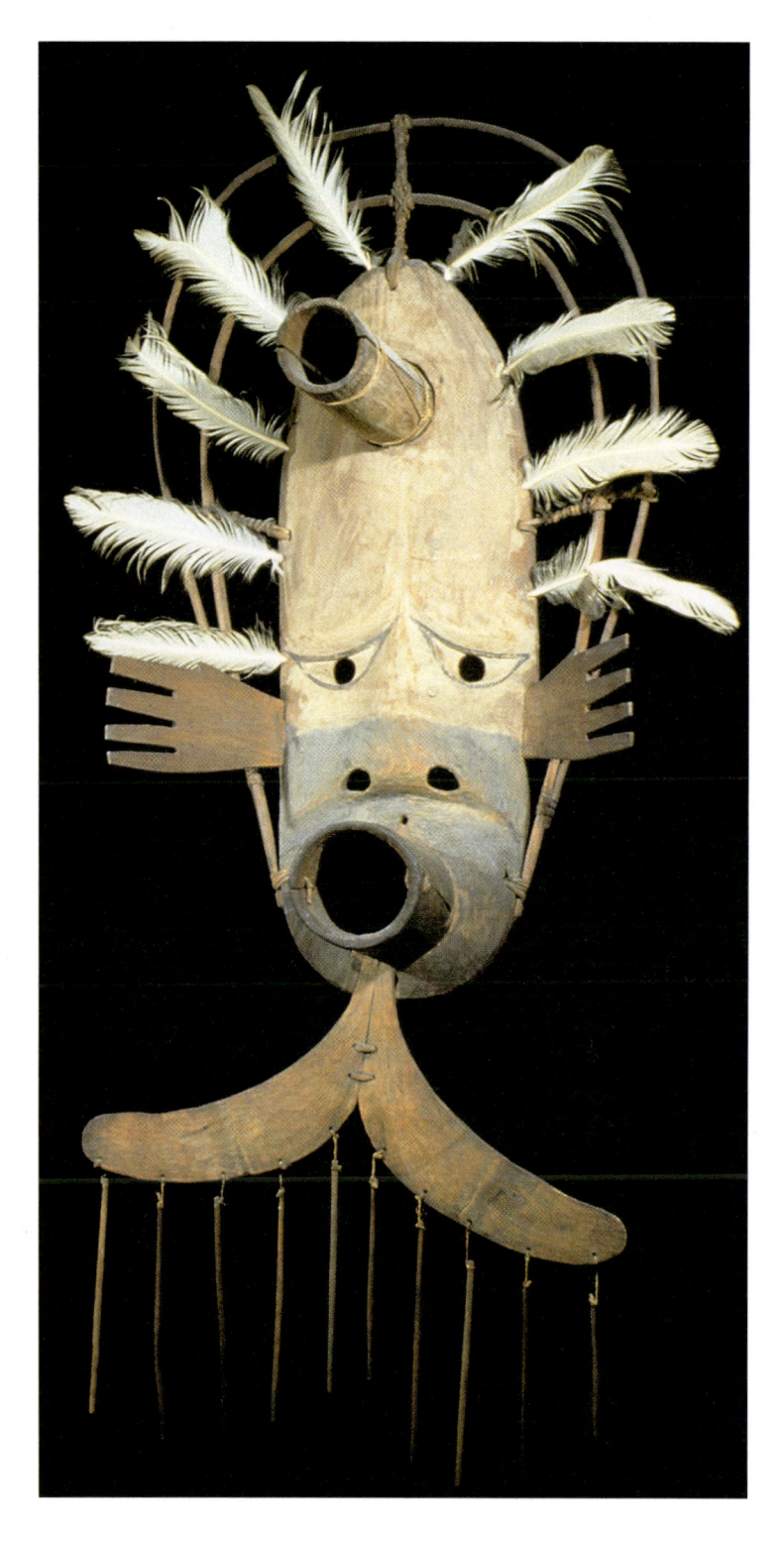

Die Schamanenmaske der Inuit (19. Jh.) stellt den winderzeugenden Geist Tomalik dar. Die Winde des Sommers und des Winters blasen durch die in Mund und Stirn eingelassenen Rohre. Die Federn sind Wolken und Seevögel, das Gehänge stellt die Geister von Luftblasen dar, die von tauchenden Robben aufsteigen.

Der Maisgeist

Die Geister der Natur mußten geehrt werden, damit sie ihr Wohlwollen den Jagdgründen, Feldern und Gärten nicht entzogen. Die Tuscarora beispielsweise, ein Stamm des Nordwestens, lebten in der Überzeugung, vom Maisgeist abhängig zu sein. Schließlich war Mais ihr Grundnahrungsmittel.

In einem Dorf, wo die Maisernte immer reichlich ausgefallen war, wurden die Leute faul und sorglos. Sie vergaßen, das Unkraut zu rupfen, und ließen es zu, daß Pflanzen niedergetrampelt wurden. Die Hunde durften fressen, was übrigblieb, und die Samen wurden in nachlässig gegrabenen Erdlöchern und schadhaften Körben gelagert. Und was am schlimmsten war – die Dörfler brachten dem Maisgeist keine Dankesopfer mehr dar.

Weil sie glaubten, sie würden sich durch die Jagd mehr Nahrung beschaffen können, zogen die Männer in die Wälder. Aber die Tiere waren verschwunden. Da gruben die hungernden Menschen ihre Körbe aus. Doch die Vorräte waren verfault oder von Mäusen aufgefressen. Nur ein einziger Mann, Dayohagwenda, hatte für die Ernte gedankt und seinen Mais ordentlich gelagert.

Eines Tages zog Dayohagwenda durch den Wald und stieß auf eine Hütte aus Ulmenrinde, die von Schilf umgeben war. Dort saß ein alter Mann, schmutzig und zerlumpt, und weinte vor sich hin. „Großvater, warum weinst du?" fragte Dayohagwenda. „Weil dein Volk mich vergessen hat", erwiderte der Alte. Als Dayohagwenda weiterfragte, merkte er bald, daß der alte Mann der Maisgeist war, der darunter litt, daß die Menschen so undankbar geworden waren. Der Maisgeist weinte, weil er sich vergessen glaubte.

Dayohagwenda kehrte in sein Dorf zurück und fand die Menschen halb verhungert vor. Er erzählte ihnen, was er gesehen hatte, und warnte sie, daß der Maisgeist für immer weggehen könne. Doch wenn sie ihn wieder verehrten, würde er ihnen auch wieder helfen. Dann grub Dayohagwenda seine Vorräte aus und sah, daß der Maisgeist sie vermehrt hatte.

Seit jener Zeit brachten die Menschen dem Maisgeist wieder Ehrerbietung entgegen. Sorgfältig pflanzten, jäteten, ernteten und lagerten sie ihren Mais. Und immer dankten sie dem Geist, der ihnen soviel Gutes tat.

Dieses moderne Gemälde ehrt Selu, die Erste Frau in den Cherokee-Mythen. Sie gebar Mais durch Reiben ihres Leibes und brachte die ersten Bohnen aus ihren Brüsten hervor.

BESEELTER KOSMOS

Blitz und Donner, Feuer und Regenbogen

Unbeeinflußbare Naturelemente – wie die Wetterkräfte Donner, Blitz und Regen – werden in vielen Überlieferungen der Indianer personifiziert. Die berechenbaren Eigenschaften des Feuers dagegen erklären eher Mythen, und zwar solche, die sich mit einem Diebstahl befassen. Nicht selten, wie auch in den Geschichten über den Raub des Tageslichts *(Seite 35)*, werden die kühnen Feuerräuber von einem Trickster angeführt.

Dieser Donnervogel, ein Kopfschmuck, ist an den Federhörnern und dem gebogenen Schnabel zu erkennen. Die Arbeit eines Kwakiutl-Künstlers der Nordwestküste wurde 1926 aufgefunden und könnte aus dem 19. Jh. stammen.

Great Man, der Schöpfergott der Maidu, die aus dem Gebiet des heutigen Kalifornien stammen, schuf eine Welt, die ursprünglich heiß war. Die Hitze war so groß, daß alles schmolz, und noch heute ist Feuer in Steinen und Bäumen. Den Maidu zufolge ist Great Man gleichzeitig Donner, und in manchen Maidu-Mythen sind Blitz und Donner trotz ihrer göttlichen Natur dazu bestimmt, die Menschheit zu vernichten. Hier kommt Regenbogen ins Spiel, der so oft nach einem Gewitter am Himmel steht: Er fleht Blitz und Donner um Mitleid mit den Menschen an.

Der Regenbogen ist fast immer ein gütiger Geist. Für die Huronen ist der Regenbogen ein wunderschöner Pfad, auf dem verschiedene Tiere in den Himmel reisen. In einer Navajo-Geschichte klettert ein Held, Dawn Boy, auf einem Regenbogen singend zur Wohnstätte zweier mächtiger Himmelsgottheiten empor. In einem Mythos der Creek, einem Stamm des Südostens, heißt es, daß ein Waisenjunge auf Gehörnte Schlange und Donnerer traf, die an einem Flußufer miteinander kämpften. Jeder der beiden Kämpfer bat den Jungen, den Feind zu töten. Schlange bot dem Jungen als Gegenleistung Wissen an, Donnerer „alle Macht des Donners". Der Junge tötete Schlange. Die Belohnung ging über das Angebot hinaus: Er wußte nun immer, wo sich Wild aufhielt, und im Kampf konnte er niemals getötet werden, denn er hatte die Macht, mit Donner und Blitz alle seine Feinde zu vernichten.

Laut einer Legende, die sich die Cœur d'Alêne von Idaho erzählten, kam Donnerer vom Himmel herunter, um einem Mann seine Ehefrau zu stehlen. Der Mann verfolgte ihn, erreichte das Haus Donnerers und fand dort seine Frau. „Du bist so gut wie tot", sagte sie zu ihm, „doch wir werden eine Höhle unter dem Bett ausheben. Versteck dich darin. Ich werde kochen, und wir werden essen. Er wird nett mit mir sprechen und mir Geschichten erzählen. Wenn er eingeschlafen ist, werde ich ihn kitzeln, um zu sehen, ob er wach wird. Dann grabe ich dich aus."

Nach einer Weile schlief Donnerer ein und schnarchte. Die Frau sprang auf und grub ihren Mann aus. Sie nahm Donnerers Hemden, zerriß einige, behielt das neueste und warf die anderen weg. Dann rannte das Paar zum Rand von Donnerers Berg. Die Frau zog Donnerers Hemd an. So flogen sie zur Erde. Dort zog sie das Hemd wieder aus. „Sei zerrissen!" rief sie und warf es weg. Inzwischen war Donnerer erwacht und sah, daß die Frau fort war. „Es gibt keinen Ort, den ich nicht kenne. Du wirst sterben!" sagte er und ging, um sein neues Hemd zu holen. Als er sah, daß es weg war, setzte er sich hin und weinte.

Die Feuerdiebe

Das Feuer gelangte in den meisten Erzähltraditionen der Indianer durch einen Diebstahl auf die Erde. Den Geschichten über dieses Ereignis lag meist die Annahme zugrunde, daß das Feuer, bevor es auf die Erde kam, bereits in einer anderen, ewigen Welt existierte. Viele Legenden vom Feuerdiebstahl beschreiben, wie Tiere einen Berg im Himmel erklimmen und sich mit dem Feuer davonmachen. In einer Geschichte der Südlichen Paiute führte Coyote ein paar Vögel bei einem Feuerraubzug an. Indem sie vorgaben, sie seien nur gekommen, um mit ihren Gastgebern zu spielen, erschlichen sich die Feuerdiebe Zugang zum Reich der Feuerbesitzer. Coyote flüchtete dann mit einem Stück brennender Zedernrinde, die an seinem Fell befestigt war. Als die Feuerbesitzer sie verfolgten, gab Coyote das Feuer an Eichelhäher weiter, dieser an einen anderen Vogel, jener an einen weiteren – und so fort, bis sie ihren Verfolgern entkommen waren. Um den Feuerdiebstahl zu rechtfertigen, sagte Coyote schließlich: „Laßt uns allen Bäumen und allen Felsen Hitze und Feuer geben!" Seither sind es Holz und Stein, die das Feuer erzeugen: als Feuerbohrer, Feuerholz und Feuerstein.

In einer anderen Geschichte über den Feuerdiebstahl, von den Maidu erzählt, war das Feuer bereits auf der Erde, als Donnerer es stahl. Und jetzt bewachte er es. Die Tiere der Erde hatten die Aufgabe, es wiederzuholen. Durch Tricks trennten sie Donnerer von seinem Feuer; da holte er Regen, Wind und Hagel zu Hilfe, damit sie die Beute der Feuerdiebe auslöschten. Stinktier aber tötete Donnerer mit einem Pfeil und rief: „Nun mußt du im Himmel bleiben und der Donner sein." So kam es, daß das Feuer auf der Erde blieb und der Donnerer in den Himmel ging.

Donnervogel

Die Macht des Donners wird oft als ein riesiger, adlerähnlicher Vogel dargestellt. Alle Stämme verehrten ihn.

Donnervogel kommt in vielen nordamerikanischen Mythen vor. Das gewaltige Wesen, dessen Flügelschlag Donner erzeugte und dessen Augen und Schnabel Blitze zündeten, wurde in erster Linie als Verursacher des Regens verehrt, weil Regen Fruchtbarkeit bringt. Donnervogel lebte in den zerklüfteten Gipfeln der Berge, von wo aus er seine ausgedehnten Jagdgründe überblicken konnte.

Bei den Stämmen der Nordwestküste glaubte man, daß sich der riesige Vogel vom Himmel herab auf Wale stürzte, sie mit seinen Klauen packte und davontrug, um sie im Binnenland zu verzehren.

Bei vielen Indianerkulturen der Plains sah man im Donnervogel, der bei den Lakota Wakinyan hieß, eine hochgestellte Gottheit, die nur dem Großen Geist im

Donnervogel, gemalt auf ein Tanzgewand der Clayoquot von der Nordwestküste (19. Jahrhundert).

Rang nachstand. Donnervögel wurden gern auf Schilde, Waffen, Kleider und Zelte gemalt – das sollte den Mut stärken.

65

BESEELTER KOSMOS

Das Tiervolk

Die Unmengen an Tieren, die in den Mythen der nordamerikanischen Indianer vorkommen, sprechen und benehmen sich wie die Menschen – mit denen sie in der Anfangszeit ja auch noch eins waren. Oft erklären sich Aussehen und Verhalten einer Tierart oder eines Tier-Clans durch kosmische Streitigkeiten und Ereignisse. All diesen Geschichten gemeinsam ist die Betonung der spirituellen Macht und Bedeutung der Tierwelt.

Am Anfang gab es noch keine Menschen – so heißt es in vielen indianischen Mythen, die von der Erschaffung der Erde erzählen. Die ersten Bewohner der Erde waren die Tiere, die erst die Bedingungen schufen, unter denen die Menschen hier leben konnten. Viele Schöpfungsmythen beschreiben eine „Traumzeit", in der Menschen und Tiere die gleiche Sprache sprachen und mit vereinten Kräften Hindernisse überwanden *(Seite 22)* oder einen gemeinsamen Feind bekämpften. In diesen Geschichten bedeutet „anders" niemals „geringer", weil die Tiere des indianischen Nordamerikas den Menschen geistig ebenbürtig waren.

Die meisten Tiergeschichten handeln von mythischen Vorfahren der Tiere wie Coyote, Biber und Eichelhäher. Es wurden aber auch andere Geschichten erzählt, die den Ursprung und das Verhalten bestimmter Tierarten erklären. So wird in einer Geschichte, die sich die Yana in Nordkalifornien erzählten, erklärt, warum und wann das Gänsevolk zum erstenmal zum Mount Shasta kam, und warum es im Frühling immer nach Norden flog. So wie ein Häuptling einen Boten ausschickt, um ein anderes Dorf zu einer Feierlichkeit einzuladen, sandte der mythische Häuptling Flint Rock (Feuersteinfels) seinen kleinen Boten Kolibri aus, um das Kranich-, das Gänse- und das Reihervolk zu einem Tanzfest einzuladen: „Kolibri wickelte ein Wildkatzenfell um seinen Kopf und machte sich fertig, um nach Süden zu fliegen und das Gänsevolk zum Fest zu bitten … Sehr niedlich war Wiesenlerchen-Frau mit ihrem Schurz aus Nagetierknochen, die auf Lederfransen aufgezogen waren."

Für die Reise zu dem Tanzfest, das Flint Rock veranstalten wollte, stellten sich alle Gänseleute in einer Richtung auf und flogen in der Formation, die man noch heute beobachten kann: „Das ganze Gänsevolk, jeder, der dabei war, hatte Flügel." Und: „Diese Gänsemenschen kamen von Süden und tanzten nach Norden. Sie flogen hoch in die Lüfte und tanzten auf ihrem Flug nach Norden immer weiter."

Ein Schöpfungsmythos der kalifornischen Karok beschreibt die ersten Tiere als „alle gleich an Macht; niemand wußte, welches Tier dem anderen als Nahrung dienen sollte". Der Schöpfergott Chareya sagte zum Menschen, daß er den Rang der Tiere bestimmen sollte. Er sollte Pfeile und Bögen machen und sie den Tieren überreichen.

Eine Rabenrassel der Tsimshian aus dem 19. Jahrhundert. Die Schnitzerei Rabe-Mensch-Frosch steht für die Einheit von Mensch und Tier im Naturverständnis der Nordwestküsten-Indianer.

DAS TIERVOLK

Der Kaninchentanz der Mohawk

Die Tiere der nordamerikanischen Indianermythen leben oft in Clans, unter der Führung eines weisen und erfahrenen Häuptlings oder „Meisters". In der folgenden Geschichte erinnert ein Kaninchenmeister die Menschen an die große Bedeutung der Tiere.

Einmal zog ein Trupp Jäger durch die Wälder. Als sie an eine Lichtung kamen, erblickte ihr Anführer ein Tier. Es war so groß wie ein kleiner schwarzer Bär, aber es war keiner: Es handelte sich um ein riesiges Kaninchen.

Die Männer kamen näher, und das Kaninchen hob den Kopf. Doch anstatt wegzulaufen, nickte es mit dem Kopf in ihre Richtung und klopfte dann mit einem seiner Hinterfüße auf den Boden. Auf dieses Zeichen hin kamen Scharen von Kaninchen angelaufen und gesellten sich zu dem großen Kaninchen. Daraufhin begann dieses, rhythmisch auf den Boden zu schlagen, wie auf eine Trommel.

Die anderen Kaninchen bildeten einen Kreis und tanzten um den Kaninchentrommler herum. Plötzlich stand der Meister der Kaninchen still. Das Trommeln hörte auf. Er sprang in die Luft und verschwand im Wald.

Als die Jäger ins Dorf zurückkehrten, liefen sie zum Langhaus und erzählten, was sie gesehen hatten. „Schlagt den Rhythmus des Kaninchenmeisters", sagte einer der Ältesten. Die Männer nahmen ihre Trommeln, und die anderen begannen, zu ihrem Rhythmus zu tanzen. Der Kaninchentanz war ihr Dank an die Tiere, deren Fleisch und Felle von so großem Nutzen für sie waren.

Der längste Bogen war für das Tier bestimmt, das die größte Macht haben sollte, der kürzeste für dasjenige mit der geringsten Macht. Die Tiere versammelten sich und schliefen ein, während sie auf den Menschen warteten. Als die Sonne wieder aufging, gab Mensch die längsten Bögen Berglöwe und Bär und den kürzesten Frosch. Coyote hatte die Zeremonie verschlafen und erhielt überhaupt keinen. Statt dessen wurde er mit Schläue belohnt und war in aller Zukunft „dem Menschen wohlgesinnt".

Viele Tiergeschichten wurden zu Sagen über große Wanderungen ausgesponnen, die von den Tieren unternommen wurden; diese Reisen verweisen oft auf die Wanderungen der Stammesvorfahren. Andere Tiergeschichten sind wiederum sehr kurz. Die Inuit erzählten sich Geschichten, die manchmal nur Sekunden dauerten: „Ein Lemming umkreiste das Dachfenster eines Iglus. Plötzlich fiel er herunter und schrie: „Ich glaube, ich habe mir die Rippen gebrochen!" Solche Nonsensgeschichten, häufig auch mit Refrains gesungen, dienten dem puren Vergnügen.

Andere Kurzgeschichten tragen den Charakter lehrreicher Fabeln, wie die folgende, die sich die Pima in Arizona erzählten: „Eine Wachtelmutter hatte 20 Kinder. Alle liefen auf der Suche nach Wasser umher. Schließlich fanden sie einen faul riechenden Teich. Weil sie so entsetzlich durstig waren, tranken sie das Wasser. Und sie starben." Die Moral der Geschichte: Wer nicht weiß, wie man gesundes Wasser erkennt, begibt sich in Lebensgefahr.

BESEELTER KOSMOS

Tiergeister im Diesseits und im Jenseits

Im Leben der Indianer Nordamerikas spielten Tiere eine wichtige Rolle. Ihr Fleisch bot Nahrung, aus ihren Häuten konnten Kleidungsstücke und aus ihren Knochen und Sehnen Waffen und Werkzeuge gefertigt werden. Doch ihrer materiellen Bedeutung stand ihr spiritueller Wert nicht nach. Die Jäger mußten den Geistern der Gejagten Ehrfurcht entgegenbringen.

In den nordamerikanischen Indianermythen gelten die Tiere als heilig, weil sie machtvolle Geister haben. Und obwohl die Geister einiger Arten – wie die der Bären, Wale und Elche – größer, wichtiger und gefährlicher für den Menschen sind als die von Eichhörnchen und Lemmingen, haben alle Tiere einen ehrenvollen Platz im geistigen Universum inne.

Tiere gab es schon in der längst vergangenen Traumzeit, als jedes Lebewesen und jedes Ding an der heiligen Erneuerung teilnahm. Die Tatsache, daß sie damals zugegen waren, garantiert ihre Heiligkeit, und sowohl in den gelebten Traditionen als auch in den mythischen Erzählungen werden Tiere immer mit Respekt behandelt. Die Indianer rechtfertigten die Jagd mit ihrem Glauben, die unsterblichen Geister ihrer Beutetiere würden zur Wiedergeburt an ihre Wohnstätten zurückkehren.

Wenn die Menschen ein Tier mit Respekt töteten oder schlachteten – indem sie scharfe, saubere Waffen benutzten und Rituale vollführten, die nicht nur das betroffene Tier, sondern seine ganze Gattung zufriedenstellten –, dann würde der Geist des Tieres den Tod des Körpers nicht übelnehmen. Er würde nach der Heimkehr über den Jäger berichten. Hatte er alle Regeln korrekt eingehalten, sagte der Geist vielleicht:

Ein Bison ist das Hauptsymbol auf diesem Tanzschild der Sioux aus dem 19. Jh. Solche Tiersymbole dienten dem Besitzer des Schildes als Schutzzauber.

„Ich will in meinem neuen Leben zu diesem Mann zurückkehren. Er und seine Frau sind gute und großzügige Leute. Sie teilen ihre Jagdbeute. Sie zerschneiden meinen Körper geschickt und voller Respekt. Ihr anderen könnt auch zu diesem Jäger gehen." War der Jäger nachlässig oder respektlos, würde sich der Geist des Tieres künftig von ihm fernhalten und auch die anderen Geister seiner Art vor ihm warnen, so daß er bald keine Beute mehr machen könnte.

Doch die Tiere verfügten noch über andere Mittel, ihr Mißfallen auszudrücken: Sie konnten die Macht ihrer Geister nutzen, um den Jäger mit Krankheit zu strafen oder gar sein Leben zu gefährden.

Der am meisten gefürchtete und verehrte Tiergeist war der des eindrucksvollsten Tieres, das die Indianer kannten: des Bären. Bei den Kwakiutl an der Nordwestküste übernahm ein Jäger, der einen Grizzlybären erlegt hatte, dessen Kraft, und der Mann wurde von dem Geist des Tieres durchdrungen. Die folgende Rede, die ein Kwakiutl-Jäger an einen Bären richtet, der ihm gegenübersteht, zeigt, wie solche Tiere gesehen wurden. „Sei bereit, Freund, auf daß wir unsere Kräfte messen. Du Gefürchteter! ... Höre mir zu, Übernatürlicher: Ich werde jetzt deine Kraft im Kampf erringen – deine Kraft, vor nichts zurückzuschrecken und keine Furcht zu haben. Und deine

TIERGEISTER IM DIESSEITS UND IM JENSEITS

Wildheit wird auf mich übergehen, großer, guter Übernatürlicher!" Der Jäger huldigt den übernatürlichen Tugenden des Bären, während er gleichzeig deren Übernahme nach erfolgreichem Kampf beschwört.

Die Schutzgeister

Die Geister von Tieren konnten von Menschen als Schutzgeister angeworben werden. In vielen Gemeinschaften wurden die Tiergeister von Schamanenlehrlingen oder von jungen Männern und Frauen, die an den Initiationsriten der Pubertät teilnahmen, auserkoren. Die Algonkin suchten ein Manitu- oder Geist-Tier aus; die Inuit wählten ein Tuunrak, einen hilfreichen Geist. Bei den Tlingit in Südost-Alaska fingen sich manche junge Männer einen Flußotter, schnitten seine Zunge heraus und hängten sie sich um den Hals. Der in der Otterzunge wohnende Geist verlieh dem Besitzer die Fähigkeit, die Sprache aller Tiere zu verstehen – eine wichtige Fähigkeit in Jägergesellschaften.

Auch zum Zwecke der Heilung oder Selbstverwandlung konnten die Geister von Tieren angerufen werden. Schamanen trugen die Felle, Schwänze, Klauen und Köpfe von Tieren, die sie in ihren Visionen gesehen hatten. Bei der Krankenheilung tanzte der Schamane und schüttelte seine Schutzamulette, um die Geister derer, die sie darstellten, allgemein zu ehren, und ging dann dazu über, einen oder mehrere Tiergeister herbeizurufen, um den Patienten zu heilen. Aufgrund der engen Beziehung zwischen dem Schamanen und dem Tier konnte dessen Geist überredet werden, übernatürliche Heilkräfte auszuüben. Auch konnte sich der Schamane mit Hilfe eines Amuletts vorübergehend in das Tier selbst verwandeln und sich dessen spirituelle Macht zunutze machen.

Das jenseitige Leben der Tiere hielt man gemeinhin für ein glückliches Dasein. Verstorbene Tiere lebten in Seelen-Dörfern und durchstreiften Gebiete, die denen glichen, wo sie ihr irdisches Leben verbracht hatten. Nach dem Abschlachten von Millionen Bisons durch den Weißen Mann – vor allem in den 80er Jahren des 19. Jahrhunderts – glaubten die Indianer Nordamerikas, daß die Geister der Tiere auf den Prärien des Jenseits weitergrasten. In einigen Kulturen beschützten furchterregende Tiere den Fluß, der in die andere Welt führte. Die Ojibwa an den Großen Seen behaupteten, daß eine große Schlange als Brücke über diesen Fluß diente. Sie war freundlich zu anderen Tieren, drohte jedoch, jeden Schamanen zu verschlingen, der auf der Suche nach Geisthelfern war. Tiere bewohnten auch die jenseitige Welt der Menschen. Die Geister von Hunden und anderen Tieren wanderten dieselbe Straße hinab wie Menschengeister, wobei die Hunde ihren Herren weiterhin dienten. Die anderen Tiere standen den Menschengeistern, die durch die „Glücklichen Jagdgründe" zogen, als Beute zur Verfügung. Bei den Algonkin war es die Gottheit Großer Hase, die über die Welt der Toten herrschte.

Nicht alle Tiergeister, die sich im Jenseits einfanden, waren freundlich. Die Irokesen glaubten, daß ein grimmiger Hund am anderen Ende der ins Jenseits führenden Brücke lauerte. Die Senel, in Kalifornien beheimatet, dachten, daß ein gefährlicher Bison den Geistern der Verstorbenen den Weg versperrte. Wer richtig gelebt hatte, durfte passieren, doch diejenigen, die ein schlechtes Leben geführt hatten, fielen dem Bison-Ungeheuer zum Opfer.

Lachs war für die Ernährung der Nordwestküsten-Stämme von großer Bedeutung. Man sah Lachse als Menschen in anderer Gestalt an. Jedes Jahr tauschten die unter Wasser lebenden Lachsmenschen ihre Kleider gegen Lachskleider aus und wanderten flußaufwärts, um sich von den Menschen fangen zu lassen. Ihre Knochen wurden dem Wasser zurückgegeben, denn nur so konnten sie sich in Lachsmenschen zurückverwandeln. Diese Schnitzarbeit der Tlingit, gefunden 1898, stellt die menschliche Seite der Lachsidentität dar.

69

BESEELTER KOSMOS

Die Geister im Körper des Menschen

Im Weltbild der nordamerikanischen Indianer gibt es keine Trennung zwischen dem Spirituellen und dem Materiellen, zwischen Geist und Körper, Natur und Mensch, Leben und Tod – alles ist ineinander verwoben. Jeder Mensch beherbergt in seinem Körper die verschiedensten Seelen oder Geister: einen, der in Träumen oder bei Krankheit hervortritt, einen, der mit dem Körper stirbt, einen, der ins Jenseits geht – und einen Geist, der wahrhaft böse werden kann.

Der Kosmos der nordamerikanischen Indianer ist bevölkert von Geistern – oder Seelen –, die recht umtriebig und wandelbar sind. Schamanen oder „heilige Menschen", auch Medizinmänner genannt, waren Meister in der Kunst des Seelenflugs. Zumeist waren dies erwachsene Männer – aber auch Frauen –, die ihre Fähigkeiten als „Seelenärzte" in einer Zeit der Einsamkeit erworben hatten, in der sie fasteten und in Visionen mit Geistern kämpften. Schamanen konnten bei ihren Seelenflügen mit Hilfe von Trommeln, Tänzen und Gesängen in andere Sphären abheben und den Geist von Mond oder Sonne treffen oder ins Meer zu den Geistern des Ozeans hinabtauchen.

Nicht immer waren die beweglichen Geister Wohltäter. Böse Geister konnten in den Körper eines Menschen eindringen und ihn irre werden lassen. In minder schweren Fällen ließ sich die Krankheit mit einem vorübergehenden Seelenverlust erklären, so daß ein Schamane hinzugezogen werden mußte. Der Seelenarzt reiste in Trance dorthin, wo sich die Seele des Patienten befand. Dort kämpfte er mit dem bösen Geist, der sie entführt hatte; und manches Mal gelang es ihm tatsächlich, sie zu befreien.

Tiergeister nahmen gelegentlich gute Menschen mit in ihr Reich, um ihnen zu helfen, doch es kam auch vor, daß sie den Menschen nicht wieder hergeben und in ihren Geisterhäusern behalten wollten. Die folgende Geschichte der Bella Coola von der Nordwestküste erzählt, wie es einem Mann namens Kuna erging, der von einem Mäusegeist vor dem Verhungern gerettet und zum Mäusehäuptling gebracht wurde.

Kuna hatte in einen fremden Stamm eingeheiratet und pflegte mit seinen Schwägern auf die Jagd zu gehen. Doch die Schwäger mochten die Art nicht, wie Kuna den Bogen anlegte. Eines Tages beschlossen sie, ihn loszuwerden. Einer gab vor, er habe seinen Wetzstein verloren, und als Kuna geschickt wurde, ihn zu suchen, liefen die anderen davon. Kuna setzte sich weinend hin und schlief ein, bis eine Stimme ihn weckte: „Ich lade dich in das Haus meines Häuptlings ein." Kuna sah sich um, entdeckte niemanden und schlief wieder ein. Das wiederholte sich, doch beim drittenmal erblickte Kuna eine Maus. „Versteck dich nicht, Übernatürliche", sagte Kuna. „Ich sehe dich."

Er folgte der Maus und trat in das Haus des Mäusehäuptlings ein. „Geh und töte einen Hund, damit Kuna zu essen hat", befahl der Häuptling der Maus. Während Kuna wartete, kam eine alte Frau herein. „Nimm diesen Korb", sagte sie zu Kuna. „Wenn sie dir Fleisch geben, mußt du es hineinlegen. Ißt du davon, wirst du nie mehr nach Hause zurückkehren. Einst aß ich das Fleisch und kann nun nie mehr zurück." Das Fleisch wurde hereingetragen, und während der Häuptling aß, legte Kuna seinen Teil in den Korb.

Die Geister sahen, daß Kuna nichts gegessen hatte, und wollten ihn zurückbringen. Sie holten eine Ledertasche und legten ihn hinein. „Wenn du hörst, daß sich ein Vogel auf der Tasche niederläßt", sagten sie, „schnalze mit den Fingern. Die Vögel und die Winde werden dich an die Küste geleiten."

Sie setzten Kuna aufs Wasser, und die Süd- und Westwinde bliesen ihn heimwärts. Bald hatte er das Dorf seiner Frau erreicht. Als seine Kinder ihn kommen sahen, liefen sie zu ihrer Mutter, um es ihr zu sagen. „Euer Vater ist tot", sagte sie. Doch dann trat er ins Haus, und alle sahen, daß er lebte.

Gegenüber: Der Lachsgeist wird durch diese Schamanenmaske der Inuit Südost-Alaskas dargestellt. Sieben Anhänger – vereinfachte Fische – bekräftigen die magische Macht der Maske.

71

BESEELTER KOSMOS

Leben nach dem Tode

In den Mythen der nordamerikanischen Indianer ist der Tod durchaus kein Verhängnis. Auf das irdische Leben folgt ein spirituelles Dasein in einer anderen Lebenswelt, dem Jenseits. Manchmal wird dieses als eine glückselige Fortsetzung des Lebens auf Erden gesehen, obwohl es in manchen Traditionen auch eine Hölle gibt. Viele Geschichten erzählen von Menschen, die nur für kurze Zeit ins Jenseits gehen, um die dort versammelten Geister zu treffen, und danach in das irdische Leben zurückkehren. Eine Wiedergeburt ist immer möglich.

In der Überlieferung der Hopi, Zuni und Tewa, die im Südwesten Nordamerikas leben, ist das Leben nach dem Tode eine Fortsetzung des irdischen. Die Toten reisen zu einem Ort, oft ein Dorf unter der Erde oder tief unten im Meer, wo sie die Geister – oder Seelen – der Menschen wiedertreffen, denen sie im Leben verbunden waren. Die Geister dieser Toten waren einst vielleicht Jäger, Schamanen oder Tänzer; oder sie wirkten als Regenmacher – und haben nun die Gestalt von Wolken oder Blitzen. Die unsterblichen Geister, die Kachinas, leisten den Seelen der Menschen Gesellschaft, und manche menschliche Seelen statten einem Kachina-Geistertanzhaus oder der Wenima, einer herrlichen Landschaft im Jenseits, einen Besuch ab.

Nach dem Pueblo-Glauben gibt es im Jenseits selten eine strenge Trennung zwischen guten und schlechten Seelen – wie etwa in der christlichen Vorstellung vom Jüngsten Gericht; die Hopi-Tradition allerdings sieht den Begriff einer Bestrafung nach dem Tode vor. Auf dem Weg zu dem Ort, wo die Hopi aus der Unterwelt auftauchen (Sipapu) – an der Felswand des Grand Canyon (Oraibi) –, trifft der „Atemkörper" des Verstorbenen auf den Wächter Tobonaka. Wenn nach dem Urteil Tobonakas ein Reisender gut ist, läßt er ihn ins Totenland weiterziehen. Sonst muß die reisende Seele einen verzweigten Pfad weitergehen, der zu vier Feuergruben führt. Kann der Geist in der ersten Grube gereinigt werden, darf er auf den Pfad der Guten zurückkehren. Die unverbesserlich Bösen werden spätestens in der vierten Feuergrube verbrannt.

Die Möglichkeit, daß „tote" Seelen zu irgendeinem günstigen Zeitpunkt auf der Erde wiedergeboren werden, kommt in vielen Jenseitsüberlieferungen vor. So wird nach Ansicht der Inuit der Rabenmann Tulun-

Eine Kachina-Figur der Hopi, die Masaw darstellt, Beschützer der Lebenden und Herrscher über die Toten. Die Statuette wurde 1939 von William Quotskuyva geschaffen. Die Rolle des Masaw als Herr der Unterwelt wird durch die Froschaugen sowie die hervorstehenden Zähne der Totenschädel-Maske verdeutlicht.

LEBEN NACH DEM TODE

gigrak, der am Anfang aller Zeiten die Schöpfung vollendete *(Seite 23)*, nach einer totalen Vernichtung der Welt mit den Seelen der Toten zurückkehren und das Leben in seiner urzeitlichen Vollkommenheit wiederherstellen. Smohalla, der heilige Mann, der im 19. Jahrhundert an der Nordwestküste den Dreamer-Kult begründete, sagte: „Ich will, daß mein Volk mit mir hierbleibt. Alle toten Menschen werden ins Leben zurückkehren. Ihre Seelen werden wieder in ihren Körpern sein. Wir müssen hier in der Heimat unserer Väter warten, um sie an der Brust der Mutter treffen zu können." Eine Generation später wurde Smohallas Vision von Wovoka, dem Mystiker und Begründer der Geistertanzbewegung *(Seite 130)*, aufgegriffen. Die Träumer und die Geistertänzer hofften in ihrem Kampf gegen die Weißen auf die Unterstützung der heiligen Geister ihrer Vorfahren, der Bisons und der Elemente. Mit Hilfe geistiger Mächte wollten sie die Rückkehr zu alten Lebensformen und die Wiederherstellung der kosmischen Harmonie erreichen.

Das Geisterhaus

Obwohl der Tod nicht endgültig war und darum nicht gefürchtet werden mußte, besaß er doch etwas Unheimliches. Die folgende Geschichte erzählen die Tsimshian von der Nordwestküste.

Brown Eagle (Brauner Adler), der Sohn eines Häuptlings, aß nur Lachs. Als er erwachsen war, wurde er krank und starb. Seine trauernden Eltern legten Lachs auf sein Grab, und dann zog das Dorf an einen anderen Ort. Zwei Jahre später kamen junge Männer und Frauen an den alten Ort zurück, um Farnwurzeln auszugraben. Zum Abend aßen sie Lachs. Ein Junge rief: „Brown Eagles Essen!" Alle lachten, und einer schlug vor: „Wenn wir ihn rufen, kommt er vielleicht aus seinem Grab. Wir könnten ihm Lachs anbieten."

Da nahm einer der Männer den Fisch und bot ihn an Brown Eagles Grab dar. Die Frauen mahnten noch, sich nicht über Tote lustig zu machen, als ein schreckliches Geräusch aus dem Grab zu hören war. Brown Eagles Skelett näherte sich mit ausgestreckten Armen: „Gebt ihn mir!" brüllte er dumpf.

Einige fielen vor Schreck ins Feuer. Andere wollten fliehen, doch der Geist nahm ihnen den Atem.

Als man im Dorf erfuhr, was geschehen war, fragte man die Schamanen um Rat. Einer antwortete: „Die Seelen eurer jungen Leute leben im Haus des Geisterhäuptlings. Wir könnten sie heute abend zurückverlangen."

Er forderte die anderen Schamanen auf, ihre Rasseln und Amulette zu schütteln. „Die Schamanen des Geisterhauses werden antworten. Dann werden die Geister herauslaufen, und wir können die Seelen

Eine Schamanenrassel in Form eines Lachses. Solche Rasseln wurden von den Schamanen der Tlingit bei kultischen Handlungen verwendet.

der jungen Leute zurückholen." Als die Schamanen des Geisterhauses antworteten, eilten die Dorfschamanen zum Geisterhaus und ergriffen die Seelen der Menschen. Dann gaben sie sie jeweils dem Körper zurück, der zu ihnen gehörte. Erst vier Tage später war die geisterhafte Luft, die über den jungen Leuten hing, wieder rein.

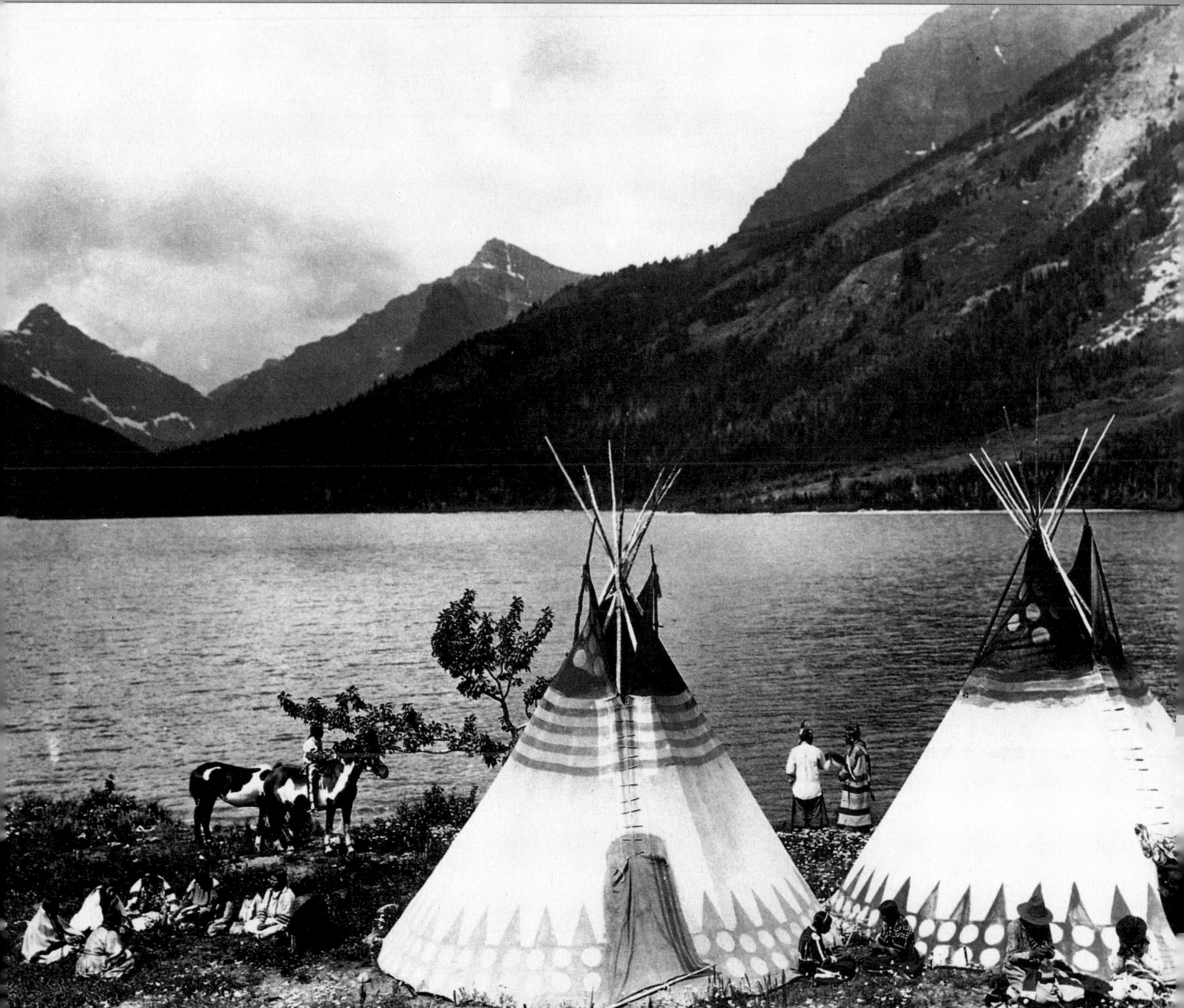

HÜTER DER ORDNUNG

Eines Abends im Frühling verließ eine Familie ihre Jagdgründe und fuhr im Kanu stromabwärts zu einem ihrer Sommerlager. Die Gruppe bestand aus drei Generationen – Alten, jungen Erwachsenen und Kindern. Von Zeit zu Zeit wandten sich die Jüngeren um Rat an die Älteren, die gelassen antworteten, während sie auf den Fluß, die Wälder und die Berge wiesen. Manchmal war ihre Antwort kurz und bündig, dann wieder erzählten sie Geschichten: von Orten, an denen sie gewesen waren, von Abenteuern, die ihre Vorfahren bestanden, von Tieren, die sie gejagt und von Visionen, die sie gehabt hatten.

Derartige Gespräche waren fester Bestandteil im Leben der nordamerikanischen Indianer. Immer ging es dabei um das Land – um seine jahreszeitlichen Veränderungen, die Gewohnheiten der dort lebenden Tiere und die Standorte nützlicher Pflanzen. Die Älteren, die über dieses Wissen verfügten, standen in hohem Ansehen, da die Gemeinschaft ihre Kenntnisse zum Überleben brauchte. Einen noch höheren Rang nahmen die Ahnen ein. Die Stammesgemeinschaften verfügten über einen Schatz an Erinnerungen an ihre Vorfahren; je weiter diese Erinnerungen in die Vergangenheit zurückreichten, um so großartiger und heroischer wurden die Gestalten, die sich mit ihnen verbanden.

Die nordamerikanischen Indianer besaßen ein intensives Bewußtsein von Ort und Zeit; aus diesem Grund erfüllten die Geschichten, die die Stammesältesten erzählten, mehrere Funktionen. Einerseits lernten die jüngeren Generationen daraus die Techniken des Jagens, Reisens und Überlebens und ließen auf diese Weise die Erfahrungen der Vergangenheit lebendige Gegenwart werden. Andererseits war die mündliche Erzählung die einzige Möglichkeit, die Geschichte des eigenen Volkes zu überliefern. Dabei spielten die Mythen eine herausragende Rolle, denn die wesentlichen Ereignisse hatten in einer so fernen Zeit stattgefunden, daß die menschliche Erinnerung nicht in sie zurückreichte.

Diese ferne Vergangenheit wurde jeder Generation aufs neue nahegebracht, indem man ihr Mythen über Götter, Geister, Helden und Ungeheuer erzählte. Obgleich diese Gestalten ein übernatürliches Reich bewohnten, waren die Schauplätze ihrer Taten offenbar doch die Hügel, Felsen, Seen und Canyons, die man kannte. Wie unwirtlich ein Terrain, wie gefährlich ein Jagdgrund auch sein mochte – jede Stammesgemeinschaft war eins mit ihrer Umgebung und fand sich bestens darin zurecht, war sie doch seit jeher durch die historischen und mythischen Gestalten der eigenen Vergangenheit vertraut.

Gegenüber: **Ein Indianerlager am Two Medicine Lake in Montana.**

Unten: **Modell eines Kanus, gebaut von dem Künstler Tomah Joseph (1837–1914) aus der Passamaquoddy Indian Reservation in Maine.**

HÜTER DER ORDNUNG

Die Trickster

In den Mythen der Indianer gibt es eine Fülle merkwürdiger Geister, die vielerlei Gestalt und widersprüchliche Charaktere annehmen können. Zu diesen „Trickstern" gehören Coyote, Rabe, Hase und andere – auch menschliche oder halbmenschliche – Gestalten. Viele von ihnen sind bei der Schöpfung dabeigewesen oder haben sie vollendet, wie Rabe, der den Menschen das Tageslicht brachte. Da die Trickster von Grund auf amoralisch sind, legen sie andere gern herein – werden aber auch selbst gedemütigt. Die Menschen schmunzeln über sie, respektieren aber ihre mythischen Kräfte.

Europäische und weiße amerikanische Mythenforscher erfanden für die listenreichen Götter und verschlagenen Geister der Mythen den Namen „Trickster". Die Indianer besitzen für ihre göttlichen Gauner keinen Oberbegriff; in ihren Erzählungen treten sie immer als Individuen auf. Raffinierte Kerlchen sind beispielsweise Coyote, Hase und Rabe, von denen vor allem die Plains-Indianer und die Stämme der Südwest- und Nordostküste Nordamerikas erzählen *(Seite 78 und 80)*.

Bisweilen erscheinen sie in menschlicher oder halbmenschlicher Gestalt: Bei den Ojibwa und Menomini war der Trickster identisch mit dem Helden Manabozho. In der Mythologie der Inuit war auch der Mondgeist, der in seiner menschlichen Gestalt seine Schwester mißbraucht hatte und Herr der jagdbaren Tiere wurde, ein Trickster *(Seite 57 und 58)*.

Zu den bekanntesten Geschichten über einen Trickster gehören die der Winnebago, die im mittleren Wisconsin ansässig waren und Sioux sprachen. Sie erzählten von einem Stammeshäuptling, der religiöse und sexuelle Tabus brach und Unsinn redete, so daß er von seinem Stamm geächtet wurde. Da ging er auf eine Reise, redete alle Dinge in der Welt mit „Jüngerer Bruder" an und sprach mit ihnen in ihrer eigenen Sprache.

In einer Reihe von lose miteinander verbundenen Episoden wird nun erzählt, wie er durch die Welt streift und sich vorwitzig in die Angelegenheiten der Tiere und Menschen einmischt. Manchmal allerdings wendet er die Dinge auch zum Besseren. Je nachdem in welcher Rolle er auftritt, reagieren die anderen Wesen mit Furcht oder aber mit Bewunderung, Nachsicht und Humor auf das, was der „Ältere Bruder", wie einige Geschöpfe ihn nennen, anrichtet. Der Trickster selbst ist immer wieder anders: schlau oder intelligent, ein Tor oder ein Pechvogel.

Diese einander widersprechenden Charakterzüge sind typisch für einen Trickster. Deutlich treten sie in zwei von den Ojibwa erzählten Geschichten über Manabozho zutage. In der ersten wird berichtet, wie Manabozho durch einen Trick Erfolg bei der Jagd hat. Eines Tages lockt er einen Elch an, indem er so tut, als ob er dessen verschollener Bruder sei. Als der Elch näherkommt, fragt Manabozho: „Hast du von dem Mann gehört, der meinen Bruder getötet hat?" Der verwirrte Elch ahnt nicht, daß Manabozho ihm damit seinen Tod ankündigt. Er läßt sich ablenken und wendet sogar den Kopf zur Seite. Da erlegt Manabozho ihn kaltblütig.

In der zweiten Geschichte erweist sich Manabozho als Trottel. Er befiehlt seinem Hinterteil, auf einige Hähnchen zu achten, die über dem Feuer vor sich hin rösten. Dann schläft er ein – und die Hähn-

Tiergeister bilden diesen herrlichen Kwakiutl-Totempfahl aus Zedernholz. Rabe, einer der bekanntesten Trickster der nordamerikanischen Mythologie, ist die zweite Figur von unten.

DIE TRICKSTER

Vorspiegelungen

In einigen Geschichten fällt der Trickster selbst einer Täuschung zum Opfer. In dieser Arapaho-Erzählung taucht Nihansan in einen Fluß, weil er am Grund vermeintlich Pflaumen entdeckt hat.

Eines Tages ging Nihansan an einem Fluß entlang, als er einige saftige rote Pflaumen im Wasser entdeckte. Da er Appetit darauf bekam, zog er sich aus, tauchte ins Wasser und tastete das Flußbett nach den Früchten ab.

Mit leeren Händen kehrte er an die Oberfläche zurück – aber entschlossen, es noch einmal zu versuchen. Er nahm einige Steine auf und band sie an seine Hand- und Fußgelenke, damit er besser unter Wasser bleiben konnte. Er tauchte wieder und suchte abermals vergeblich den Boden ab. Als ihm die Luft ausging, befreite er sich von den Steinen und ließ sich an die Oberfläche treiben.

Zufällig blickte er hoch – und bemerkte, daß die Pflaumen über seinem Kopf an einem Baum hingen. „Dummkopf", schalt er sich selbst und stieg aus dem Wasser. Er trat unter den Baum, aß von den Pflaumen und pflückte noch einige mehr – für die Reise.

chen werden gestohlen. Da setzt Manabozho seinen eigenen Hintern in Brand, um ihn für seine Unachtsamkeit zu bestrafen.

In vielen Ojibwa-Geschichten geht es Manabozho vor allem darum, seinen Spaß zu haben. Doch immer bleibt er der große Trickreiche. In einer Geschichte wird erzählt, wie er eine Schar von Wasservögeln dazu bringt, mit geschlossenen Augen für ihn zu tanzen. Während er mit der einen Hand die Trommel schlägt, dreht er mit der anderen fast allen Vögeln – Schwänen, Gänsen und Enten – den Hals um. Nur der Seetaucher öffnet die Augen und entkommt. Seither sind seine Augen rot.

Eine Erzählung der Winnebago berichtet davon, wie sich der Trickster – des Lebens auf Erden müde – plötzlich erinnert, warum der Schöpfer ihn in die Welt geschickt hat. Er besinnt sich seiner guten Eigenschaften und macht sich daran, Dinge im Sinne der Menschen zu verändern. So beseitigt er beispielsweise die Hindernisse in Flüssen und auf Gebirgspässen. Dann zieht er sich in den Himmel zurück und übergibt die Welt der Obhut von Hase.

HÜTER DER ORDNUNG

Rabe und Hase

In den Mythen vieler Indianerkulturen spielt Rabe eine wichtige Rolle. Bei den Stämmen der Nordwestküste und denen der Arktis und Subarktis tritt Rabe als Schöpfer und Held auf, anderswo hat diese Rolle eine andere Gestalt inne – meist ist es Hase.

Rabe war an der Schöpfung der Welt beteiligt; die Mythen schildern ihn als intelligent, hinterhältig und als „komischen Vogel". Diese Widersprüchlichkeit seines Charakters geht auf Beobachtungen zurück, die die Menschen an den wirklichen Vögeln machten. So halten die Koyukon in Alaska die Raben für schlau, aber unberechenbar und irgendwie merkwürdig. Sie schreiben diesen Vögeln eine wache Intelligenz zu, da sie menschliche Verhaltensweisen gut einzuschätzen wissen; zugleich aber sind Raben träge Aasfresser, die von der Beute leben, die Menschen und Tiere zuvor mit viel Mühe erjagt haben.

Rabe schuf die Welt zweimal. Die erste Welt war ein Paradies; Fleisch gab es im Überfluß, und Flüsse flossen in beide Richtungen, so daß die Menschen nie zu paddeln brauchten, wenn sie mit ihren Kanus fuhren. Rabe weinte, diese Welt sei zu bequem für die Menschen, und so schuf er sie erneut in der uns vertrauten Form, mit all ihrer Mühsal und Qual. Trotzdem wird Großer Rabe (Dotson'sa) von den Stämmen der Nordwestküste als „Großvater" verehrt, dem sie Heilkräfte zuschreiben und den sie um Jagdglück, Gesundheit und Wohlstand bitten.

Rabes negative Charaktereigenschaften bestehen vor allem in seiner Selbstsucht und Habgier. Sowohl der wirkliche Vogel als auch der Rabe der Mythen scheinen ein bequemes Leben zu führen und werden deswegen verachtet. In einigen Mythen schläft Dotson'sa unter einer Hundefelldecke, deren Gestank und rauhe Oberfläche die Menschen abstoßen.

Das Schillernde an der Gestalt des Rabengottes spiegelt sich in den Mythen der Nordwestküste wider. Die Haida nennen ihn Kraft-des-Leuchtenden-Himmels, da er sowohl den Tag als auch die Nacht schuf – und darüber hinaus die Flüsse, die Wälder mit ihren Pflanzen und Tieren, die Bäume und Beeren und das Meer mit all seinen Fischen und Säugern.

Neben den Schilderungen dieser Schöpfungstaten gibt es komische Erzählungen, die von Rabes Streichen und Boshaftigkeiten, aber auch von den Demütigungen berichten, die er selbst zu erdulden hat. In einer von den Nootka British Columbias erzählten Geschichte saßen einige alte Leute am Strand und beobachteten eine Frau, deren Haar zu acht Zöpfen geflochten war. Sie trug einen Stock in der Hand, mit dem sie Muscheln ausgrub. Bald

Eine zeremonielle Kopfbedeckung, wie sie vom Raben-Clan der Tlingit getragen wurde (19. Jh.). Rabe war eine in ganz Nordamerika verbreitete Götter- und Heldengestalt. Die Menschen verdankten ihm viel, aber er richtete auch allerlei Unheil an.

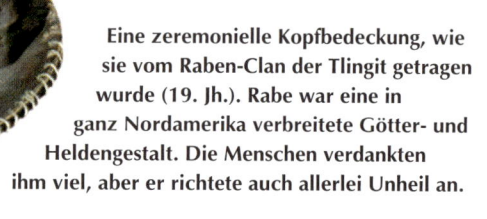

Hase auf einer Webarbeit der Navajo. Hase tritt sowohl als Wohltäter als auch als Tunichtgut auf und kann – wie alle Trickster – Dinge verwandeln.

darauf stieß eine große, schwarzhaarige Gestalt. hinzu Den Alten wurde klar, daß die beiden Oktopus und Rabe waren und Rabe Oktopus gleich ärgern würde.

In der Tat setzte sich Rabe auf einen Stein und fragte die Frau: „Oktopus, gräbst du Muscheln aus?" Schweigend fuhr die Frau mit der Beschäftigung fort. Rabe wiederholte seine Frage, doch wieder erhielt er keine Antwort. Als er zum viertenmal gefragt hatte, verwandelten sich die Zöpfe der Oktopus-Frau plötzlich in Tentakel. Während sie vier von ihnen um Rabe und vier um den Stein schlang, sagte sie: „Rabe, ich bin froh, daß du mich gefragt hast. Ja, ich grabe Muscheln aus. Dies sind Muscheln. Und ich grabe sie aus." Rabe versuchte, sich aus der Umklammerung zu befreien, da die Flut kam. „Du hast meine Frage beantwortet, Oktopus", sagte er. „Ich danke dir. Bitte, laß mich jetzt los." Aber die Oktopus-Frau wiederholte ihre Antwort, ohne den Griff ihrer Tentakel zu lockern – und das Wasser stieg immer höher. Es stieg Rabe über den Kopf, und die Alten sahen, wie er ertrank. Es berührte sie jedoch nicht besonders, da sie wußten, daß er wieder ins Leben zurückkehren würde. Und wirklich war Rabe am nächsten Tag wieder da und saß am Strand. Doch diesmal stellte er Oktopus lieber keine Fragen mehr.

Auch Hase ist einer der Trickster indianischer Mythen. In den Geschichten der Winnebago ist er das Kind einer Jungfrau, die ihn der Obhut seiner Großmutter, des Erdgeistes, überläßt. Hase streift durch die Welt, tut Gutes und frißt allerlei aus. Seine Großmutter muß ihm häufig aus der Klemme helfen und seine Missetaten entschuldigen.

HÜTER DER ORDNUNG

Der ewige Trickster: Coyote

In den Mythen der nordamerikanischen Indianer ist von keiner Gestalt so häufig die Rede wie von Coyote – vielleicht deshalb, weil das wirkliche Tier in ganz Nordamerika in großer Zahl vorkommt. Als Trickster ist er halb Mensch, halb Tier. In vielen Schöpfungsmythen, die die frühen Tage der Erde erklären, spielt er eine bedeutende Rolle.

Wie der wirkliche Rabe ist der wirkliche Coyote ein Aasfresser, der auch kleine Nagetiere jagt, etwa Kaninchen, wobei er den Teil der Beute, den er nicht gefressen hat, geschickt zu verstecken weiß. Aus vielen Mythen spricht sowohl die Bewunderung als auch die Verachtung für das einfallsreiche Tier. Einerseits ein Schöpfer-Held, der der Welt das Feuer bringt *(Seite 65)*, bleibt er andererseits doch auch ein Gauner, dessen Abenteuer denen von Rabe *(Seite 78)* in nichts nachstehen.

Einige Geschichten, wie die der Caddo im Südwesten, schildern den Beginn von Coyotes Laufbahn als Held, der sogar Zauberkräfte besitzt. Die Caddo erzählen, daß am Anfang aller Zeiten zwar Großer-Vater-Oben die Welt schuf, Coyote aber den Menschen half, ihre Gesellschaft zu organisieren. Als sich nämlich die frühe Welt zu bilden begann, stellte sich heraus, daß bestimmte Dinge noch nicht ideal waren und geändert werden mußten. So kreiste beispielsweise die Sonne viel zu schnell um die Erde. Coyote beschloß, etwas dagegen zu tun.

Er machte sich auf den Weg zur Sonne und begleitete sie auf ihrer Reise nach Westen. Nachdem er den Himmelskörper in ein belangloses Gespräch verwickelt hatte, schlug er sich unter dem Vorwand, sich erleichtern zu müssen, in die Büsche und bat die Sonne, auf ihn zu warten. Er kehrte jedoch nicht wieder zurück, und als sie des Wartens müde war und ihren Lauf wieder aufnahm, konnte sie die verlorene Zeit nicht wieder wettmachen. Durch diese List gelang es Coyote, das Tageslicht zu verlängern.

Obwohl er der Menschheit solche Wohltaten schenkte, wird Coyote in der Regel als bis zur Bosheit durchtrieben geschildert. Die Episode mit der Sonne endet damit, daß Großer-Vater-Oben droht, Coyote wegen seiner üblen Tricks zu verbannen, und obwohl er wiederholt Besserung gelobt, kann Coyote seine verschlagene Natur nicht überwinden und wird verbannt. Viele andere Geschichten enden mit dem Aus-

Auf dem Griff dieser Dechsel (einem Werkzeug zum Ausschaben von Holz) hockt Coyote in zweifacher Gestalt auf den Schultern eines Schutzgeistes. Coyote erscheint in den Schöpfungsmythen vieler nordamerikanischer Indianerstämme. (Chinook-Kultur der Nordwestküste, 18. Jahrhundert.)

Auf dieser Sandmalerei der Navajo sind Schöpferwesen abgebildet, darunter Erster Mann, Erste Frau und Coyote.

DER EWIGE TRICKSTER: COYOTE

Coyote und Bär

Trickster geraten oft mit anderen Lebewesen in Streit. Wie in dieser Geschichte, die sich die Paiute des Nordens erzählten, endet die Auseinandersetzung häufig mit einem Racheakt. Doch selbst wenn der Trickster getötet worden wäre, hätte er in neuer Gestalt wiedererstehen können.

Einst wollte sich Coyote an Bär rächen, weil Bär Coyotes Sohn getötet und gefressen hatte. Coyote verfolgte Bärs Spur und stellte ihn am Ufer eines Flusses, wo Bär nach einem Beerenmahl eingeschlafen war. Coyote rief: „Was jagst du?" „Beeren und Vogelkirschen", sagte Bär. „Hast du je etwas Schlimmes getan?" „Nein", erwiderte Bär. Aber Coyote ließ nicht locker, bis Bär sich erinnerte, daß er ein Jahr zuvor ein Kind gefressen hatte. „Auf dem Hügel dort findest du Beeren in Hülle und Fülle", rief Coyote. „Es wird dir vielleicht so vorkommen, als ob dich jemand erschießen will, aber sei unbesorgt."

Als Bär den Hügel erstiegen hatte, erschoß ihn Coyote und zündete ein Feuer an, um ihn zu rösten. Während das Fleisch garte, spielte er mit einigen zerborstenen Bäumen und klemmte sich dabei die Hand ein. So konnte er nicht verhindern, daß Krähen all das Fleisch fraßen. Schließlich befreite er sich. Er verzehrte das Knochenmark, stapelte die Knochen aufeinander und sang: „Ich bin ganz schön stark. Selbst wenn man mich tötet, kehre ich ins Leben zurück. Auch dann, wenn schon Gras durch meine Gebeine wächst."

Ein Bär auf einem Schild der Plains-Indianer. Das Tier stand wegen seiner Kraft in hohem Ansehen.

schluß von Coyote aus der Gemeinschaft oder gar mit seinem Tod. Doch er ist unverwüstlich und kehrt immer wieder ins Leben zurück.

In einer anderen Geschichte der Caddo begegnet Coyote einem Truthahn, der sich auf einem hohen Baum niedergelassen hat. Er ruft dem Vogel zu: „Wenn du nicht herunterkommst, steige ich hinauf. Wenn du auf einen anderen Baum fliegst, fälle ich ihn und töte dich. Du bist nur vor mir sicher, wenn du in die Prärie fliegst. In der Prärie habe ich keine Macht." Törichterweise vertraut der Truthahn Coyote und fliegt in die Prärie, wo Coyote ihn mühelos stellt, tötet und zu verschlingen beginnt. Obwohl er dabei ständig sichernd um sich späht, wird er das Gefühl nicht los, beobachtet zu werden. Irgendwann kann er dieser unangenehmen Ahnung nicht mehr standhalten, und ohne sich weiter zu vergewissern, rennt er davon. Wenngleich er seit Beginn der Zeiten ein extrem schneller Läufer ist, bleibt sein Verfolger hinter ihm. Schließlich gibt Coyote auf, legt sich auf den Rücken und fleht um Gnade. Dabei hört er etwas knacken – wie sich herausstellt, eine Truthahnfeder, die sich zwischen seinen oberen Zähnen festgesetzt hat und vor seinem rechten Auge emporragt. Das war es also, was ihn glauben machte, er werde verfolgt! Weil eine Feder ihn zum Narren gehalten hat, wird Coyote bitterböse – seitdem sieht er so wild aus. Und seit jenem Tag pflegt er erst langsam davonzuspringen, bevor er losrennt, und ständig nach rechts zu blicken, um etwaige Verfolger auszumachen.

81

HÜTER DER ORDNUNG

Heldensagen

Die Helden in den Mythen der Indianer wurden häufig unter geheimnisvollen Umständen gezeugt und geboren. Zwischen der Welt der Geister und der Menschen stehend, gehörten sie keiner ganz an. Auch historische Helden wurden oft mythisch verklärt.

Der Held und Trickster Manabozho ging aus der Vereinigung eines Menschen und eines Geistes hervor. Die am Michigan-See ansässigen Menomini erzählen sich die Geschichte seiner Geburt: Zu Beginn der Zeiten lebte eine alte Frau mit ihrer einzigen Tochter. Jeden Tag ließ die Frau sie im Zelt zurück und ging fort, um nach Kartoffeln zu graben. Aber die Tochter wollte nicht immer allein gelassen werden und überredete ihre Mutter, sie mitzunehmen. Die alte Frau gab ihr schließlich eine Hacke – mit der strengen Auflage, sich bei der Arbeit stets nach Süden zu wenden und nie umzudrehen.

Die beiden Frauen arbeiteten eine Weile; sie sprachen miteinander, und die Tochter hatte viel Spaß bei der neuen Beschäftigung – so viel, daß sie ihr Versprechen vergaß und sich umwandte. Da erhob sich ein starker Wind und riß sie mit sich in ein nahegelegenes Gebüsch. Das hatte die Mutter befürchtet: Der Nordwind-Mann hatte ihre Tochter entführt, um sie zu schwängern. Die Frucht dieser Vereinigung war Manabozho, der von seiner Großmutter aufgezogen wurde, nachdem seine Mutter im Kindbett gestorben war.

Viele Heldengeschichten beginnen mit solchen magischen Befruchtungen. Andere Helden kommen als widernatürlich geborene „Enkel" einsamer alter Frauen auf die Welt. So erzählen sich die Stämme der Nordwestküste, daß Rabe – halb Vogel, halb Mensch – Gefährte und Enkel von Erdmütterchen war, einer Großmutter, die es seit Anbeginn aller Zeiten gab. Nachdem Rabe erschaffen wurde, bestand eine seiner Wundertaten darin, seine eigene übernatürliche Wie-

Eine Maske, die den Kopf eines Raben darstellt und bei rituellen Tänzen getragen wurde. Sie stammt von den Haida, die an der Nordwestküste Nordamerikas beheimatet sind.

dergeburt ins Werk zu setzen. In einem Märchen wird erzählt, wie sich Rabe Eingang in das Haus der Leute zu verschaffen sucht, die das Tageslicht hüten *(Seite 34)*. Zu diesem Zweck verwandelt er sich in eine Kiefernnadel und läßt sich in eine Wasserschale fallen. Als die Tochter der Familie aus der Schale trinkt, wird sie durch die verschluckte Kiefernnadel geschwängert. Sie bringt Rabe zur Welt, der jetzt seine eigentliche Aufgabe – das Tageslicht zu stehlen, um es den Menschen zu bringen – verwirklichen kann.

Viele Helden der Mythen haben einen komplexen Charakter. Der Held ist ein menschliches Wesen, dessen Leben auf Erden dem der legendären frühen Menschen gleicht. Darüber hinaus aber besitzt er die Kraft eines Gottes, die es ihm ermöglicht, die stärksten Feinde zu überwinden. Oft ist er auch ein Trickster, wie beispielsweise Rabe, dem es nur durch eine List gelingt, das Tageslicht auf die Erde zu bringen.

Als Halbgott muß der Held die Welt so manches Mal von Ungeheuern und gefährlichen Geistern befreien. Da er aber auch ein listiger Schelm ist, bedient er sich dabei gern unlauterer Mittel – auch ohne Not oder Sinn. Eine berühmte Episode aus dem Leben Manabozhos handelt davon, wie Manabozho von einem bevorstehenden Lacrosse-Match zwischen den Gottheiten des Himmels und der Unterwelt erfuhr. Lacrosse ähnelt dem Federballspiel, wird jedoch mit einem Lederball gespielt. Das Match sollte auf einem riesigen Platz stattfinden, der sich vom heutigen Detroit bis Chicago erstreckte. Am Morgen des Spiels verwandelt sich Manabozho in eine riesige Kiefer, um unbemerkt dabei sein zu können. Das Match beginnt mit viel Lärm und ergebnislosen Plänkeleien. Dann allerdings entwickelt es sich so dramatisch, daß Manabozho seine Rolle als Zuschauer vergißt, sich wieder in einen Menschen verwandelt und Pfeile gegen die Götter der Unterwelt abschießt. Wütend gehen diese nun auf Manabozho los. Er entkommt nur mit knapper Not, indem er einen hohen Baum erklimmt. Zwar ist es ihm gelungen, in schönster Trickster-Manier in das Geschehen einzugreifen, doch herausgekommen ist dabei nichts.

Der Held als Außenseiter
Viele Helden der Indianermythen stehen zu Beginn ihrer Abenteuer am Rande der Gesellschaft. In einigen Erzählungen der Inuit wird geschildert, wie ein mittelloser Knabe, häufig von seiner Großmutter begleitet, dadurch Ansehen gewinnt oder gar Schamane wird, daß er seine Intelligenz oder seinen Mut unter Beweis stellt. Diese Helden werden gewöhnlich herausgefordert, die Welt von zerstörerischen Wesen zu befreien, beispielsweise riesigen Nagetieren oder magische Rituale ausübenden, gefährlichen Frauen. Die meisten Erzählungen enden mit dem Tod der Tiere beziehungsweise der Eingliederung der Frauen in die Gemeinschaft durch Heirat und Mutterschaft.

Geschichten der Inuit beschreiben, wie Waisenkinder übernatürliche Prüfungen bestehen, insbesondere das Überlisten von Dämonen. Der Held einer dieser Geschichten, ein junger Abenteurer namens Ukunnik, ist so arm, daß er Löcher in seinen Schuhen hat. Als er das erstemal Geistern begegnet, stellen diese ihm die Aufgabe, einen Holzklotz mit einem Keil aus Walknochen zu spalten – ein lebensgefährliches Unterfangen. Doch Ukunnik kann sich wehren: Er jagt den Geistern einen gewaltigen Schreck ein, indem er sie – mit Galgenhumor – mit seinen nackten Zehen bedroht, die aus seinen kaputten Schuhen ragen. Diese heitere Geschichte birgt einen tieferen Sinn: Die Armut des Knaben wirkt wie

HÜTER DER ORDNUNG

Schamanen der Klallam vollführen einen Maskentanz (Gemälde des Kanadiers Paul Kane, 1850). Die Klallam waren ursprünglich an der Nordwestküste ansässig, am Puget Sound nahe der heutigen Stadt Seattle.

ein Schutzamulett, sie verleiht ihm magische Kraft. Durch weitere Prüfungen gewinnt Ukunnik an Ansehen und krönt seine Laufbahn damit, daß er eine stolze Frau für sich gewinnt, die alle früheren Bewerber getötet hat. Die Kinder dieses starken Paares werden später ebenfalls Helden.

In der Geschichte des Waisenknaben Sweet Medicine (Lieber Geist) – erzählt von den Cheyenne aus Wyoming und South Dakota – geht es ebenfalls um übernatürliche Kräfte. Als Kind war Sweet Medicine ein ausgesprochener Außenseiter und legte die ersten Beweise seiner magischen Kräfte ab, indem er auf geheimnisvolle Weise Dinge verschwinden ließ. Eines Tages führte er einen Tanz auf, bei dem er sich selbst den Kopf abschnitt. Seine Großmutter, die zugleich sein Schutzgeist war, rief ihn ins Leben zurück, aber sein verschrobenes Betragen isolierte ihn, je älter er wurde, immer mehr von der Gemeinschaft. Bei einem Streit um ein Bisonfell tötete Sweet Medicine einen Cheyenne-Häuptling und mußte fliehen. Krieger versuchten, ihn in ihre Gewalt zu bekommen, er aber narrte sie, indem er nach Belieben erschien und verschwand und sich in einen Coyoten, ein Kaninchen, eine Krähe, eine Eule oder eine Amsel verwandelte.

Als es den Cheyenne endlich gelang, ihn zu stellen, machte Sweet Medicine weiteren Gebrauch von seinen magischen Kräften und zog sich vier Jahre in das Reich der Tiergeister zurück. Er bewog sie, den Cheyenne ihr Jagdwild vorzuenthalten, woraufhin eine große Hungersnot ausbrach. Schließlich kehrte Sweet Medicine zu den Cheyenne zurück. Als er einigen hungrigen Kindern begegnete, war er zutiefst bewegt. Nachdem er ihnen zu essen gegeben hatte, verriet er seinem Stamm, wie die verhängnisvolle Fehde beigelegt werden könne: Sie sollten rund um einen Bisonschädel eine Hütte errichten. So geschah es.

HELDENSAGEN

Der Knabe und das Pferd

In einer Legende, die sich die Pawnee der Plains erzählen, geht es um einen armen Knaben, der für seine Fähigkeit zum Mitleid belohnt wird. Der Aufstieg eines Menschen niederer Herkunft zu Ruhm und Größe ist ein beliebtes Motiv solcher Geschichten.

Ein Junge lebte mit seiner Großmutter am Rande eines Dorfes. Sie waren so arm, daß sie nicht nur essen mußten, was die anderen Dorfbewohner übriggelassen hatten, sondern sogar die Sohlen alter Mokassins. Einmal sah der Junge, wie auf ein Adlernest geschossen wurde, und war bestürzt.

Einige Zeit später suchte er wieder einmal nach Abfällen, als sich ein Adler näherte. „Da du Mitleid mit uns gehabt hast, werden wir dir helfen", sagte der Adler. Er führte ihn zu einem Baum, wo der Junge einige Pfeile fand, und dann zu einem Hügel. Dort war ein altes, verwahrlostes Pferd mit geschwollenen Fesseln angepflockt. Trotz seines elenden Zustandes hatte es einst einem Häuptling gehört und besaß magische Kräfte. Dieses Tier erhielt der Junge von den Adlern als Geschenk.

Bald darauf zog der Stamm in den Krieg, und das Pferd führte den Jungen zu einer Schlucht. Es rollte sich im Staub, woraufhin es sich in einen feurigen jungen Hengst verwandelte. Dann befahl es dem Jungen, seine Flanken mit Blitzen zu bemalen, den Zeichen seiner übernatürlichen Herkunft.

Beide schlossen sich nun den Kriegern an. Auf dem Rücken des Zauberpferds griff der Junge den Häuptling der Feinde an, tötete ihn und verschwand wieder, mitsamt seinem Pferd. Als er ins Dorf zurückkehrte und auf seine Tat verwies, machten sich alle über ihn lustig, zumal das Pferd wieder seine alte Gestalt angenommen hatte. Eine weitere Schlacht folgte, mit demselben Ausgang. Schließlich griff der Junge ein drittes Mal die Feinde an und kämpfte so tapfer, daß sie die Flucht ergriffen.

Der Junge schickte sich gerade an, das Schlachtfeld zu verlassen, als sich seinem Hengst ein anderes Pferd und dann eine Unzahl weiterer Pferde anschloß. Die Krieger erkannten darin das Zeichen seines Ruhms und riefen den Jungen zum großen Häuptling aus.

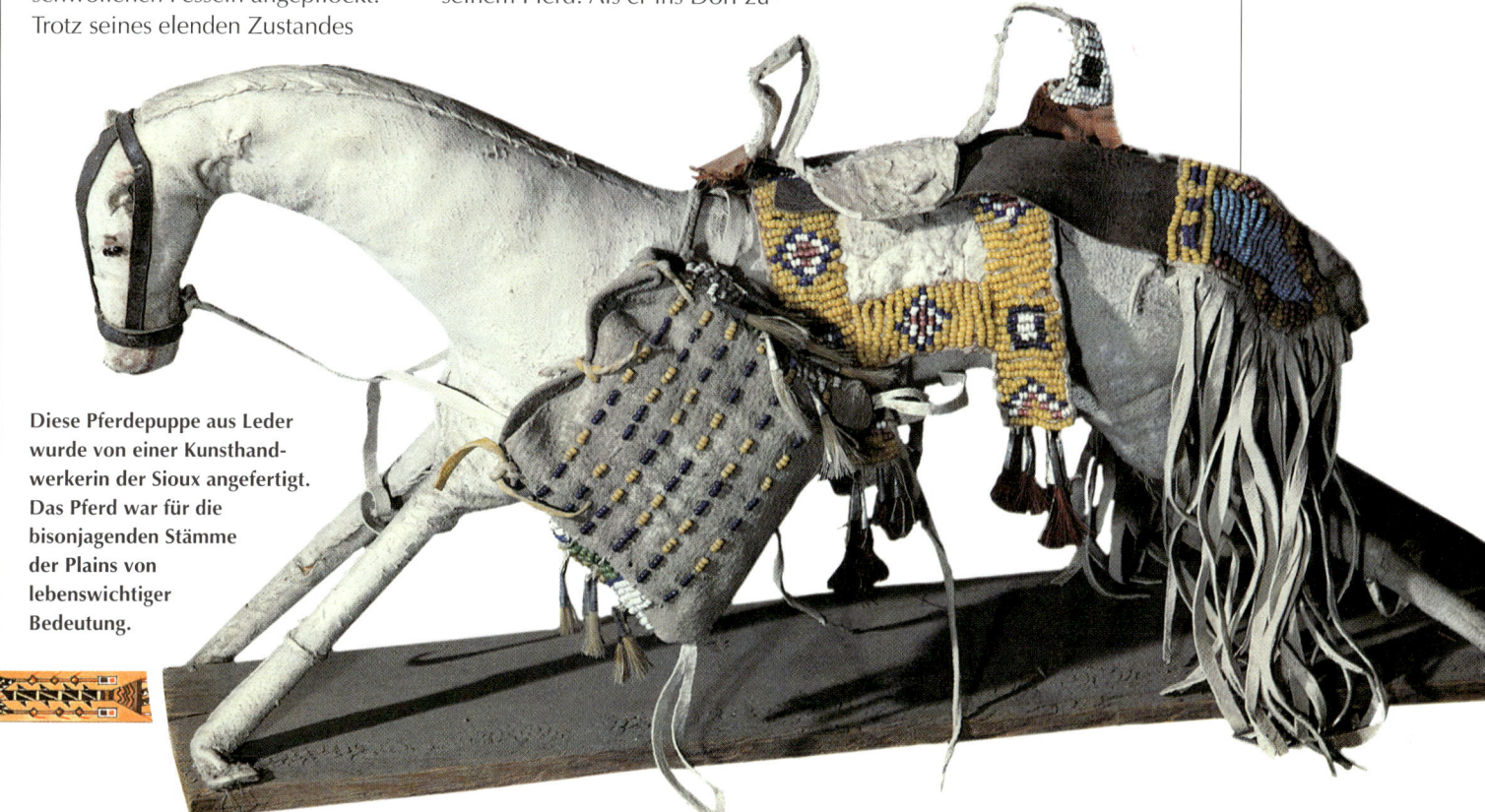

Diese Pferdepuppe aus Leder wurde von einer Kunsthandwerkerin der Sioux angefertigt. Das Pferd war für die bisonjagenden Stämme der Plains von lebenswichtiger Bedeutung.

HÜTER DER ORDNUNG

Der Held und der Riesenhirsch

Eine der Hauptaufgaben, die sich vielen Helden stellte, bestand darin, die ersten Menschen auf der Erde zu beschützen. Das taten sie, indem sie Dämonen und Ungeheuer besiegten. In einem Märchen der Jicarila-Apache erschlägt der Held Jonayaiyin ein Untier, das Angst und Schrecken verbreitet.

Als die Erde noch jung war, bedrohten Ungeheuer in Tiergestalt die Menschen. Eines von ihnen war ein riesiger Wapiti-Hirsch, der Menschen mit Haut und Haar verschlang. Schließlich beschlossen die Götter, einen Helden auszuschicken, das Ungeheuer zu töten und die natürliche Ordnung wiederherzustellen.

Dieser Held war Jonayaiyin, der Sohn einer alten Frau, welche die zweite Frau des Sonnengottes war. Jonayaiyins übernatürliche Herkunft zeigte sich darin, daß er in nur vier Tagen zum Mann reifte.

Jonayaiyin erkundigte sich nach dem Aufenthaltsort seines Feindes, des großen Hirschs. Die Mutter des Helden, die die Bestimmung ihres Sohnes kannte, zeigte ihm die Heimstatt des Untiers und gab ihm Pfeile und einen Bogen, damit er seine Aufgabe erfüllen könne. Mit vier gewaltigen Schritten gelangte Jonayaiyin ans Ziel.

Kaum hatte er sich auf die Lauer gelegt, als Tiere zu ihm kamen und ihn fragten, was er dort tue. Er sagte es ihnen, und sie boten ihm Hilfe an. Da sich der Hirsch in der Prärie aufhielt und Jonayaiyin weder Büsche noch Bäume vorfand, hinter denen er in Deckung hätte gehen können, gab ihm die Eidechse ihre Haut zur Tarnung, und der Ziesel grub einen Tunnel.

Jonayaiyin bahnte sich seinen Weg durch den Tunnel und schoß einen Pfeil ab, der das Untier mitten ins Herz traf. Aber der Hirsch stieß sein Geweih in den Tunnel und warf die Erde in so gewaltigen Mengen auf, daß sie noch heute als Berge zu sehen sind. Als er Jonayaiyin unter der Erde verfolgte, eilten die Spinnen herbei und spannen Netze, die dem Ungeheuer den Weg versperrten. Schließlich brach der Riesenhirsch erschöpft zusammen, und der Held tötete ihn. Damit befreite er die Menschen von ihrer Angst.

Die Abbildung eines Wapiti-Hirsches schmückt dieses Tipi der Cheyenne. Bevor die Weißen kamen, war das Tier in ganz Nordamerika verbreitet.

Dann erschien Sweet Medicine und sang vier Tage und Nächte lang heilige Lieder. Als die Jäger die Hütte wieder verließen, sahen sie mit großer Freude, daß auf ihrem Dorfplatz Bisons weideten.

Da sich Sweet Medicine mit den Cheyenne versöhnt hatte, zog er in das Reich, in dem die Geister aller irdischen Wesen friedlich zusammenlebten. Die Geister gewährten ihm ein langes Leben, und bevor er wieder in die Menschenwelt zurückkehrte, erhielt er ein Bündel mit vier heiligen Pfeilen, die noch heute in den Gemeinschaftshütten der Cheyenne hängen und die Basis ihrer religiösen Riten bilden.

Sweet Medicine lebte mehrere Leben. Aufgrund der Gabe der Langlebigkeit, die er von den Geistern erhalten hatte, erlangte er mehrere Male seine Jugend wieder. In späteren Versionen dieser alten Sage prophezeit er das Aussterben der Bisons und die Einführung von Pferd und Vieh. In einem Ton, der immer melancholischer wird, sagt er auch die Ankunft des Weißen Mannes voraus und beklagt, daß dieser die Cheyenne nicht nur besiegen, sondern auch in den Untergang treiben werde. Bei einer seiner wiederkehrenden Verjüngungen starb Sweet Medicine schließlich. Sein Bruder, der ebenfalls mehrere Generationen lang lebte, folgte ihm später in den Tod.

Historische Helden

Die Geschichte des Werdens der Welt und aller Dinge zeigt, daß die Indianer Nordamerikas nicht zwischen Mythos und Historie unterschieden. So ist es auch mit ihren Helden. Es gab historische Persönlichkeiten, die wegen ihres Widerstands gegen das Vordringen der Weißen legendär wurden; in den Geschichten, die man sich über sie erzählte, besaßen diese Helden des wirklichen Lebens magische Kräfte – genau wie die mythischen Helden der Indianer.

Der erste der großen Krieger, die den weißen Siedlern organisierten Widerstand entgegensetzten, war Pontiac, ein Ottawa-Häuptling, dem es gelang, zehn Stämme im Gebiet der Großen Seen gegen die Briten zu vereinen. Pontiac war Anhänger der Erweckungsbewegung des Delaware-Schamanen Neolin, der 1762 die Küsten des Erie-Sees bereist hatte, um die dort ansässigen Stämme zu bewegen, wieder zu ihrem alten Glauben zurückzukehren. Pontiacs Angriff auf Detroit im Mai 1763 kam für die Briten völlig überraschend; diesem Sieg folgte eine Reihe weiterer, bei denen mehrere Garnisonen an den Großen Seen von den Indianern erobert wurden. Nach zwei Jahren brach der Aufstand in sich zusammen – nicht aus militärischen Gründen, sondern weil Krankheiten und Uneinigkeit die Kraft der Indianer erschöpft hatten.

Der Widerstand wurde zu Beginn des 19. Jahrhunderts von zwei Shawnee-Brüdern fortgeführt, Tenskwatawa (dem „Shawnee-Propheten") und Tecumseh. Im Jahre 1807 errichteten sie eine Siedlung, die als Prophet's Town bekannt wurde, und vertraten eine Politik der Rückkehr zu alten Werten und Bräuchen, ohne jedoch, wie Pontiac, das Ziel zu verfolgen, Nordamerika zurückzuerobern. Sie strebten zunächst eine Koexistenz mit den Weißen an; gegenüber der Regierung der neuen Vereinigten Staaten, die nach der Amerikanischen Revolution von 1775–1783 an die Stelle der britischen Kolonialherrschaft getreten war, machten sie deutlich, daß die Ureinwohner des Kontinents ein unverbrüchliches Recht auf das Land ihrer Vorfahren hatten. Tenskwatawa erlangte einen Ruf als Visionär; in einer Reihe von Trancezuständen, so behauptete er, sei ihm von der obersten Gottheit, dem Herrn des Lebens, ein künftiges Paradies gezeigt worden. Bei anderer Gelegenheit demonstrierte er seine Fähigkeit, die Kräfte der Natur zu beherrschen, indem er eine Sonnenfinsternis „heraufbeschwor".

Tenskwatawas Macht zerbrach, als er einen schlecht vorbereiteten und rasch niedergeschlagenen Aufstand gegen die Briten anzettelte. Sein Bruder Tecumseh hingegen kämpfte gegen die Amerikaner und auf der Seite der Briten, wobei er sich stets von seiner klugen Einschätzung der strategischen Lage leiten ließ. Tecumseh war ein begnadeter Redner. Die Briten nutzten sein Charisma aus, als sie sich im Krieg von 1812 gegen die Vereinigten Staaten mit vielen Stämmen des Nordostens verbündeten. Tecumsehs Truppen konnten zahlreiche militärische Erfolge verbuchen, bevor er im Kampf fiel. Die mystische Aura, die ihn umgab, wurde durch die Tatsache verstärkt, daß er seinen eigenen Tod vorausgesagt hatte und sein Leichnam unauffindbar blieb.

Mehrere bedeutende Indianerführer leisteten gegen die Zwangsumsiedelungen des späten 19. Jahr-

HÜTER DER ORDNUNG

hunderts Widerstand. Eine der größten Zwangsumsiedlungen war die der Chiricahua-Apache des Südwestens, die in den 70er Jahren des 19. Jahrhunderts begann. Über 20 Jahre lang wehrten sich die Apache. Ihr Führer war zuerst Victorio, dann der legendäre Goyathlay („Geronimo", 1829–1909).

Bei seinem Aufstand von 1881–1886 verließ sich Geronimo vorwiegend auf Guerilla-Taktiken und zwang die Amerikaner, Truppen von mehr als 5000 Soldaten in das Gebiet zu schicken. Als sich Geronimo 1886 schließlich geschlagen geben mußte, war sein Name ein Synonym für äußerst wagemutige und höchst effektive militärische Strategie geworden. Sein Geschick, mit dem er sich immer wieder der Gefangennahme entzog, und die Umstände, unter denen er Gefahren vorauszusehen schien, brachten Geronimo bei seinen Anhängern in den Ruf eines Hellsehers.

Auch die Sioux der Plains wehrten sich erbittert gegen die Zwangsumsiedlungen durch die Weißen, die in den 50er Jahren des 19. Jahrhunderts einsetzten und bis Anfang der 90er Jahre fortgesetzt wurden. Viele große Häuptlinge erlangten Ruhm bei dem verzweifelten Kampf gegen die Verdrängung. Einer der bedeutendsten Führer dieser Zeit war ein Oglala-Häuptling namens Crazy Horse. Zusammen mit dem Hunkpapa-Sioux-Häuptling Sitting Bull war er es, der den letzten Widerstand der Indianer zwischen 1876 und 1890 gegen die Zerstörung ihrer Kultur organisier-

Der Hunkpapa-Sioux-Häuptling Tatanka Iyotake, besser bekannt als Sitting Bull (Photo von 1885). Vier Jahrzehnte verteidigte Sitting Bull die Sioux-Kultur in heldenhafter Weise. Im Jahr 1890, als er sich seiner Festnahme widersetzte, wurde er getötet.

te *(Seite 130)*. Beide ließen sich von Visionen leiten, die sie in Trance erlebt hatten, und wurden deshalb als „heilige Männer" verehrt.

Seit Sitting Bull als Knabe Zeuge eines brutalen Vergeltungsschlages gegen ein Dorf der Brulé-Sioux geworden war, hegte er ein tiefes Mißtrauen gegenüber allen Weißen. Nach diesem Erlebnis zog er sich in die Wildnis zu einer Visionssuche zurück *(Seite 116)*. Mit Selbstzüchtigung versetzte er sich in Trance und sah einen Krieger, dessen Gesicht mit einem leuchtenden Streifen bemalt war und den Balg eines Falken im Haar trug. Als Sitting Bull ein tapferer Krieger geworden war, trug er diese Insignien selbst, wenn er kämpfte. Auch der Name Sitting Bull soll auf eine eine seiner Visionen zurückgehen.

Im Alter von zehn Jahren erlangte Sitting Bull ersten Ruhm, als er ein Bisonkalb tötete und das Fleisch unter den Bedürftigen seines Stammes verteilte. Als Mann führte er bei seinem Kampf gegen die Weißen stets einen heiligen Bisonschädel mit sich und beschwor den Geist des Tieres, wenn er Schutz suchte. Bei einer Visionssuche am Medicine Deer Rock in Montana sah er seinen Sieg in der Schlacht am Little Big Horn im Jahre 1876 voraus.

Alles in allem beruht der Rang dieser Helden nicht auf ihren übernatürlichen Kräften, sondern auf ihren Charaktereigenschaften: Mut, Ehrgefühl und Erfindungsreichtum. Das waren die Werte, die in den Indianerkulturen in höchstem Ansehen standen.

Dämonen und Monstren

Auch in den Mythen der Indianer spielen Ungeheuer und Dämonen ihre naturgemäße Rolle schreckeneinflößender, zerstörerischer Wesen, von Menschen und Tieren gefürchtet. Manchmal jedoch treten sie unversehens als Wesen auf, die wohltätigen Einfluß ausüben.

Die Legende von der Erde als Schildkröten-Insel, wie wir sie in vielen Überlieferungen finden *(Seite 22)*, zeigt, daß mythische Wesen auch ihre guten Seiten haben können. So wird in einer Geschichte der im Nordosten ansässigen Lenape erzählt, daß die Erde, nachdem sie geschaffen worden war, einen Halt brauchte, wofür eine riesige Schildkröte auserwählt wurde. Fortan ruhte die Erde sicher auf dem Rücken des mächtigen Tieres.

Nun ist die Schildkröte ohnehin ein friedliches Tier. Erstaunlicher mag deshalb anmuten, daß auch gefährliche Ungeheuer eine wichtige Rolle bei der Schöpfung der Welt spielten. So glauben die Stämme des Great Plateaus, des Binnenlandes der Nordwestküste, daß alle Indianer dem Körper eines gewaltigen Geschöpfes entsprungen sind, dessen Gestalt nicht näher beschrieben wird.

Eine Schöpfungslegende der Nez Percé berichtet von der Existenz eines Ungeheuers, dessen Körper zu Beginn der Zeiten einen großen Teil des Great Plateaus bedeckte. Wenn das gewaltige Wesen einatmete, sog es alles in sich hinein: Gras, Bäume, Tiere, selbst den Wind. Als Coyote erfuhr, daß alle Lebewesen auf der Erde verschwunden waren, machte er sich auf den Weg zu dem Ort, an dem das Ungeheuer auf der Lauer lag, und nahm Messer und Werkzeuge zum Feuermachen mit, die er als Waffen zu verwenden gedachte. Er näherte sich dem Untier und ließ sich von ihm einsaugen.

In seinem Innern fand er die meisten Tiere noch lebendig vor. Es gelang Coyote, die verängstigten Wesen zu beruhigen, und versprach ihnen seine Hilfe.

Als erstes bat er einige Kinder, ihn zum Herzen des Ungeheuers zu führen, wo er Fett abschnitt, das er den Hungrigen gab. Als alle gesättigt waren, entzündete er mit dem restlichen Fett unter dem Herzen des Monsters ein Feuer. Die Hitze breitete sich aus, und das Ungetüm bat Coyote aufzuhören. Es versprach ihm, ihn unbehelligt zu lassen, aber Coyote war entschlossen, es zu töten und alle Gefangenen zu befreien. Er machte sich daran, das Herz herauszuschneiden, zerbrach bei dem Gemetzel jedoch die Klingen all seiner Messer. In seinem Todeskampf öffnete das Urvieh sämtliche Körperöffnungen, und die Tiere flohen ins Freie. Wie Coyote ihnen befohlen hatte, nahmen sie die Knochen all derer mit, die im Körper des Ungeheuers zu Tode gekommen waren.

Draußen besprengte Coyote die Knochen mit Blut, und alle toten Tiere erwachten wieder zum Leben. Dann zerlegte er den Körper des Untiers und warf die einzelnen Teile in alle Himmelsrichtungen. Aus ihnen entstanden die Stämme des Great Plateau, jeder in seinem eigenen Gebiet. Doch als Coyote das letzte Fleischstück verbraucht hatte, erkannte er, daß er das Gebiet vergessen hatte, auf dem er selbst stand.

So wusch er seine blutbefleckten Hände mit Wasser, und aus der Mischung von Wasser und Blut entstanden die Nez Percé.

Andere gefährliche Wesen der frühen Welt verloren durch das beherzte Eingreifen des Menschen ihre Macht. So berichten die Arikara-Pawnee der Plains von

Schamanenrasseln aus Schildpatt, die bei Krankenheilungen des Falschgesichterbundes der Irokesen *(Seite 120)* Verwendung fanden. Sie erinnern an die Riesenschildkröte, die nach einem weitverbreiteten Glauben die Erde auf dem Rücken trug.

Das Gemälde eines Hidatsa-Künstlers zeigt das Alltagsleben einer Stammesgemeinschaft. Zwischen den Zelten sind Bisonhäute zum Trocknen ausgelegt. Wie einige Mythen berichten, mußten die ersten Menschen lernen, sich zu Herren des Bisons zu machen, der einst ein Raubtier war.

einem menschenfressenden Bison, der die ersten Bewohner der Welt terrorisierte, bis es ihnen gelang, ihn unschädlich zu machen.

Die ersten Menschen, die auf die Erde heraufkamen, jagten und verzehrten viele Tiere, aber noch nie waren sie einem Bison begegnet. Eines Tages gelangten sie während einer ihrer ausgedehnten Wanderungen an einen See, aus dem ein bisonähnlicher, mit Hörnern bewehrter Moloch stieg, den sie Cut-Nose (Abgeschnittene Nase) nannten. Sowohl Cut-Nose als auch weitere Bisons, die seinem Körper entsprangen, waren schreckliche Ungetüme, die es auf die Menschen abgesehen hatten. Sie verfolgten sie und töteten viele von ihnen. Eine Zeitlang hielten die Menschen Cut-Nose und seine Abkömmlinge dadurch in Schach,

daß sie tiefe Canyons gruben, aber die Bisons konnten die Hindernisse immer überwinden. Sie hörten nicht auf, ihre Opfer zu verfolgen und zu verschlingen.

Das Gemetzel endete erst, als die Menschen lernten, sich zu verteidigen. Ein junger Mann hörte zufällig, wie die Bisons beschlossen, ein Massaker zu veranstalten, und floh entsetzt in die Berge. Dort traf er einen Fremden, der ihm die Handhabung von Pfeil und Bogen zeigte und ihm nahelegte, auch seine Stammesbrüder zu lehren, was er soeben gelernt hatte. Als die Bisons das nächste Mal auftauchten, griffen die Menschen sie mit den neuen Waffen an. Es gelang ihnen, viele der Tiere zu töten und die übrigen in die Flucht zu treiben. Seitdem waren die Bisons nicht mehr die Jäger, sondern die Gejagten.

Heilige Ungeheuer

Viele Mythen der Indianer handeln von Ungeheuern, die eine Schreckensherrschaft ausüben, bevor es den Menschen gelingt, sie zu überwinden. Doch trotz ihres Wütens und ihrer unheimlichen Natur wurden viele von ihnen als Geistwesen verehrt.

In den Überlieferungen der nordamerikanischen Indianer ist immer wieder von unangenehmen Geschöpfen wie Schlangen oder Stechmücken die Rede, doch kaum je wird ihre Existenz bedauert oder beklagt. Statt dessen spielen sie eine angemessene Rolle im Drama des Lebens.

Zwei Typen von Ungeheuern kommen in den Mythen der Indianer vor: einerseits die riesenhaft vergrößerten oder sonstwie mutierten Versionen vertrauter Arten, andererseits die phantastischen Wesen, die nur noch entfernt an Menschen oder Tiere erinnern. Die Berichte über den ersten Monstertypus sind anschaulich und bodenständig, und die Wesen, die in ihnen geschildert werden, sind urtümliche Exemplare der heute lebenden Geschöpfe, wenn auch gefährlicher als diese. So treten etwa Raben, Hirsche und Karibus als Fleischfresser auf, während wiederum die Fleischfresser über Eigenschaften verfügen, die sie in Wirklichkeit nicht besitzen. Ein Mythos der Inuit beschreibt beispielsweise einen zehnbeinigen Eisbären. Das Erzählmuster dieser Geschichten ist fast immer dasselbe: Das jeweilige Raubtier wird entweder getötet oder verwandelt sich in die uns vertraute Gestalt.

Ein weitverbreiteter Mythos ist der des Riesenvogels. An der Nordwestküste und in Alaska berichten zahllose Legenden von Adlern, die so groß sind, daß sie ihre Jungen mit Walen füttern. In einem Mythos aus dem Südosten Nordamerikas geht es um einen Riesentruthahn, der sich einst von Menschen ernährte. Die Menschen riefen eine Versammlung ein, um zu beraten, wie der Vogel getötet werden könne, und beschlossen, ihn durch eine schwarze Schlange und ein Hündchen angreifen zu lassen. Als der Truthahn sich wieder bei ihnen niederließ, schnellte die Schlange vor und schnappte nach ihm, verfehlte jedoch ihr Ziel. Dann fiel das Hündchen das Monster von hinten an und warf es zu Boden, woraufhin die Menschen es mit Knüppeln erschlugen. Seitdem waren Truthähne leicht zu jagen und zu erlegen.

Die Phantasiegeschöpfe sind komplexer. Besonders in den Mythen der Inuit aus Alaska gibt es mehrere Arten grotesker Ungeheuer, die als Geister verehrt werden. Einige leben unter der Erde oder unter der Wasseroberfläche; sie haben die Macht, den Menschen jagdbare Tiere zutreiben – oder sie ihnen vorzuenthalten, wenn sie Tabus gebrochen haben.

Ein Kopfschmuck der Tlingit von der Nordwestküste, der das See-Ungeheuer Gonaquadet darstellt. Das Untier ist ein Geist, der einigen Jägern und Fischern Glück, anderen aber, die gegen heilige Gesetze verstoßen haben, den Tod bringt.

HÜTER DER ORDNUNG

Eine Gruppe solcher Geister wurde von einem hybriden Wesen, halb Mensch, halb Wolf, angeführt, dessen ständiger Begleiter ein bizarres, zwergenhaftes Geschöpf mit riesigen Ohren war, die einzig dazu dienten, das Treiben der Menschen auf der Erde zu belauschen. Wer Erfolg bei der Jagd haben wollte, mußte sich diese Geister gewogen machen.

Die Waljäger der Inuit kannten einen anderen Mythos, in dem ein Rabe mit der Harpune ein namenloses, walähnliches Meerungeheuer tötet, dessen Körper sich danach in das Land verwandelt, das die Waljäger fortan bewohnen. Die Tatsache, daß das Untier einst lebte und sich in mythischen Zeiten in gerade das Land verwandelt hatte, das die Menschen später ihre Heimat nennen sollten, machten sowohl das Ungeheuer als auch den Grund und Boden, der aus ihm entstanden war, zu heiligen Wesen.

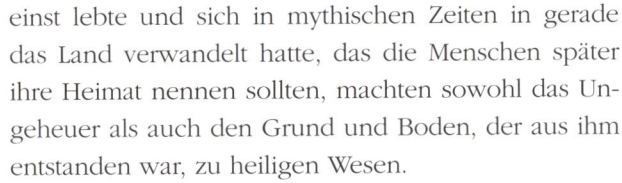

Ausgrabungen an zahlreichen Grabstätten und Tempelhügeln („Mounds") am Ufer des Mississippi *(Seite 8)* förderten Hinweise auf einen Kult zutage, der einer gehörnten oder gefiederten Schlange geweiht war. Eine Geschichte, die sich die Cheyenne erzählten, weist auf den Ursprung dieses schrecklichen, doch heiligen Untiers hin. Zwei junge Männer begaben sich einst auf eine Reise und trafen auf zwei riesige Eier, die in der Prärie lagen. Der eine weigerte sich, die Eier zu berühren, aber der andere war hungrig, entzündete ein Feuer und kochte sie. Die beiden Männer machten sich wieder auf den Weg, doch derjenige, der die Eier gegessen hatte, begann sich unwohl zu fühlen. Seine Beine wurden schwer, und er bemerkte, daß die Haut auf ihnen dunkel und schuppig geworden war. Zwar setzten sie ihre Reise fort, aber der Mann glich immer mehr einer Schlange und konnte bald nur noch kriechen. Als sie an einem See Rast machten, verbrachte er die ganze Nacht im Wasser; dort fühlte er sich wohler. Inzwischen waren nur noch sein Kopf und seine Arme die eines Menschen. Er hörte, wie die Geister ihn zum Mississippi riefen, und bat seinen Freund, ihn dorthin zu begleiten.

Bei Einbruch der Dunkelheit erreichten die beiden den Fluß. Erschöpft fiel der Freund des Schlangenmenschen in einen tiefen Schlaf. Als er am nächsten Morgen erwachte, hörte er vom Fluß her jemand rufen und erblickte im Wasser eine große Schlange. Ihre Haut war blau, und auf dem Kopf trug sie zwei Hörner. „Hierher gehöre ich, mein Freund", sagte die Schlange. „Mein Körper wird für immer im Bett dieses Flusses ruhen." Dann bat sie den Freund, den Menschen folgendes zu sagen: „Jeder, der zum Fluß kommt, soll zartes Fleisch und guten Tabak mitbringen und diese Opfergaben in den Strom werfen. Ist das nach meinem Willen geschehen, werde ich ihm meinen Segen geben." Wenn ein Cheyenne fortan den Mississippi überquerte, befolgte er dies, und die Schlange war ihm wohlgesinnt.

Das eindrucksvolle Zeremonialgewand der Kwakiutl stellt Donnervogel dar. Der in das Kostüm gehüllte Tänzer erschien mit rauhen Schreien und Flügelschlagen auf der Bildfläche.

Die Legende von dem Ungeheuer, das Kinder fraß

In einer Legende der Wasco vom Columbia River in Oregon wird von einem Ungeheuer berichtet, das Kinder fraß. Typisch für viele Geschichten dieser Art ist die Verbindung von ernsten und komischen Elementen. Während einerseits die Ängste der Kindheit vor dem Unsichtbaren und Unbekannten Gestalt annehmen, werden andererseits die Urheber dieser Ängste als Tölpel dargestellt. Hauptfigur der Geschichte ist die Atatalia, eine grauenvolle Riesin mit einem gefleckten und gestreiften Körper.

Ein Bruder und eine Schwester sammelten Feuersteine. Da bekam das kleine Mädchen plötzlich Angst. „Beeil dich", sagte sie, „damit die Atatalia uns nicht kriegt!" Kaum hatte sie diese Worte ausgesprochen, als sie aufsah und die Atatalia erblickte. Die Kinder liefen so schnell, wie ihre Beine sie tragen konnten, aber die Riesin holte sie ein und sperrte sie in ihren großen Korb. Dann machte sie sich auf den Heimweg, um ihre eigenen Kinder mit den beiden Leckerbissen zu füttern.

In der Enge des Korbes saß die Schwester auf einem Fuß des Bruders. Ausgerechnet dieser begann nun zu jucken. „Schwester", sagte er, „du sitzt gerade dort auf meinem Fuß, wo er am schlimmsten juckt." Die Atatalia verhörte sich und rief: „Was ist los? Verbrennen meine Kinder?"

Das Mädchen erkannte die Chance, sich und ihren Bruder zu befreien, und erwiderte: „Natürlich, deine Kinder verbrennen." Entsetzt hängte die Riesin den Korb an den Ast einer Eiche und lief nach Hause. Sobald sie fort war, griffen die Kinder zu den Feuersteinen, zerschnitten die Bänder, mit denen der Korb zugebunden war, und kletterten hinaus. Dann füllten sie den Korb mit Steinen, hängten ihn wieder an den Ast und liefen zum Fluß hinunter.

Als die Atatalia von ihrem sinnlosen Unterfangen zurückkehrte, schulterte sie den Korb, ohne ihn auf seinen Inhalt zu prüfen, und eilte wieder heim. Dort erst entdeckte sie, daß die Kinder verschwunden waren, und machte sich an die Verfolgung.

Daraufhin legte der Junge, der über Zauberkräfte verfügte, der Riesin fünf Flüsse als Hindernisse in den Weg. Die Atatalia übersprang den ersten Fluß mühelos und genoß dies so sehr, daß sie den Sprung fünfmal wiederholte. Dasselbe machte sie bei den nächsten vier Flüssen. Schließlich entdeckte sie die Kinder unmittelbar vor sich und holte tief Luft, um sie an sich zu saugen. Doch als sie wieder ausatmete, flogen die Kinder davon.

Als sie an den Columbia River gelangten, sprangen sie in ein Kanu. Sie flehten die Fische an, die Atatalia zu fressen, und die Klippen, sie zu zerschmettern. Die Riesin erreichte den Fluß, watete hinein und versuchte vergeblich, das Kanu in sich hineinzusaugen.

Da fraßen die Fische ihren Körper an, und die Felsen fielen krachend auf sie nieder. Schließlich gab die dumme Riesin auf und watete ans Ufer, um ihre Wunden zu pflegen. Den Kindern aber gelang es, für immer zu entkommen.

HÜTER DER ORDNUNG

Der Jäger und seine Beute

Die enge Verbindung zwischen Mensch und Tier bestimmte alle Aspekte im Leben der Indianer. Die Stämme waren auf die Tiere angewiesen, wenn sie überleben wollten. Tiere lieferten ihnen fast alles, was sie brauchten: Fleisch, Felle, Knochen, Sehnen, Federn und Stoßzähne.

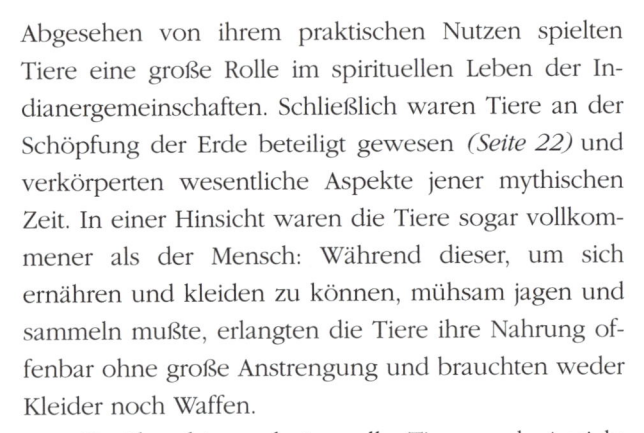

Abgesehen von ihrem praktischen Nutzen spielten Tiere eine große Rolle im spirituellen Leben der Indianergemeinschaften. Schließlich waren Tiere an der Schöpfung der Erde beteiligt gewesen *(Seite 22)* und verkörperten wesentliche Aspekte jener mythischen Zeit. In einer Hinsicht waren die Tiere sogar vollkommener als der Mensch: Während dieser, um sich ernähren und kleiden zu können, mühsam jagen und sammeln mußte, erlangten die Tiere ihre Nahrung offenbar ohne große Anstrengung und brauchten weder Kleider noch Waffen.

Darüber hinaus hatten alle Tiere nach Ansicht der Indianer eine Seele. Einige, wie der Bison, der Adler und der Bär, besaßen einen mächtigen Schutzgeist, der den Menschen beistehen oder schaden konnte – je nachdem, wie sie ihn behandelten. Tiere wurden deshalb als heilige Wesen verehrt. Die Indianer sahen keinen Widerspruch darin, daß sie diese heiligen und schönen Geschöpfe jagten, töteten und aßen.

Die Menschen waren darauf angewiesen, sich genaue Kenntnisse über das Tierreich zu verschaffen. Jeder Indianer wuchs in einer Gesellschaft auf, in der die Überlieferung eines angesammelten Erfahrungsschatzes eine überragende Rolle spielte. Schon in jungen Jahren erwarb er einen enormen Wissensschatz – nicht zuletzt über die Tierwelt seines Stammesgebietes. Er kannte die Anatomie der Tiere, ihre Freßgewohnheiten, ihr Brutverhalten und ihre Wanderungs-

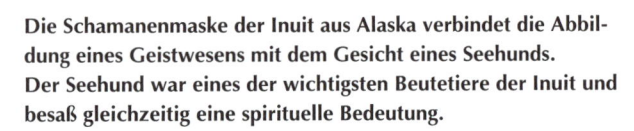

Die Schamanenmaske der Inuit aus Alaska verbindet die Abbildung eines Geistwesens mit dem Gesicht eines Seehunds. Der Seehund war eines der wichtigsten Beutetiere der Inuit und besaß gleichzeitig eine spirituelle Bedeutung.

zyklen, und er beherrschte eine ganze Reihe ausgefeilter Jagdtechniken. Aber all das führte nur zum Erfolg, wenn der Indianer den jeweiligen Jagdgrund genau kannte. Der erfahrene Jäger wußte, wo und wie er sich seiner Beute nähern mußte und in welchem entscheidenden Augenblick er unter bestimmten Witterungsverhältnissen anzugreifen hatte.

Diese Kenntnisse wurden über die Generationen hinweg weitergegeben. Sie waren eingebettet in einen reichen Fundus von Mythen, Liedern, Bräuchen und Berichten. Ohne diesen geistigen Besitz des Stammes hätten die Taten eines Jägers nur einen materiellen Sinn, nämlich die Beschaffung von Nahrung. Aber Jagen bedeutete mehr: Es war ein heiliger Akt.

Die Jagd verlangte also nicht nur Anpassungsfähigkeit und Entschlußkraft, sondern auch die strikte Beachtung gesellschaftlicher und religiöser Konventionen. In einigen Indianerkulturen wird der Jäger durch den Mond verkörpert, da dieser – im Gegensatz zur Sonne – eine feste Bahn verfolgt. Er wandelt über den Himmel „wie ein Mann, ein Jäger: Er geht, wohin er will, und bleibt selten lange am selben Ort".

Die Beschwörung des Bisongeistes

Für eine so große Unternehmung wie die Bisonjagd trafen die Stämme der Plains spirituelle Vorbereitungen, die nicht weniger aufwendig waren als die Jagd selbst. Die Apache beispielsweise hatten bei der Jagd und dem anschließenden Zerlegen der Tiere strenge Regeln zu beachten.

Die Apache begannen die Vorbereitungen für eine Jagd mit einem Gebet, in dem sie den Schutzgeist der Bisons anflehten, ihnen reiche Beute zu gewähren. Die Jäger entzündeten eine heilige Pfeife und wandten sich mit folgendem Wunsch an den Geist: „Es möge viele geben. Es möge viel Fleisch geben. Wir werden unser Lager in ihrer Mitte aufschlagen."

Schließlich ehrten sie den Bison mit Gesängen und Tänzen, wobei sie die Hörner des Tieres imitierten, indem sie die Hände an den Kopf legten.

In Zeiten der Not, wenn die Herden knapp wurden, beachteten die Apache ein besonderes Jagdritual. Der Schamane des Stammes bereitete ein Stück ebenen Bodens vor, auf das er Bisondung und Pflanzenpollen streute. Während die anderen Mitglieder des Stammes beteten, stimmte er vier Gesänge an und ahmte das Brüllen des Bisons nach.

Am Ende einer erfolgreichen Jagd wurden die Tiere unter strikter Beachtung eines Rituals zerlegt, das verhindern sollte, die Seele des Bisons zu beleidigen, damit er seine Gefährten nicht veranlaßte, den Jägern künftig auszuweichen. Als erstes wurde die Haut von der rechten Schulter gelöst, dann wurden Vorderbein und Schulter abgetrennt. Daraufhin schnitt man ein Stück fettes Fleisch aus dem Rücken und warf es als Opfergabe nach Osten. Der Rest des Tieres diente als Nahrung und Kleidung. Selbst das, was danach noch übrig blieb, wurde mit Sorgfalt und Ehrfurcht behandelt – besonders die Füße, da man fürchtete, den Zorn des Tiergeistes zu wecken und bei der nächsten Jagd von den Hufen der Bisons zertrampelt zu werden.

Darstellung eines Bisontanzes in den Plains. Das Bild stammt von dem Maler George Catlin (1794–1872).

HÜTER DER ORDNUNG

Mensch und Tier als vermähltes Paar

Fast alle Stämme kennen Mythen, in denen es um Ehen zwischen Mensch und Tier geht. Der menschliche Partner kann ein Mann oder eine Frau sein, der tierische ist gewöhnlich eines der großen Säugetiere oder ein großer Vogel. Zu den Arten, die an einer solchen Ehe beteiligt sein können, gehören Bison, Elch, Braunbär, Hund, Wal, Adler und Seemöwe.

Es gibt zahllose Geschichten der Inuit, in denen ein Held nacheinander mehrere Tiere heiratet. In einer dieser Erzählungen vermählt sich der Held mit einer Eisbärin, einer Braunbärin und einem Walweibchen. Nach kurzem Beisammensein wird die Tierfrau getötet, während der menschliche Gatte diesem Schicksal nur knapp entgeht. Das gewaltsame Ende zeigt, daß der Held zwar durch seine Heirat Zutritt zur geistigen Welt der Tiere gewonnen, dabei aber die Gesetze der natürlichen Ordnung verletzt hat.

Böse endet auch ein Märchen der Inuit. Einmal näherte sich ein Mann einem See, in dem einige Schwäne badeten, die ihr Federkleid abgelegt und die Gestalt von Jungfrauen angenommen hatten. Der Mann versteckte das Kleid einer der Schwanenfrauen und nahm sie mit sich in sein Haus, wo sie harmonisch miteinander lebten und Kinder in die Welt setzten. Eines Tages jedoch entdeckte die Frau ihr Schwanenkleid und floh; die Kinder nahm sie mit. Der Mann verfolgte sie, und als er sie eingeholt hatte, stellte sich die Frau tot, um seinem Zorn zu entgehen. Bei der Beerdigung erhob sie sich aus dem Grab. Er erschlug sie und noch dazu mehrere Schwäne, die an der Zeremonie teilgenommen hatten.

Gewalt war Teil der Beziehung zwischen Mensch und Tier, und es gehörte zum Ehrenkodex der Jäger, um Verzeihung zu bitten, wenn sie ihre Beute getötet hatten. Überdies wurde ihre Schuld gemindert durch den Glauben an die Wiedergeburt; solange die Menschen die Tiere durch entsprechende Riten ehrten, wurde die Seele des Tieres wiedergeboren und der physische Tod verlor seine Bedeutung *(Seite 68)*.

In einem Mythos der Thompson-Indianer von British Columbia wird von einer glücklichen Ehe zwischen Mensch und Tier berichtet. Ein Rotwildjäger liebte die Hirsche, seine Beutetiere. Eines Tages begegnete er im Wald einer Frau, die ihm ihre Liebe erklärte und ihn zu ihrer Höhle führte. Dort wurde der Jäger von Hirschen in Menschengestalt willkommen geheißen. Am nächsten Tag baten sie ihn, auf die Jagd zu gehen,

Diese Skulptur des Haida-Bildhauers Skaowskeag aus dem 19. Jh. zeigt ein Motiv aus dem Bärenmutter-Mythos: Eine Frau hatte den Bären zu wenig Achtung entgegengebracht und wurde dadurch bestraft, daß die halb menschlichen, halb tierischen Kinder, die sie von ihrem Bärengemahl bekam, scharfe Klauen und Zähne besaßen und ihr beim Stillen unerträgliche Schmerzen bereiteten.

MENSCH UND TIER ALS VERMÄHLTES PAAR

und er kehrte mit zwei jungen Hirschen zurück. Die Hirschmenschen freuten sich sehr und verzehrten das Fleisch. Am Ende des Mahls sagten sie: „Wir haben jeden Knochen aufgehoben. Bring sie zum Wasser." Der Jäger tat es, und die beiden Hirsche standen unversehens wieder quicklebendig vor ihm.

Schließlich, als die Hirschfrau dem Jäger einen Sohn geboren hatte, kamen sie überein, seine Familie zu besuchen. Sie schuf durch Zauberkraft Proviant, der in einen kleinen Beutel paßte und mit dem sie bei ihrer Ankunft alle Bewohner des Dorfes reichlich bewirteten. Daraufhin kehrte das Paar zu den Hirschen zurück, wo der Jäger einer von ihnen wurde; doch sein Sohn blieb bei den Menschen und lehrte sie zu jagen und die Riten zu beachten, damit jedes von ihnen getötete Tier wiedergeboren werde.

Wenn die Jagdgesetze gebrochen werden

Die Jäger waren einem strengen Ehrenkodex unterworfen. Es war ihnen verboten, zu lügen, zu prahlen oder mehr Tiere zu töten als nötig. Wer diese Tabus brach, wurde vom Schutzgeist des Beutetieres bestraft. Die Wasco von der Nordwestküste erzählen dazu folgende Geschichte.

Ein Knabe, der Eichhörnchen und Vögel jagte, wurde einst von seinem Vater gerügt: „Als ich so alt war wie du, habe ich Wapiti-Hirsche gejagt." Er wies auf eine breite Narbe auf seiner Stirn und sagte: „Das hat ein Hirsch getan."

Der Junge wurde bald ein tüchtiger Jäger. Er hatte den Schutz einer Hirschkuh gewonnen, die ihm sagte: „Wenn du mir dienst, werde ich dein Schutzgeist sein. Aber du darfst nicht mehr Tiere als nötig töten."

Doch der Vater machte sich weiterhin über die magere Beute seines Sohnes lustig. Da verlor die Hirschkuh die Geduld und ließ zu, daß ihr Schützling fünf Wapiti-Herden abschlachtete. Aber in seinem Blutrausch verfolgte er sogar seine eigene Wohltäterin. Die Hirschkuh flüchtete zu einem See, wo sie sich totstellte und ins Wasser fallen ließ. Doch der Jäger

Ein Wasserkrug der Zuni mit der Darstellung eines Wapiti-Hirsches. Das Tier wurde in ganz Nordamerika gejagt.

hatte sich an ihr festgeklammert und versank mit ihr.

Als er am Grund des Sees wieder zur Besinnung kam, sah er zahllose Wapiti-Hirsche in Menschengestalt. Seine Beschützerin sagte zu ihm: „Warum hast du mir nicht gehorcht? Siehst du all die Hirschmenschen, die du getötet hast? Dein Vater hat gelogen. Er ist nicht durch ein Hirschgeweih verletzt worden, sondern hat sich die Stirn an einer Baumrinde aufgerissen." Eine andere Stimme rief: „Verstoßt ihn!" So wurde der junge Mann in sein Dorf zurückgeschickt. Fünf Tage und Nächte lag er im Bett. Dann verlangte er: „Macht Wasser warm und wascht mich. Ruft meine Freunde, und bringt mir fünf Hirschhäute."

Als sich seine Freunde um ihn versammelt hatten, sagte der Jäger: „Mein Vater war unzufrieden mit mir. Er behauptete, er sei durch einen Hirsch verletzt worden; das stimmt nicht. Er hat meinen Schutzgeist betrübt, denn er wollte, daß ich mehr Tiere tötete, als nötig war. Nun hat der Schutzgeist mich verlassen." Nach diesen Worten starb er.

97

HÜTER DER ORDNUNG

Die Verletzlichkeit der Tiere

Zu den Eigenschaften, die den Tieren – vor allem den größeren Arten – zugeschrieben werden, gehören Kraft, Würde und spirituelle Macht. Doch fehlt es nicht an Hinweisen, daß sie auch verletzlich und gefährdet sein können. Hilft ihnen ein Mensch, so danken sie es ihm.

Der Adler war das Symbol der Kraft schlechthin. Majestätisch, stark, groß – und dem Himmel nah. Kaum ein anderes Tier wurde so verehrt und verherrlicht wie der Adler. Und doch war auch dieser König der Lüfte verletzlich, wie eine Geschichte der Navajo veranschaulicht.

Eine Gruppe von Jägern entdeckte einen Adlerhorst in der Wand eines Felsens, der als Standing Rock bekannt war. Die Männer sahen zwei Junge in dem Nest und beschlossen, sie zu rauben; doch die einzige Möglichkeit, ihrer habhaft zu werden, bestand darin, einen Mann in einem Korb an der Felswand hinabzulassen – ein gefährliches Unterfangen, auf das sich keiner der Jäger einlassen wollte.

So einigten sie sich darauf, die Aufgabe einem mageren Jüngling namens He-who-picks-up (Der-welcher-aufsammelt) zu übertragen. Sie besuchten ihn, setzten ihm ein fürstliches Gericht aus Fleisch, Mais und Brot vor und sagten: „So kannst du für den Rest deines Lebens schmausen, wenn du bereit bist, die Adlerjungen zu holen." He-who-picks-up willigte ein und wurde zum Horst hinuntergelassen. Da hörte er, wie der Wind sprach: „Diese Leute lügen dich an. Wenn sie die Adler haben, werden sie dich im Stich lassen. Hocke dich ins Nest und bleib dort." He-who-picks-up befolgte den Rat. Als er nahe genug war,

Ein Adler ist eine der Figuren dieses Totempfahls in dem Dorf Kispiox in British Columbia.

kletterte er in das Nest. Die Männer versuchten vergeblich, ihn zu bewegen, die Adlerjungen hinunterzuwerfen. Am nächsten Tag kamen sie wieder, und am dritten Tag schossen sie mit brennenden Pfeilen auf das Nest. Am vierten Tag ließen sie von ihm ab.

He-who-picks-up harrte tapfer aus. Am Abend hörte er, wie die Adlereltern zurückkehrten. „Danke, mein Junge", begrüßten sie ihn. „Danke, daß du deine jüngeren Brüder nicht hinuntergeworfen hast." Und sie gaben ihm den schönen Namen Chief-of-the-Eagles-in-the-Sky (Häuptling-der-Adler-in-den-Lüften).

Fürsorglich fütterte der Adlervater den Jüngling mit Maismehl und holte aus seinen Federn eine wasserspeichernde Pflanze hervor, die er ausdrückte, damit Chief-of-the-Eagles-in-the-Sky seinen Durst stillen konnte. Daraufhin fiel der Jüngling in einen tiefen Schlaf. Inzwischen hatten die erwachsenen Adler ihr Federkleid abgelegt, und es zeigte sich, daß sie Menschenkörper hatten. Weitere Adler fanden sich ein und beschlossen, dem Jüngling Adlerkräfte zu verleihen. Sie legten einen gegabelten Blitz unter seine Füße, einen Sonnenstrahl zwischen seine Knie, gerade Blitze unter seine Brust und seine ausgestreckten Arme und einen Regenbogen unter seinen Kopf. Jeder Adler ergriff ein Ende der Lichterscheinungen, und gemeinsam trugen sie ihn aus dem Horst.

DIE VERLETZLICHKEIT DER TIERE

Der bei den Bären lebte

Eine Geschichte der Skidi-Pawnee der Plains zeigt, daß zwischen Menschen und den Tieren der Wildnis ein Gefühl der Verwandtschaft entstehen konnte. Derartige Beziehungen beruhten auf Gegenseitigkeit: In dieser Erzählung wird die freundliche Hilfe belohnt, die ein Mann einem wehrlosen Bärenkind gewährt.

Ein Jäger traf einst auf ein Bärenjunges, das von seiner Mutter verlassen worden war. Anstatt es zu töten, band er ihm als Opfergabe Tabak um den Hals und segnete es mit den Worten: „Möge Tirawa, möge die Oberste Gottheit dich schützen!"

Er kehrte in sein Lager zurück und erzählte seiner schwangeren Frau, was geschehen war. Der Sohn, den die Frau gebar, wuchs in dem Gefühl auf, mit den Bären eng verwandt zu sein. Er identifizierte sich so sehr mit ihnen, daß er oft, wenn er allein war, den Geist der Bären beschwor.

Als der Junge ein Mann geworden war, wurde er bei einem Überfall getötet und in Stücke gehackt. Ein Bär und eine Bärin fanden seine Überreste und erweckten ihn mit Hilfe übernatürlicher Kräfte wieder zum Leben. Als er völlig wiederhergestellt war, lebte er lange Jahre mit den Bären zusammen und verehrte sie als die erhabensten und klügsten aller Wesen. Die Bären wiesen ihn jedoch darauf hin, daß ihre Klugheit eine von Tirawa gewährte Gabe sei.

Schließlich kam die Zeit, da er zu seinem eigenen Volk zurückkehren mußte. Als er wehmütig Abschied nahm, umarmte ihn der männliche Bär, legte das Maul an seine Lippen und rieb seinen Pelz an der Haut des Mannes. Diese Berührung gab dem Scheidenden Kraft, während der Kuß ihm Klugheit verlieh. Er wurde ein großer Krieger und führte bei seinem Stamm den Bärentanz ein.

Ein Medizinmann der Blackfoot mit einem Bärenfell. Die Schamanen vieler Stämme riefen die Kraft des Bärengeistes an, um Kranke zu heilen. (Gemälde von George Catlin, 1832.)

AUF DEM KRIEGSPFAD

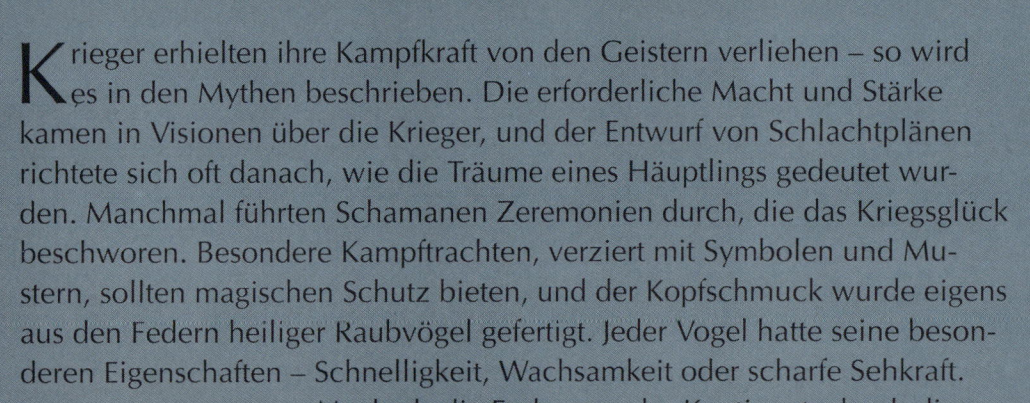

Krieger erhielten ihre Kampfkraft von den Geistern verliehen – so wird es in den Mythen beschrieben. Die erforderliche Macht und Stärke kamen in Visionen über die Krieger, und der Entwurf von Schlachtplänen richtete sich oft danach, wie die Träume eines Häuptlings gedeutet wurden. Manchmal führten Schamanen Zeremonien durch, die das Kriegsglück beschworen. Besondere Kampftrachten, verziert mit Symbolen und Mustern, sollten magischen Schutz bieten, und der Kopfschmuck wurde eigens aus den Federn heiliger Raubvögel gefertigt. Jeder Vogel hatte seine besonderen Eigenschaften – Schnelligkeit, Wachsamkeit oder scharfe Sehkraft. Noch als die Eroberung des Kontinents durch die Weißen bereits fast abgeschlossen war, glaubten Anhänger des Geistertanzes, Gewehrkugeln mit heiligen Hemden abwehren zu können.

Oben: Dieser Kriegsschild vereint Übernatürliches mit Wirklichem. Auf diese Weise verleiht er seinem Besitzer Kraft und schützt ihn im Kampf. Krieger wurden oft zu Helden von Legenden.

Links: Krieger wurden wegen ihrer spirituellen Macht hoch geachtet. Diese Wiedergabe eines indianischen Bildes stammt aus *Reise in das innere Nord-America in den Jahren 1832 bis 1834* von Maximilian Prinz zu Wied. Die Berichte, Artefakte und Bilder, die er und der Maler Karl Bodmer zurückbrachten, dokumentieren das Leben der Indianer zu jener Zeit.

Oben: Diese Stickerei auf einer Lederweste zeigt den Kampf zwischen einem weißen Soldaten, der mit einer Pistole bewaffnet ist, und einem Indianer. Spirituelle Kräfte würden, so glaubte man, den Krieger unverwundbar machen, sogar gegen Pistolen- und Gewehrkugeln.

Unten: Eine Malerei auf Musselin zeigt den legendären Sioux-Häuptling Sitting Bull, wie er 1890 aus seiner Hütte gezerrt und wegen seiner Unterstützung des Geistertanzes verhaftet wird. Der von seinem Volk verehrte Sitting Bull war ein furchtloser Krieger und hervorragender Stratege, der seit den 60er Jahren des 19. Jahrhunderts mehrere erfolgreiche Feldzüge gegen US-Truppen angeführt hatte.

Oben: Dieses prachtvoll bemalte Bisonfell (Lakota, um 1880) berichtet von einem Krieg zwischen den Lakota und den Crow. Die Ausrüstung der Krieger, besonders ihr Kopfschmuck, sollten physische und geistige Stärke verleihen sowie Schutz vor dem Feind gewähren.

HÜTER DER ORDNUNG

Die Clans und ihre Totems

Die wohlhabenden Indianergesellschaften der fruchtbaren Nordwestküste waren in Clans gegliedert – sippenähnliche Verbände, die ständig miteinander um die Rangordnung rivalisierten. Auch innerhalb der Clans war die Gemeinschaft hierarchisch aufgebaut. Jeder Clan führte seinen Ursprung auf den Geist eines Tieres, sein Totem, zurück, und pflegte seinem Rang dadurch Ausdruck zu geben, daß er riesige Totempfähle vor dem Gemeinschaftshaus errichtete.

Das Gebiet an der Nordwestküste Nordamerikas, das heute den Staat Washington, die kanadische Provinz British Columbia und Südost-Alaska umfaßt, ist seit jeher von der Natur begünstigt gewesen. Da die Region im Osten durch eine Bergkette geschützt und das vor ihr liegende Meer vom Japanstrom erwärmt wird, erfreut sich dieser Küstenstreifen eines milden, regnerischen Klimas, das ihn zu einem der fruchtbarsten Landstriche der Erde macht. Hier lebten die Stämme der Kwakiutl, Tsimshian, Haida und Tlingit.

Die Salz- und Süßwasserfische, die Meeressäuger und Landtiere, von denen sich diese Jäger-und-Sammler-Gesellschaften ernährten, weisen eine Artenvielfalt auf, die sich in den Mythen und in der Kunst der Region widerspiegelt. Die ausgedehnten Wälder mit Bären, Wapiti-Hirschen und Elchen lieferten überdies reichlich Holz für Häuser, Werkzeuge und Artefakte, wobei vorwiegend das rote und das widerstandsfähige gelbe Zedernholz Verwendung fanden.

Die auffälligsten Kunstwerke der Nordwestküste sind die Totempfähle, Zeichen einer bestimmten Clan-Zugehörigkeit und Gegenstand der Ahnenverehrung. Diese baumartig aufragenden Skulpturen waren von Land wie vom Meer her weithin sichtbar und symbolisierten auf unterschiedliche Weise das geistige Erbe ihrer Besitzer. Die größten Totempfähle waren freistehende, schlichte Monumente, errichtet zu Ehren eines verstorbenen Häuptlings. Erst im 19. Jahrhundert, als die Stämme der Nordwestküste mit den Weißen Handel zu treiben begannen und maschinell gefertigte Metallwerkzeuge erwarben, wurden die Totempfähle mit

Ein geschnitzter und bemalter Totempfahl aus Vancouver, British Columbia. Die Hauptgestalt, die die Spitze des Pfahls einnimmt, ist Donnervogel – ein Geist, der Donner und Blitze bringt.

Rabe und die Erschaffung der Clans

Die Mythen der Tlingit führen den Ursprung ihrer Clan-Totems auf den Anfang aller Zeiten zurück. Damals lebte an der Mündung des Flusses Nass die Gottheit Raven-at-the-head-of-Nass in tiefer Dunkelheit und hütete Sonne, Mond und Sterne in Behältern.

Rabe, Dieb und Bringer des Tageslichts (Kopfschmuck der Taku-Tlingit). Der eingelegte Spiegel (unten) stellt das Tageslicht dar, die Scheibe zwischen den Ohren des Raben die Sonne.

Die Schwester von Raven-at-the-head-of-Nass gebar einen Sohn, den Trickster Rabe *(Seite 78)*. Dieser entwendete der Gottheit den Kasten mit dem Tageslicht.

Rabe bot den Menschen den Kasten im Tausch gegen Lebensmittel an. Doch als die Menschen ihn verspotteten, da sie nicht glaubten, daß der Kasten Licht enthielt, öffnete Rabe ihn. Mit einem Brüllen brach die Sonne hervor und stieg zum Himmel empor, und die Menschen flohen in alle Richtungen.

Die Ankunft des Tageslichts gab allen Geschöpfen die Gestalt, die sie heute haben. Diejenigen, die Otter-, Biber- und Seehundfelle trugen, verwandelten sich in die Tiere, deren Felle sie angelegt hatten. Und diejenigen, die nichts trugen, als das Licht erschien, blieben Menschen. Als Erinnerung an die verwandelten Gefährten wählte jeder Clan ein Tier aus, dessen Wappen – Totem – er fortan führte.

Schnitzereien geschmückt. Das war die letzte Blüte einer großen Kunsttradition, deren Ursprünge mehr als 1200 Jahre zurücklagen.

Zuerst hatte man Innen- und Vorderpfosten für die großen Gemeinschaftshäuser aufgestellt. Ähnlich gestaltete Pfähle dienten dazu, die Asche verstorbener Häuptlinge und anderer Würdenträger aufzunehmen. Auf den Pfahlspitzen befand sich eine Lade oder Nische, welche die Asche des Toten enthielt. Die Errichtung eines solchen Gedenkpfahles wurde mit einer besonderen Zeremonie gefeiert.

Die bis ins kleinste Detail ausgearbeiteten Schnitzereien auf den Totempfählen waren weit mehr als bloße Ornamente. Die Motive gingen auf Quellen zurück, deren Ursprung sowohl in der sozialen Gemeinschaft als auch im Reich des Mythos lag. Die Gesellschaften der Nordwestküste waren streng hierarchisch nach Clans gegliedert; jeder Clan hatte seinen eigenen Häuptling und sein eigenes Kultzentrum. Und jeder führte seine Abstammung auf eine Begegnung mit einem bestimmten Tiergeist zurück, die in mythischen Zeiten stattgefunden hatte. Dieser Geist

HÜTER DER ORDNUNG

Das Gemeinschaftshaus *(links)* und ein Donnervogel-Totempfahl *(unten)* einer Kwakiutl-Siedlung an der Alert Bay auf Vancouver Island. An den beiden Außenpfosten und zahlreichen reich beschnitzten Innenpfosten des Hauses wiesen Tiermotive auf die Herkunft des Clans hin.

hatte der Gruppe seine Kräfte übertragen und sie ermächtigt, sein Abbild als Totem zu benutzen.

Die Gesellschaft der Tlingit in Südost-Alaska bestand aus zwei Hälften oder Moieties, den Raben und den Adlern (bei den Tlingit des Südens war die Adler-Hälfte allerdings durch die des Wolfs ersetzt worden). Jede Hälfte war weiter in sippenähnliche Clans unterteilt, von denen wiederum jeder seinen eigenen Totem besaß. So stellten die Totems der Raben-Hälfte, abgesehen vom Raben selbst, den Falken, den Elch, den Seelöwen, den Wal, den Lachs und den Frosch dar. Und zu den Adler/Wolf-Totems gehörten neben dem Haupttier der des Braunbären, des Schwertwals, des Hundshais und des Heilbutts. Alle Artefakte, von Hauspfosten und Totempfählen bis zu Schalen, Schöpfkellen und Zeremonialdecken, waren verziert mit Abbildungen der Totemtiere des Clans.

Da die Totems Informationen über die Tradition eines Clans lieferten, wurden sie von ihren Besitzern sorgfältig gehütet. Wenn sie verlorengingen – zum Beispiel einem Feind in die Hände fielen oder als Sühne für einen Mord einem anderen Clan ausgeliefert werden mußten –, setzten die Mitglieder des Clans alles daran, sie wieder in ihren Besitz zu bekommen.

Spektakuläre Maskentänze

An der Nordwestküste gab es Geheimbünde – oft waren es Schamanenbünde –, die in rituellen Maskentänzen Tierschutzgeister anriefen. Die Mitglieder, die unterschiedlichen Clans entstammten, beschworen die gemeinsame Abkunft von einem mythischen Wappentier, dem Totem. Damit schufen sie ein Gegengewicht zur hierarchischen Rangordnung der Clans.

Bei den Gemeinschaften der Nordwestküste fanden im Winter lange und aufwendige Kulthandlungen statt, deren Sinn es war, die Traditionen zu pflegen und die Clan-Totems zur Schau zu stellen. So wiederholte beispielsweise der Hamatsa- oder Kannibalenbund der Kwakiutl jedes Jahr in einem komplizierten Ritual die mythische Begegnung zwischen ihren Vorfahren und Baxbaxwalanuxsiwe, dem Kannibalen-am-Nordende-der-Welt *(Seite 122)*. Die Eingeweihten des Bundes – im Falle des bedeutenden Hamatsa-Bundes waren es nur Schamanen und Häuptlinge – empfingen dabei in einer Reihe wilder, dramatischer Tänze neue Kräfte von dem Schutzgeist.

Zu den großen festlichen Ritualen gehörte auch der Potlatch *(Seite 120)* – ein Ritual, bei dem ein Clan-Häuptling Nahrungsmittel, Felle, Decken und andere

Das Haida-Dorf Ninstints auf Queen Charlotte Island. Neben Totempfählen sind Gedenkpfähle zu sehen, auf denen Kästen mit der Asche der Ahnen stehen. Kurz nachdem dieses Photo Ende des 19. Jh. gemacht wurde, fielen die Dorfbewohner Krankheiten zum Opfer, die weiße Händler eingeschleppt hatten.

HÜTER DER ORDNUNG

Besitztümer verschenkte (oder gar verbrannte), um seinen Reichtum eindrucksvoll zu dokumentieren.

Tänze und Tanzpantomimen spielten eine wichtige Rolle bei allen Zeremonien. Jedes Detail der Choreographie und der Lieder, die sie begleiteten, bezog sich auf die Geschichte einer Abstammung. Die Tänze der Kwakiutl, die wohl spektakulärsten von allen, ließen eine der höchsten Kunstformen der Nordwestküste entstehen – die Tanzmaske. Diese hölzernen Masken, die entweder das ganze Gesicht oder nur die Stirn des Tänzers bedeckten, waren gelegentlich als Klappmasken gestaltet, als Maske-in-der-Maske. Klappte man sie – in entscheidenden Momenten der Zeremonie – auf, enthüllte das Innere eine weitere Maske. Während die Holzschnitzer anderer Regionen ihre Werke gewöhnlich nur mit ein, zwei gedämpften Farben bemalten, verfügten die Kwakiutl-Künstler über eine reiche Palette leuchtender Farbkombinationen. Zusammen mit den eingelegten Steinen und Muscheln erzeugte diese bunte Mischung im Licht des Feuers, das die großen Gemeinschaftshäuser voller Menschen erhellte, dramatische Wirkungen.

In der Gestalt ihrer Totemtiere nahmen die Tänzer die Mitte des Raumes ein und begannen, die Rufe und Bewegungen ihrer tierischen Vorfahren nachzuahmen. Dabei trugen sie Masken, die ein bestimmtes Tier oder ein Geistwesen darstellten – etwa das Meerungeheuer Sisiutl, Donnervogel oder Hokhokw, ein übernatürliches Geschöpf mit mächtigem Schnabel, der den Schädel eines Menschen spalten konnte. Bei den Kwakiutl des Nordens führten maskierte Mitglieder des Wolf-Clans eine Pantomime auf, bei der sie sich so verhielten, als seien sie vom Geist des Wolfs besessen. Das führte bisweilen zu wilden Ausschreitungen im ganzen Dorf.

Die Nootka von Vancouver Island vollzogen ein ähnliches Ritual, das ebenfalls an die Initiation ihres Vorfahren durch einen Wolf erinnern sollte. Die Tänze, Lieder, Masken und bestimmte Flöten oder Pfeifen, die bei den Zeremonien verwendet wurden, dienten dazu, die visionäre Erfahrung dieses Vorfahren neu zu erleben. Das Nootka-Ritual, das ebenso lang, komplex und wild war wie das der Kwakiutl, begann mit dem Blasen spezieller Pfeifen vor dem Dorf. Das war das Signal dafür, die Novizen des Wolf-Clans, meist Kinder, zu einem geheimen Ort zu bringen, wo sie in den Tänzen, Liedern und anderen Überlieferungen des Clans unterrichtet wurden. Wenn sie zurückkehrten, angeführt von maskierten Mitgliedern des Clans, erhielten sie die Zeremoniengewänder und Totemmasken ihres Clans und wurden aufgefordert, das vorzuführen, was sie bei ihrer Initiation gelernt hatten.

Die Nootka waren der einzige Stamm der Nordwestküste, der Wale jagte. Wie andere Jäger auch befolgten sie komplizierte rituelle Vorschriften, deren doppelter Zweck darin bestand, die Wale anzulocken und die Seelen der getöteten Tiere versöhnlich zu stimmen. Ebenso wie andere Stämme der Region glaubten die Nootka, daß die Geister des Wolfs und des Wals miteinander verwandt seien. Obgleich die Gründe für diesen Glauben im Laufe der Zeit in Vergessenheit ge-

Eine um 1820 bei den Tlingit entstandene, aus Holz geschnitzte und mit eingelegten Meerohrmuscheln geschmückte Kopfbedeckung des Frosch-Clans. Jeder gewebte Ring symbolisiert ein Potlatch – ein vom Besitzer der Kopfbedeckung ausgerichtetes Geschenkfest.

raten waren, war man überzeugt, daß Ehrfurcht dem Wolf gegenüber auch dem Wal zugute komme. So bezogen sich die Wolf-Rituale der Nootka zugleich auf die Wale, die nur unter Beachtung strenger Tabus zu einer späteren Zeit des Jahres gejagt werden durften.

Wal-Totems gab es bei den Nootka nie. Die Schutzgeister nämlich, die sowohl den Schamanen als auch den gewöhnlichen Mitgliedern eines Clans beistanden und gestatteten, daß ihr Abbild als Totem verwendet werden durfte *(Seite 103)*, waren fast nie Tiere, die vom Clan gejagt wurden – allenfalls solche, die nur unerheblich dazu beitrugen, seinen Nahrungsbedarf zu decken. Wichtige Totemtiere waren der Rabe, der Schwertwal, der Grizzlybär, der Oktopus und der Frosch. Aus sowohl praktischen als auch spirituellen Gründen vermieden es die Jäger, diese Tiere zu töten. So war der Rabe nicht nur ungenießbar, sondern stand auch als Schöpfer-Held in zu hohem Ansehen *(Seite 78)*. Dem Schwertwal begegnete man mit ehrfürchtiger Angst, während der Grizzlybär vor allem deshalb nicht gejagt wurde, weil er als gefährlich und unberechenbar galt.

In einem Tlingit-Mythos wird beschrieben, wie der Frosch zum Totemtier wurde. Inmitten eines Sees bei Yakutat lag eine mit Schilf bewachsene, sumpfige Insel, auf der sich Frösche zu versammeln pflegten. Eines Tages äußerte sich die Tochter eines Häuptlings verächtlich über die sexuellen Gewohnheiten der Frösche. In derselben Nacht erschien ein Jüngling vor ihr und bat sie inständig, ihn zu heiraten. Das Mädchen hatte bis dahin alle Freier abgewiesen, fühlte sich aber von der Schönheit des Jünglings angezogen, der natürlich nichts anderes war als ein Frosch in Menschengestalt. Der Froschmann wies auf den See und sagte: „Dort drüben liegt das Haus meines Vaters." „Wie hübsch es aussieht", entgegnete die junge Frau. Als sie mit ihrem Verlobten zum See gelangte, kam es ihr vor, als öffne sich eine Tür, um sie einzulassen; in Wirklichkeit versanken sie im Wasser des Sees.

Ein Tlingit-Schamane aus dem Dorf Chilkat, aufgenommen Ende des 19. Jahrhunderts. Er hält eine Rabenrassel in der Hand. Der Rabe war eines der am häufigsten verwendeten Totemtiere.

Als die Angehörigen und Freunde des Mädchens merkten, daß sie verschwunden war, beklagten sie ihren Verlust. Im nächsten Frühling sah ein Jäger sie zwischen den Fröschen in der Mitte des Sees sitzen. Ihre Angehörigen versuchten mit zahlreichen Opfergaben an die Frösche, das Mädchen freizukaufen, aber alle Bemühungen waren umsonst. Dann griffen sie zu anderen Mitteln: Sie begannen, Gräben auszuheben, um den See zu leeren. Als das Wasser herausschoß, wurden die Frösche mitgerissen – und mit ihnen die junge Braut. Die Angehörigen achteten darauf, keinen der Frösche zu verletzen, und zogen das Mädchen aus dem Wasser. Sie bemühten sich, sie wieder in ihr altes Leben zurückzurufen. Doch das Mädchen konnte das Erlebnis im Reich der Tiere nicht bewältigen und starb bald darauf.

Nach diesem traurigen Ereignis wuchsen Menschen und Frösche enger zusammen. Sie begannen, miteinander in der jeweils anderen Sprache zu sprechen, und die Angehörigen des Mädchens lernten die Lieder und Namen der Frösche auswendig. Die Nachkommen der Familie nahmen als Zeichen dieser magischen Verbindung das Frosch-Wappen als Totem an.

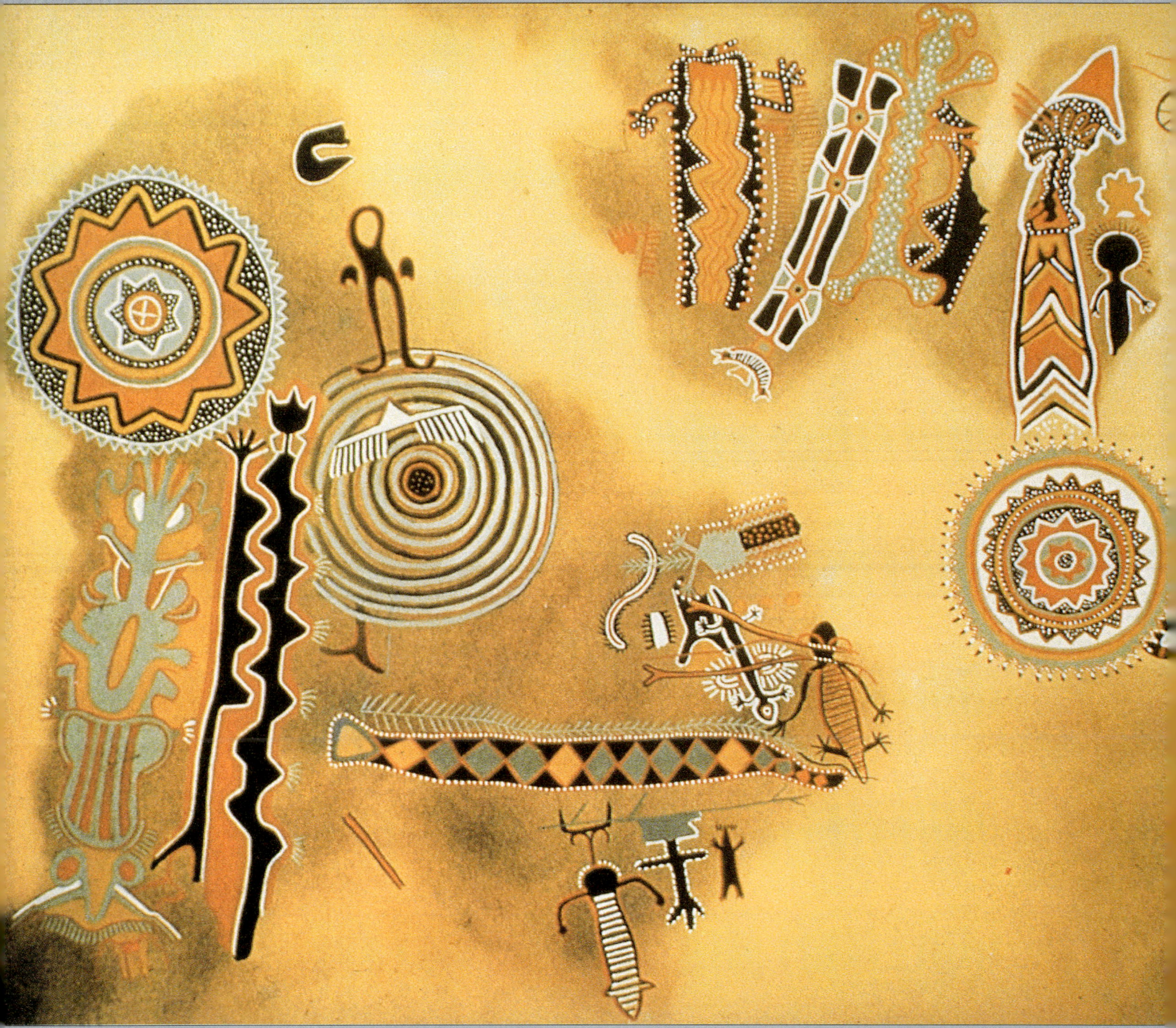

DIE KRAFT DER RITUALE

Die nordamerikanischen Indianer sind der Überzeugung, daß die Welt der Geister die reale Welt beeinflußt. Krankheit oder Gesundheit, Hungersnot oder Nahrungsfülle hängen davon ab, ob die Beziehungen zwischen Geistern und Menschen in Ordnung sind oder nicht. Vielfältige Rituale sind das Mittel, auf diese Beziehungen Einfluß zu nehmen, um die natürlichen Kreisläufe der Erde und die Harmonie zwischen Mensch, Tier und Nahrungspflanzen und damit ihre Gesundheit zu erhalten. Die Grundlage für diese Rituale bilden die in den Mythen, Sagen und Legenden erzählten Geschehnisse.

Die Zeremonien werden von heiligen Menschen durchgeführt, die in den zahlreichen Sprachen der Indianer sehr unterschiedlich benannt sind – die bekanntesten Bezeichnungen sind Schamane und Medizinmann. Heilige Menschen besitzen besondere Fähigkeiten, mit Geistern umzugehen und auf sie einzuwirken, obwohl auch viele andere, die nicht als heilig bezeichnet werden, eine Verbindung zu Geistern herstellen können – durch persönliche Erfahrung, wie Traumfasten oder Visionssuche.

Diejenigen, die sich überwiegend mit der Krankenheilung befassen, nennt man im allgemeinen Medizinmänner oder Medizinfrauen. Andere, die ihre Macht benutzen, um Böses zu verursachen, sind Hexer oder Hexen. Am mächtigsten sind die Schamanen, die einen großen Einfluß auf die Geisterwelt haben. Oft üben sie diese Macht aus, indem sie ihren Geist vom Körper lösen; in diesem Zustand besuchen sie die Welt der Geister und verhandeln oder kämpfen mit ihnen im Dienste ihrer Patienten.

Die Schamanen stellen ihre Macht, die sie durch Visionen und ekstatische Seelenflugerlebnisse erhalten, einzig und allein in den Dienst der Gemeinschaft. Sie begleiten die Mitglieder der Gemeinschaft durch die verschiedenen Abschnitte ihres Lebens, von der Geburt über die Pubertät und das Erwachsenenleben – und bis über den Tod hinaus in die nächste Welt. Deshalb sind die Schamanen unverzichtbare Mitglieder der Gemeinschaft.

Sie wiederholen noch heute die Taten mythischer Helden, indem sie in den Himmel oder auf den Meeresgrund reisen, um die verlorengegangene Seele eines Kranken zurückzuholen. Oder sie kämpfen mit feindlichen Geistern, um ihre Gemeinschaft vor Hunger, Krankheit und Leid zu bewahren. Auch dienen die mystischen Erlebnisse des Schamanen dazu, Antworten auf neuartige Situationen zu finden, mit denen die Indianer noch nie konfrontiert waren. Wie die tragische Geschichte des Geistertanzes und des Sonnentanzes zeigt, haben die letzten 150 Jahre diese Anpassungsfähigkeit auf eine harte Probe gestellt.

Oben: Schamanenmaske in Schädelform. Viele der heiligen Objekte von Schamanen stehen in Zusammenhang mit Tod und Wiedergeburt.

Gegenüber: Rekonstruktion einer Felsmalerei aus San Emigdiano, Südkalifornien. Die Motive stellen die visionären Erlebnisse von Schamanen der Chumash dar.

DIE KRAFT DER RITUALE

Der Schamane als Heiler

Die Indianer verstanden unter Gesundheit nicht nur das körperliche und geistige Wohlbefinden, sondern auch das soziale. Ein Leben ohne Mangel, eine harmonische Familie und dauerhafte Freundschaften gehörten ebenso zu diesem umfassenden Gesundheitsbegriff.

Für nordamerikanische Indianer hing die Gesundheit immer schon vom richtigen Verhalten gegenüber den Geistern der Natur und den verstorbenen Ahnen ab. Jedem, der sich im Einklang damit verhält, geht es gut, doch alle, die sich gegen die Natur vergehen – beispielsweise, indem sie Respekt vermissen lassen –, ziehen Krankheit und Unglück auf sich.

Eine Belohnung für richtiges Verhalten dagegen beschreibt eine Irokesen-Legende über den ersten Medizinmann. Einst lebte ein Krieger, der ein guter und ehrenvoller Freund der Tiere war. Eines Tages wurde dieser Mann im Kampf getötet und von seinem Gegner skalpiert. Fuchs, Bär und Stärling (ein amerikanischer Singvogel) versuchten, ihren Freund ins Leben zurückzuholen, indem sie seinen Skalp retteten. Sie suchten überall, konnten ihn aber nicht finden. Schließlich entdeckte Krähe den Skalp, der in einem weit entfernten Lager zum Trocknen aufgehängt war. Sie brachte ihn zurück, doch der Skalp war stark geschrumpft und paßte nicht mehr auf den Kopf des Kriegers. Alle Tiere sammelten nun Kräuter, Blätter und Rinden, um den Skalp anzukleben. Adler gab sogar den kostbaren Tau, der sich jahrelang auf seinem Rücken angesammelt hatte; damit versuchten sie, ihn weich zu machen. So gelang es ihnen, den Krieger zum Leben zu erwecken. Fuchs, Bär und Stärling verrieten ihm die Zutaten der Medizin, die sie hergestellt hatten, um ihn wiederzubeleben, und sandten ihn dann nach Hause, wo er der erste Schamane wurde.

Gute Beziehungen zur Tierwelt aufrechtzuerhalten ist jedoch nicht einfach. In einem Cherokee-Mythos wurden die Tiere durch die Ausbreitung der Menschen aus dem Wald verdrängt und wandten sich nun gegen die, mit denen sie zuvor einvernehmlich zusammengelebt hatten. In ihrem Zorn hielt jede Tierart eine Ratsversammlung ab, auf der sich jede eine Krankheit überlegte, mit der sie die Menschen plagen

Ein Inuit-Schamane heilt einen kranken Jungen. Der Schamane trägt eine hölzerne Maske und übergroße Handschuhe, um sich während der Behandlung vor bösen Kräften zu schützen. Das Photo wurde Anfang des 20. Jahrhunderts aufgenommen.

DER SCHAMANE ALS HEILER

Eine Heilungszeremonie

Krankenbehandlungen sind im allgemeinen geräuschvolle Ereignisse, an denen die ganze Gemeinschaft teilnimmt. Immer steht eine Reise des Schamanen ins Reich der Geister im Mittelpunkt.

So sieht ein Künstler die Vision eines Paviotso-Schamanen vom positiven Ausgang der Krankheit eines Patienten.

Die Heilungsriten der Paviotso beginnen am Abend. Der Schamane wird von einem Helfer begleitet, der jedes Wort wiederholt, das dieser murmelt. Die Zeremonie beginnt, sobald der Schamane sich bis auf den Lendenschurz auszieht und leise einen Gesang anstimmt, den er unter dem Einfluß seiner hilfreichen Geister improvisiert. Die Zuhörer antworten, indem sie gemeinsam mit dem Helfer jeden Vers wiederholen. Der Schamane zündet seine Pfeife an, zieht ein paarmal daran und reicht sie dann weiter. Wenn er sich bereit fühlt, versetzt er sich in Trance und löst seinen Geist vom Körper.

Die Bilder, die der Schamane in Trance sieht, zeigen ihm, wie die Krankheit ausgehen wird. Sieht er den Kranken auf einer Wiese, umgeben von blühenden Blumen, wird er sich erholen; sind die Blumen verwelkt, wird er sterben.

Dann kehrt der Schamane von seiner langen Reise zurück. Hat er gesehen, daß die Krankheit von einem Fremdkörper verursacht worden ist, saugt er an der entzündeten Körperstelle, möglicherweise mit Hilfe eines hohlen Knochens oder Weidenrohrs. Er saugt Blut heraus und spuckt es in ein Loch im Boden, nimmt einen Zug aus der Pfeife und tanzt dann um das Feuer. Dieser Vorgang wird so oft wiederholt, bis er den Fremdkörper – vielleicht eine Eidechse, einen Wurm oder einen Stein – entfernt hat, den er dann gleichfalls in das Loch legt. Das Ritual endet im Morgengrauen. Der Schamane und viele der Anwesenden tanzen um das Feuer, während andere magische Muster auf den Körper des Patienten malen.

konnte. Die Pflanzen aber hatten Mitleid mit den Menschen. Sie vereinbarten, daß jede von ihnen – sei es Baum, Busch, Kraut, ja sogar Gras – ein Heilmittel gegen die von den Tieren verursachten Krankheiten hervorbringen sollte.

Kranksein hatte nach der Vorstellung der nordamerikanischen Indianer drei unterschiedliche Ursachen. Jede einzelne oder auch eine Kombination von ihnen konnte dem Leiden des Patienten zugrundeliegen. Die erste ist, daß ein feindseliger Geist oder ein Hexer einen Gegenstand in den Körper des Kranken gesteckt hat – zum Beispiel einen spitzen Stein, einen Splitter, ein Insekt oder einen verknoteten Faden. Der um Heilung bemühte Schamane lokalisiert mit Zaubertricks und Suggestion die Lage des eingedrungenen Fremdkörpers und entfernt ihn dann durch Massieren oder Saugen.

In ernsteren Fällen verraten die Symptome des Patienten dem Schamanen, daß das Übel tiefersitzt. In solchen Fällen hat die Seele des Patienten den Körper

111

DIE KRAFT DER RITUALE

Heilige Objekte und Medizinbündel

Neben zahlreichen Heilkräutern setzen Schamanen meist auch ein heiliges Objekt ein, um den Zustand eines Kranken zu bessern. Ebenso wie die Schutzgeister eines Schamanen – seine Helfer – in Tiergestalt erscheinen, so sind diese Objekte äußeres Zeichen seiner geistigen Macht. An der Nordwestküste sagen die Schamanen, sie hätten einen Quarzkristall in ihrem Körper, während die in Nordkalifornien von einem „Schmerz" sprechen. Dieser Kern der Kraft des Schamanen kann den Körper verlassen und in andere eindringen. Darum werden Schamanen oft als Hexer gefürchtet.

Zur Ausrüstung eines Schamanen gehören gewöhnlich Adlerfedern, ein Säckchen mit Kristallen und Steinen sowie eine Rassel oder Trommel. Bei den Apache trägt der Schamane eine Zauberschnur zum Schutz gegen Feinde, und bei den Haida und Tlingit der Nordwestküste fertigt er sich ein komplettes Kostüm mit Kopfbedeckung. Schamanen dieser Region verwenden auch „Seelenfänger" – beispielsweise Röhrenknochen –, mit denen sie die herumirrenden Seelen einfangen.

All diese Gegenstände umgibt ein Mythos, der ihren Ursprung oder ihre symbolische Bedeutung erklärt. So verleihen die Muscheln, die in der Midewiwin-Zeremonie der Ojibwa *(Seite 120)* verwendet werden, dem Anwärter des Schamanenamts Unsterblichkeit, weil sie an die muschelartige Härte der ersten Menschen erinnern.

Auch die kleine Trommel, die heute von Tänzern bei Zeremonien verwendet werden, in denen die Macht der Manitu-Geister angerufen wird, hat ihren Ursprung im Mythos. Dieser Legende zufolge hatten die Manitus einen sterbenden alten Mann erwählt, eine Zeremonialtrommel zu werden. Da es jedoch zu mühsam war, seinen großen Körper in ein Instrument umzuformen, ließen die Manitus ihn, als er starb, in Stücke zerbersten und gestalteten aus einem der Stücke eine kleine Trommel. Bei den Initiations- und Heilungsriten, die an dieses Ereignis erinnern, wird der Anwärter oder der Kranke symbolisch an den Rand des Todes gebracht und „in Stücke gerissen", bevor er wiedergeboren wird.

Medizinbündel sind ein besonderer Teil der Ausrüstung des Schamanen. Diese heiligen Beutel gehören zu den am meisten verehrten Objekten, denn ihr Inhalt und sogar ihre äußere Gestalt versinnbildlichen die Merkmale von Göttern und Geistern.

Der Besitz von heiligen Objekten und Medizinbündeln war nicht auf Schamanen beschränkt; eine solche Kostbarkeit konnte auch einem Nicht-Schamanen, einer Stammesgemeinschaft oder einem Geheimbund gehören.

Das Öffnen der Medizinbündel wird als Kulthandlung bei besonderen Anlässen vollzogen, oft begleitet von Mythenerzählungen. Die Arapaho rezitieren vier Nächte lang den Mythos vom Flachpfeifenbündel. Während des Sonnentanzes erzählen sich die Kiowa den Mythos der „Zehn Großmütter", die zehn heilige Bündel öffnen.

Eine Rassel der Tsimshian vom Fluß Nass an der Nordwestküste. Rasseln wurden bei Krankenheilungen zur Begleitung der rituellen Gesänge geschüttelt.

HEILIGE OBJEKTE UND MEDIZINBÜNDEL

Auch diese Felsbilder der Chumash im San-Emigdiano-Gebirge in Südkalifornien stammen vermutlich von Schamanen, die sich in einem Zustand ekstatischer Trance befanden.

verlassen, entweder aus eigenem Antrieb – das ist die zweite Krankheitsursache – oder weil sie von einem Feind geraubt oder von Geistern fortgelockt wurde – die dritte Ursache. Um die Seele zu retten, muß der Schamane in den Himmel, in die Unterwelt oder auf den Meeresgrund reisen *(Seite 116)*.

Die Paviotso glauben, daß der Schamane die Seele einholen kann, falls sie sich nicht allzu weit entfernt hat; sollte sie die Grenze zum Reich der Toten jedoch bereits überquert haben, ist sie für immer verloren. Das benachbarte Volk der Chumash sagt, daß man eine Seele auf ihrem Weg ins Land der Toten beobachten kann: Sie zieht ein blaues Licht hinter sich her und hat die tödliche Krankheit als Feuerkugel neben sich. Wenn man die Person erkennt, ist vielleicht noch Zeit, ins Dorf zurückzueilen und ihr Medizin zu geben. Doch oft ist es zu spät, und man hört einen fernen Knall, mit dem das Tor zum Totenland zufällt.

Krankenheilungen sind eine Angelegenheit des ganzen Dorfes. Bei den Westlichen Apache erzählen die Älteren der versammelten Gemeinschaft Mythen über den Ursprung des Rituals. Dann setzt sich der Schamane neben den Kranken und ruft den Schwarzschwänzigen Hirsch oder andere Geister um Hilfe an. Bei Tagesanbruch bestäubt er den Kopf des Patienten mit dem Pollen eines Rohrkolbens.

Die gesamte Gemeinschaft kann darunter leiden, sollte ein einzelner ein Tabu verletzt haben. Wenn ein Jäger einem von ihm erlegten Tier nicht den nötigen Respekt entgegenbringt oder jemand seine Notdurft neben einem heiligen Ort verrichtet, kann unter Umständen ein beleidigter Geist die Tiere, von denen die Gemeinschaft lebt, zurückhalten oder dem Stamm eine Seuche schicken.

Der Werdegang eines Schamanen

Neben den Schamanen gibt es noch eine Reihe von Medizinmännern, Medizinfrauen, Zukunftsdeutern, Kräuterkundigen und Heilern. Schamanen jedoch sind besonders befähigte Mittler (seltener Mittlerinnen) zwischen der Welt des Wirklichen und der Welt des Übersinnlichen. Es gibt verschiedene Arten von Schamanen, die in den zahlreichen Indianersprachen unterschiedlich bezeichnet werden. Allen gemeinsam ist die alleinige Macht, eine Erkrankung zu heilen, die durch einen Seelenverlust verursacht wurde.

Manchen Schamanen ist ihre Gabe angeboren, anderen wird sie von einem Schutzgeist eingegeben. In einigen Gebieten, so vor allem an der Nordwestküste, werden Schamanenkräfte vererbt. Aber die Vererbung allein reicht meist nicht aus: Bei den Haida beispielsweise war die persönliche Visionssuche des zukünftigen Schamanen unerläßlich. Die Schamanen der Cherokee im Südosten konnten zwar Zauberfor-

DIE KRAFT DER RITUALE

Mitglieder eines Medizinbundes der Arikara, eines Präriestammes (Photo von 1908). Sie halten Rasseln, die sie bei ihren heiligen Ritualen benutzen. Der Name ihrer Gesellschaft – Mutter-Nacht-Männer – erklärt sich aus ihrer Gewohnheit, die Zeremonien nachts abzuhalten.

meln an ihre Nachfolger weitergeben, doch die Kraft, sie zum Wirken zu bringen, mußten die Schamanenlehrlinge ganz allein erwerben.

In allen Regionen erhielt der Debütant die Berufung meist durch Träume. Bei den Yurok und Wintun in Kalifornien sowie den Paviotso im Großen Becken kann ein verstorbener Schamane einem Nachfolger erscheinen, auf den dann die magischen Kräfte übergehen. Einmal zog sich ein Junge der Paviotso, der Schamane werden wollte, um die Kranken seines Stammes heilen zu können, in eine Höhle zurück und betete um Heilkraft. Als er schließlich vom Schlaf überwältigt wurde, hatte er eine Vision, in der ein Schamane vergeblich versuchte, einen todkranken Patienten am Leben zu erhalten. Der Mann starb, und der Schläfer hörte das laute Wehklagen der Familie. Dann spaltete sich die Felswand der Höhle, und ein Geist in Gestalt eines Mannes trat heraus. In der Hand hielt er die Schwanzfeder eines Adlers. Der Geist unterwies den Jungen in der Kunst des Heilens, und die Adlerfeder war dabei das heilige Ritualobjekt.

Ebenso kann die Schamanenkraft aber auch über einen Menschen kommen, ohne daß sie gesucht wird – ja sogar gegen den Willen des Betroffenen. Bei den Washo im Großen Becken hatten Menschen, die von den Geistern zu Schamanen bestimmt worden waren, eine Serie von Träumen, in denen ein Tier oder ein anderer Geist erschien und ihnen anbot, ihr Lehrer zu sein. Lehnten sie dieses Angebot ab, wurden sie so lange mit Krankheiten gequält, bis sie ihr Schicksal annahmen und dann in weiteren Träumen von geheimen Orten, Gesängen und Praktiken erfuhren. Vor allem bei den Völkern im Norden konnte es auf gewaltsame Weise zu einer unfreiwilligen Initia-

Die Initiation des Schamanen

Ein Bericht von unfreiwilliger Initiation zeugt von Todesangst, ein anderer von reiner Freude. So unterschiedlich können die mystischen Erlebnisse derer sein, die zum Schamanen erkoren sind.

Isaac Tens, ein Schamane der Gitksan, erinnerte sich an seine Initiation: „Eines Tages sammelte ich Holz im Wald, als mir eine riesige Eule erschien. Sie krallte sich in mein Gesicht und versuchte, mich hochzuheben. Ich verlor das Bewußtsein. Als ich wieder zu mir kam, lag ich im Schnee, bedeckt von Eis und Blut. Auf dem Weg nach Hause schienen sich die Bäume zu schütteln und über mich zu beugen; große Bäume krochen hinter mir her, als ob sie Schlangen wären. Als ich ins Dorf kam, war mir eiskalt, und ich fiel in Trance. Ich fühlte, wie Fliegen mein ganzes Gesicht bedeckten, und ich dann von einem gewaltigen Wirbel hochgehoben wurde. Man hatte zwei Schamanen geholt, die mich behandeln sollten. Sie sagten, es sei Zeit für mich, ebenfalls Schamane zu werden. Doch ich vergaß ihre Worte wieder.

Dann ging ich wieder einmal in den Wald und schoß eine Eule. Doch als ich sie aufheben wollte, war nichts da, nicht einmal eine Feder. Später, an meinem Angelplatz, hörte ich ein Stimmengewirr, obwohl es menschenleer war. Ich lief davon, aber die Stimmen folgten mir … und ich fiel wieder in Trance. Mein Vater und ein paar Schamanen versuchten, mir zu helfen, doch mein

Ein Zauber-Amulett, aufklappbar und mit einer Eule darin. Dieses Tier stand mit dem Jenseits in Verbindung.

Fleisch schien zu kochen. Mein Körper zitterte, und ich begann zu singen. Die Gesänge kamen nicht von mir, sondern von dem Geist. Dann sah ich viele Vögel und Tiere, Dinge, die niemand sonst sehen konnte. Ich merkte mir die Gesänge, indem ich sie wiederholte."

Doch nicht jede Initiation ist so beängstigend. Der Iglulik-Schamane Aua erinnert sich: „Manchmal begann ich zu weinen, ohne zu wissen, warum. Dann erfüllte mich plötzlich, ohne erkennbaren Grund, eine große, unerklärliche Freude … mitten in einer solchen mysteriösen und überwältigenden Freude wurde ich ein Schamane. Ich konnte nun in einer völlig anderen Weise hören und sehen. Ich hatte das Schamanen-Licht in meinem Gehirn und Körper und konnte durch das Dunkel des Lebens blicken. Dieses Licht war für andere nicht sichtbar, doch es strahlte von mir aus, zu den Geistern der Erde und des Himmels und des Meeres. Sie sahen es, und sie wurden meine Hilfsgeister."

tion kommen. Eine Frau der Iglulik-Inuit namens Uvavnuk trat in einer Winternacht ins Freie und wurde von einem Kugelblitz getroffen, der in ihren Körper eindrang. Bevor sie in Ohnmacht fiel, fühlte sie sich innerlich von einem Geist erleuchtet, der halb Mensch, halb Eisbär war. Alsbald kam sie wieder zu sich und wurde, durchdrungen von dem Geist in ihr, eine große Schamanin.

Auch an der Nordwestküste war die Initiation von Schamanen oft brutal. Nootka-Schamanen bereiteten sich jahrelang auf das Treffen mit einem Geist vor, doch wenn es dann soweit war, konnte es vorkommen, daß sie zusammenbrachen und Blut aus Mund, Nase und Ohren sickerte, ja sogar daß sie auf der Stelle tot umfielen. Die Schamanen der Kwakiutl oder Tsimshian kämpften manchmal mit dem Geist oder „töteten" ihn sogar, um seine Macht zu übernehmen. Auf diese Weise wiederholte jeder Schamane die kosmischen Kämpfe, welche die mythischen Helden am Anfang aller Zeiten zu bestehen hatten.

DIE KRAFT DER RITUALE

Seelenflug, Träume, Visionssuche

Die Taten heroischer Gestalten werden in den Mythen immer wieder neu erzählt. Eine besondere Rolle kommt dabei den Schamanen zu; denn bei ihren Seelenflügen, Träumen und Visionen vollziehen sie diese Taten nach und gewinnen ihnen jedesmal neue Aspekte ab.

Schamanen, die sich auf Seelenflüge begeben, um die Seelen von Menschen zu retten, wiederholen oft die Reisen mythischer Helden. Ein solcher Held ist der Ehemann, der in die Unterwelt hinabsteigt, um seine Frau zurückzuholen, was an den griechischen Mythos von Orpheus und Eurydike erinnert. Eine andere Geschichte erzählt, wie es einem Bella-Coola-Schamanen gelang, seinen Sohn mit einem Seil, das er aus dem Kanu hinabließ, aus dem Meer zu retten, obwohl der Sohn in den Fluten schon zum Skelett geworden war.

Solche Mythen werden erzählt, wenn ein Schamane sich auf den Weg macht, um die Seele eines Kranken zurückzuholen. Die Kämpfe, die er mit feindlichen Geistern bestehen muß, können durchaus die Intensität des Ringens während seiner Initiation erreichen. Bei den Küsten-Salish arbeiten manchmal mehrere Schamanen gemeinsam an der Suche nach dem verlorengegangenen Tierschutzgeist eines Kranken. Sie versammeln sich nachts und stellen sich in Form eines Kanus auf. Zu den Klängen von Trommeln und Rasseln stellt jeder Schamane pantomimisch das Paddeln dar und singt den Gesang seines Schutzgeistes, während seine Seele ins Innere der Erde hinabsteigt.

Bis weit ins 20. Jahrhundert hinein führten die Schamanen der Iglulik-Inuit ein gefährliches Ritual durch, wann immer die Dorfgemeinschaft von Krank-

Newitti, ein Kwakiutl-Dorf auf Vancouver Island in British Columbia, photographiert 1881. An der Nordwestküste war die Tradition des Schamanismus besonders ausgeprägt.

Die Göttin des Meeres

Der Mythos von der Göttin des Meeres Takanakapsaluk – die manchmal auch Sedna (Der Große Eßplatz) genannt wird – erzählt, wie die Inuit mit reichlich Fisch und Jagdtieren versorgt wurden.

Diese Zeichnung eines Inuit-Schamanen zeigt die Göttin des Meeres mit Seetieren, die aus ihren abgetrennten Fingergliedern entstanden.

Ein weitverbreiteter Mythos der Inuit handelt von der Göttin des Meeres und Herrin der Seetiere. Die in einigen Gegenden auch als Sedna oder Takanakapsaluk bekannte Göttin heiratete gegen den Willen ihrer Eltern einen Eissturmvogel. Später war sie von ihrem Ehemann enttäuscht und lief davon. Ihre Eltern retteten sie, aber als der erboste Eissturmvogel ihr kleines Kajak auf dem Wasser entdeckte, schlug er mit den Flügeln und peitschte das Meer auf.

Als die Eltern sahen, daß das Kajak in den Wellen kentern würde, gaben sie der Tochter die Schuld an ihrem Unglück und befahlen ihr, ins Meer zu springen. Die junge Frau flehte um Gnade, doch die Eltern warfen sie über Bord. Als sie sich an die Bootswand klammerte, nahm der Vater ein Messer und schnitt einen Finger nach dem anderen ab.

Der Eissturmvogel begriff, daß seine Frau ertrinken sollte. Da hörte er auf, Sturm zu machen, damit die Eltern sicher heimkehren konnten. Die junge Frau sank zum Meeresgrund hinab, doch ihre Finger wurden als Robbe, Fisch, Wal oder Walroß wieder lebendig.

So wurden durch Sednas Leiden die für die Inuit so lebenswichtigen Tiere erschaffen. Sie alle liefern Fleisch, Tran zum Heizen und zur Beleuchtung in den langen, kalten Wintern sowie Felle als wärmende Kleidung. Die Sünden der Menschen sammeln sich in Sednas Haaren an und verfilzen es, und da sie keine Finger hat, kann sie es nicht kämmen. Wenn ihr Haar verfilzt ist, führt ihr Ärger zu Seuchen und Stürmen, oder sie hält die Robben und die anderen Tiere zurück, von denen das Überleben der Menschen abhängig ist.

heit oder Hunger bedroht war. Da meist die Göttin des Meeres für das Leid verantwortlich war, wurde ein Schamane beauftragt, zum Meeresgrund hinabzutauchen und sie zu beschwichtigen, indem er ihr Haar kämmte. Als Vorbereitung darauf mußte er schweigend hinter einem Vorhang sitzen, nackt bis auf Fellstiefel und Fellhandschuhe. Daraufhin begann er, seine Geister zu Hilfe zu rufen und denen, die kamen, Antworten zu entlocken. Nachdem der Schamane die Erlaubnis von ihnen erhalten hatte, ins Meer hinabzusteigen, rutschte er durch eine Öffnung, die sich im Eis unter dem Haus aufgetan hatte und direkt zum Meeresgrund führte. Seine Stammesgenossen verharrten derweil in Stillschweigen.

Währenddessen mußte der Schamane auf dem Meeresboden eine Reihe lebensgefährlicher Hindernisse überwinden, darunter drei große rollende Steine, die ihn zu erdrücken drohten. Dann trat er in das Haus der Göttin des Meeres und fand sie schmollend an einem Wasserloch, in dem sie die Tiere hielt, die sie nicht ins Meer zurücklassen wollte. Das lange Haar hing ihr über die Augen, verfilzt durch die Sünden der Menschen. Der Schamane legte ihr die Hände auf die Schultern, drehte ihr Gesicht zum Licht und

DIE KRAFT DER RITUALE

Ein Schild, der dem Oglala-Sioux Crazy Horse einst hatte und in der ein feuriges Pferd eine Rolle spielt. Crazy Horse litt Horse geht auf eine Vision zurück, die der berühmte sehr unter dem furchtbaren Schicksal seines Volkes.

kämmte das verfilzte Haar behutsam aus den Augen. In der Sprache der Geister sagte er: „Die dort oben können die Robben nicht mehr an den Vorderflippern hochholen." Sie antwortete: „Die heimlichen Sünden und die Tabubrüche versperren den Tieren den Weg." Dann nahm sie ein Tier nach dem anderen hoch und ließ sie in die Strömung fallen, die durch ihr Haus ins Meer floß. Nun würde es wieder Fleisch geben.

Der Schamane hatte die Göttin des Meeres besänftigt und trat die Rückreise an. Von weitem schon hörte die Gemeinschaft ihn kommen. Mit einem Schrei schoß er hinter dem Vorhang ins Haus hoch. Eine Weile herrschte Schweigen, dann sagte der Schamane: „Worte werden kommen." Da begannen die Anwesenden alles zu gestehen, was auf ihrem Gewissen lastete.

Träume und Visionen

In vielen Indianertraditionen wird die Seelenreise des Schamanen als eine besondere Form der Erfahrung betrachtet, die auch Laien in ihren Träumen machen. Doch während die Seele gewöhnlicher Menschen in den Träumen immerzu umherwandert, reist die Seele eines Schamanen in einer zielgerichteten Art. Man glaubt nicht, daß sich Träume in einem Reich abspielen, das vom Alltagsleben getrennt ist. So sehen etwa die Zuni des Südwestens Träume als Teil eines ewigen Flusses von Ereignissen an. Eine Handlung in einem Traum gilt erst als vollständig, wenn ihr Gegenstück im wachen Leben stattgefunden hat, und viele entscheidende Taten beruhen auf einem vorangegangenen Traum. Auf diese Weise versuchen die Menschen, den Lauf der Ereignisse zu beeinflussen. Haben sie einen guten Traum gehabt, erzählen sie niemandem davon, bis er sich erfüllt hat; ein schlechter Traum dagegen wird mit anderen besprochen, weil man hofft, daß er dann nicht wirklich eintritt.

Zwischen Traum und Vision gibt es keine klare Trennung. So weit verbreitet ist die Sehnsucht, eine Vision zu haben, daß die Visionssuche als wichtigstes gemeinsames Element der indianischen Religionen an-

SEELENFLUG, TRÄUME, VISIONSSUCHE

gesehen wird. So ging bei den Plains-Stämmen jeder mindestens einmal im Leben auf Visionssuche, viele sogar regelmäßig. Die Vision stattete einen Menschen persönlich mit Macht aus, während die Visionen aller Stammesmitglieder zusammengenommen die spirituelle Macht der Gemeinschaft stärkten.

Laien unternahmen manchmal schreckliche Visionssuchen. Bei den Nootka von der Nordwestküste starben einige Visionssucher an den Entbehrungen, die sie sich auferlegt hatten, und bei den Küsten-Salish beschwerten sich die Suchenden mit Steinen und sprangen in tiefes Wasser. Kinder, die sich weigerten, bei solchen Veranstaltungen mitzumachen, wurden geschlagen und bekamen nichts zu essen.

Große Schamanen und Krieger in den Plains hatten Visionen, die die ganze Stammesgemeinschaft betrafen. So verdankt zum Beispiel der berühmte Oglala-Sioux Crazy Horse (Wildes Pferd) seinen Namen einer solchen bedeutsamen Vision, in der er auf einem tänzelnden Pferd durch eine von überirdischem Licht durchflutete Landschaft ritt. In einer anderen Vision erhielt Crazy Horse den Rat, zu Pferde immer seinen Rücken abzuschirmen, wenn er unbesiegbar bleiben wolle. Er wurde ein furchtloser Kämpfer; doch seine Vision erfüllte sich im Bösen, als er vom Pferd stieg und hinterrücks ermordet wurde.

Die Plains-Stämme sehen in der Visionssuche eine Art von Gebet (bei den Sioux als „Klagelied" bekannt), das einen zentralen Platz in ihrem Leben einnimmt. Im Klagelied steht der Mensch demütig vor der „heiligen Macht", Wakan. Visionen werden unter der Anleitung von erfahrenen Älteren gesucht und ihnen später zur Deutung erzählt. Das Ziel ist nicht, sich in Ekstase oder Besessenheit zu versetzen, wie bei den Schamanen der Arktis und Subarktis, sondern einen klaren Blick in die Zukunft zu erhalten.

Die Vision bildet bei den Plains-Indianern die Grundlage der meisten Rituale – zum Beispiel des Sonnentanzes – und gibt in Zeiten traumatischer Veränderungen Halt. Dies wird in der Geschichte des Sioux-Sehers Black Elk (Schwarzer Wapiti-Hirsch) aus dem 19. Jahrhundert deutlich.

Im Alter von fünf Jahren hatte Black Elk eine Vision, in der zwei Männer, mit Donnerstimmen singend, aus den Wolken auf ihn zuflogen. Vier Jahre später kamen Stimmen in einer Vision zu ihm und sagten: „Es ist Zeit! Deine Großväter rufen dich!" Dann erschienen die beiden Männer aus der früheren Vision und nahmen ihn in einen Himmel voll tanzender Pferde mit. Sie gingen durch ein Tor in einem Regenbogen und begegneten den Geistern des Himmels, der Erde und der vier Himmelsrichtungen; alle machten ihm ihre besonderen Fähigkeiten zum Geschenk. Als der junge Black Elk den Erdgeist anblickte, erkannte er sich selbst als alten Mann. Vom Aussichtspunkt eines Berges sah er den heiligen Reifen der Sioux zerbrochen und einen heiligen Baum ohne Vögel, was das zukünftige Elend seines Volkes bedeutete. Doch plötzlich blühte der Baum wieder, und Stimmen erhoben sich zu einem mächtigen Gesang. Später, als sein Volk verfolgt wurde und die Bisons ausgerottet waren, klammerte sich Black Elk an diese Vision. Bis zum Massaker bei Wounded Knee schien der Geistertanz Rettung zu versprechen *(Seite 130)*.

Im hohen Alter blickte Black Elk mit Trauer zurück. Er sah sein Leben als „die mächtige Vision eines Mannes, der zu schwach war, diese zu verwirklichen, und als den Traum eines Volkes, der in blutigem Schnee endete."

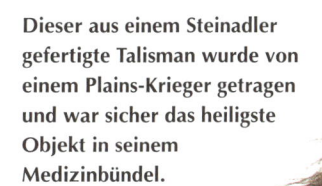

Dieser aus einem Steinadler gefertigte Talisman wurde von einem Plains-Krieger getragen und war sicher das heiligste Objekt in seinem Medizinbündel.

DIE KRAFT DER RITUALE

Geheimbünde

Einige Indianerkulturen verfügen über keine einzelnen Schamanenpersönlichkeiten; die Zeremonien werden von Kultgemeinschaften abgehalten, deren Mitglieder durch ein gemeinsames Ideal oder Ritual miteinander verbunden sind. Da die Durchführung dieser Rituale Eingeweihten vorbehalten ist, handelt es sich um regelrechte Geheimbünde.

Zu den wichtigsten kollektiven Zeremonien gehören die Initiationsriten der Pubertät. Wie mit vielen Riten der nordamerikanischen Völker ist auch mit den Initiationsriten die Sehnsucht des einzelnen verbunden, spirituelle Kraft zu erlangen; deshalb begeben sich in ihrem Verlauf Knaben wie Mädchen auf Visionssuche – eine weitverbreitete Praxis. Darüber hinaus erlangt der junge Mensch durch den Vollzug der Riten die Integration in die Gemeinschaft.

In einigen Kulturen gilt es als unerläßlich, daß Mädchen während der ersten Menstruation von der Gemeinschaft getrennt werden, weil man ihr Menstruationsblut für gefährlich hält. Die Lakota-Sioux beispielsweise sind davon überzeugt, daß die erzwungene Isolation bei Mädchen die gleiche reinigende Funktion hat wie die Schwitzhütte für heranwachsende Knaben.

Die Riten werden von einem Geheimbund vollzogen. Bei den Pueblo-Völkern sind es die Kachina-Bünde, die für die Initiation der Jugendlichen verantwortlich sind. Aber auch andere Kulthandlungen fallen bei den ackerbauenden Pueblo in den Zuständigkeitsbereich der Kachina-Bünde, zum Beispiel die Fruchtbarkeitsrituale.

Medizinbünde entwickelten sich bei den Ackerbauern des Nordostens. Die Huronen der nördlichen Waldgebiete kannten mehrere solcher Bünde, von denen jeder auf die Heilung einer anderen Krankheit spezialisiert war. Die Geheimbünde stellten rituell die Tötung und anschließende Wiedergeburt ihrer Mitglieder dar, um sie mit der Macht des Heilens auszustatten. Ein anderer Medizinbund, der Falschgesichterbund der Irokesen, war nach einem Riesen benannt, der den Schöpfer zu einem Wettstreit herausgefordert hatte, bei dem ein Berg versetzt werden sollte. Dabei fiel der Berg in das Gesicht des Riesen und entstellte es. Da versprach der Riese, zum Wohle der Menschen als Heiler zu wirken. Deshalb tragen die Mitglieder des Falschgesichterbundes bei der Behandlung eines Kranken Masken, die die verzerrten Züge des Riesen darstellen.

Die Verbindung zwischen Kulthandlung und Mythos wird auch in den Ritualen deutlich, die vom Midewiwin-Bund (oder Große Medizingesellschaft) der Ojibwa und Chippewa im Gebiet der Großen Seen durchgeführt wurden. In einem Schöpfungsmythos dieser Völker wird berichtet, wie die ersten Menschen von den Geistern – deren Häuptling Manitu ist – geschaffen wurden und durch eine alle hundert Jahre stattfindende Regeneration ewig leben sollten. Der Trickster Manabozho, der bei der Schöp-

Die Gelenkpuppen aus Holz und Leder stellen eine Geisterfamilie dar. Sie wurden bei den Initiationsriten der Kwakiutl an der Nordwestküste benutzt.

GEHEIMBÜNDE

Eine Kachina-Zeremonie

Kachinas sind Ahnengeister, die in allen Erscheinungsformen der Natur wohnen und wirken. Der Wechsel der Jahreszeiten ist ein Anlaß, zu dem die Kachina-Bünde der Hopi Zeremonien veranstalten, um Kontakt zu den Geistern aufzunehmen, ihnen Respekt zu erweisen und sie günstig zu stimmen.

Die ackerbauenden Pueblo-Völker des Südwestens glauben, daß die regenbringenden Kachina-Geister im Winter von den wolkenverhangenen San Francisco Peaks herunterkommen und sechs Monate in ihren Dörfern verbringen.

Um diesen so wichtigen Zeitpunkt im Zyklus des Pflanzenwachstums richtig zu begehen, findet bei den Hopi eine Mittwinter-Zeremonie statt, die als Powamuy oder Bohnentanz bekannt ist. Mit Powamuy werden die Keimung und das Wachstum der bedeutendsten Nahrungspflanzen wie Bohnen und Mais gefeiert und gleichzeitig die zehn- bis zwölfjährigen Kinder in den Kachina-Kult aufgenommen werden.

Das 16 Tage dauernde Fest beginnt mit dem Aussäen der Samenkörner in feuchten Sandbeeten in einer dampfendheißen Kiva, einem unterirdisch angelegten Kultraum. Dann beginnen Tänze unter der Leitung von Männern – Mitgliedern eines Kachina-Bundes, die als Kachina-Geister verkleidet sind.

Wenn die Samen gekeimt sind, beginnt eine Art Puppenspiel. Vor einem gemalten Hintergrund mit Regen und Blitzen verjagen Gliederpuppen, die Wasserschlangen darstellen, die Sonne; dadurch soll das verfrühte Eintreffen der Dürrezeit verhindert werden. Andere Puppen mahlen Maismehl, das von maskierten Clowns auf die Köpfe der jugendlichen Anwärter gestreut wird. Am letzten Tag des Powamuy werden die Bohnenspößlinge geerntet und durchs Dorf getragen.

Zuni-Frauen im trockenen Südwesten Nordamerikas säen Feldfrüchte in „Waffelgärten" aus. Die Beete sind in kleine Felder eingeteilt, was eine sparsame Bewässerung ermöglicht. Wie die anderen ackerbauenden Pueblo-Völker dieser Region feiern die Zuni die verschiedenen Abschnitte des Vegetationszyklus mit einer Reihe von alljährlich wiederkehrenden Festen.

fung zugegen war, sah zu, wie Manitu Menschen aus Lehm formte, eine harte Muschel auf ihren Kopf legte (was die Dauerhaftigkeit ihres Lebens symbolisierte) und sie mit Leben erfüllte. Die Unsterblichkeit der Menschen war jedoch sofort bedroht, weil einer der Geister – neidisch, daß er nicht an der Schöpfung beteiligt war – einen direkten Weg von der Welt der Menschen in das Reich des Todes öffnete. Da zeigte Manitu Manabozho, wie er sich selbst opfern und durch Rituale wiedergeboren werden könne. Die Midewiwin-Zeremonie erinnert an dieses Ereignis. Kranke oder Anwärter auf die Aufnahme in den Bund werden symbolisch getötet und wiedergeboren, wobei Muscheln auf ihren Körper gelegt werden, durch die Manitu eindringen kann.

Vor allem im Gebiet des oberen Missouri gab es auch Frauenbünde. Bei den Mandan vollzogen die Gänsefrauen und der Weiße-Bisonkuh-Bund die Riten, mit denen die Bisonherden in ihre Territorien gelockt und die Maisernten gesichert werden sollten.

Ein besonders elitärer Geheimbund, dem nur Schamanen und Häuptlinge angehörten, war der Hamatsa- oder Kannibalenbund der Kwakiutl im Nordwesten. Seinen Mitgliedern soll es gestattet gewesen sein, Menschenfleisch zu essen.

DIE KRAFT DER RITUALE

Riten und Tabus der Jagd

Während manche Völker im Nordosten, Südosten und Südwesten hochentwickelte Ackerbaukulturen besaßen, lebten andere überwiegend von der traditionellen Methode der Nahrungsbeschaffung: der Jagd. Diese erforderte eine gewissenhafte Einhaltung der Bräuche; denn Tiere wurden nicht nur als empfindungsfähige Lebewesen betrachtet, sondern man glaubte auch, daß sie sich in Menschen verwandeln konnten – und umgekehrt.

Die Tänzer des Kannibalenbunds der Kwakiutl tragen Masken, die Tiergeister symbolisieren. Die Masken mit langen Schnäbeln stellen Hokhokw dar, ein furchtbares Geschöpf, das die Schädel der Menschen aufhackt und ihr Gehirn frißt (Photo von 1915).

Die fließenden Grenzen zwischen der Welt der Menschen und der Welt der Tiere haben vielfältige Konsequenzen für das Leben der Indianer. In einer Legende der Inupiat von Nordalaska wird erzählt, wie die Seele eines Mannes, der am Strand entlangging, von Geistern entführt wurde, die in einem Boot vorüberfuhren. Seine Seele wurde in einen Wal verwandelt, doch sein Körper blieb den ganzen Winter dort liegen, wo er umgefallen war. Als die Wale auf ihrer Wanderung im Frühjahr am Dorf des Mannes vorbeizogen, kehrte seine Seele in seinen Körper zurück, und er kam wieder zu sich. Dieses Erlebnis war die Initiation des Mannes als Schamane. Was er gelernt hatte, als er mit den Walen lebte, befähigte ihn, die Wale zu überreden, sich von den Dorfbewohnern jagen zu lassen. Andererseits bat er die Wale, die Jagdgründe eines feindlichen Dorfes zu meiden.

Manchmal war das Jagdglück eines Mannes damit zu erklären, daß er eine besonders enge Beziehung zu einem Tier gehabt hatte. In einem Mythos der Mistassini-Cree von Quebec adoptierte ein Bär einen

RITEN UND TABUS DER JAGD

Jungen und teilte mit ihm seine Nahrung aus Stachelschwein, Biber und Rebhuhn. Als der Winter kam, zogen sie sich in das Versteck des Bären zurück. Eines Tages hörte der Bär den Vater des Jungen in der Ferne laut singen; auf diese Weise wollte er seinen Sohn wiederfinden. Der Bär bemühte sich, den Gesang mit seinem eigenen zu übertönen. Als der Winter voranschritt, sang der Vater wieder – diesmal war er schon ganz in der Nähe der Höhle.

Der Bär versuchte vergeblich, den Vater abzulenken, indem er ihm ein paar Jagdtiere, die er in seiner Höhle gehortet hatte, in den Weg warf. Als letztes Mittel legte sich der Bär auf den Rücken, streckte alle Viere in die Luft, um mit den Beinen einen Sturm zu entfesseln – doch alles vergeblich.

Schließlich sah der Bär ein, daß der Vater nicht aufzuhalten war: Er würde sie entdecken. Da biß er sich ein Vorderbein ab und gab es dem Jungen zur Erinnerung, mahnte ihn aber, es gut aufzubewahren. Kurz darauf fand der Vater das Versteck und tötete den Bären. Der Sohn ging mit dem Vater ins Dorf zurück und wurde ein erfolgreicher Jäger, mit einem besonderen Verständnis für die Bären. Sein Geschick erlaubte ihm, sein Volk mit seiner Jagdbeute zu ernähren, und es gelang ihm immer, auch für andere Jäger Bären zu finden.

Die nordamerikanischen Indianer glauben, daß alle Tiere unter der Herrschaft eines Schutzgeistes stehen. Dieser wird entweder als Vater oder Mutter jedes einzelnen Tieres gesehen oder als kollektiver Geist, der die Seelen aller Tiere einer Art umfaßt. Der höchste Geist kann ein Riesentier sein, wie zum Beispiel der Bibergeist, von dem die Montagnais in Quebec glauben, er sei so groß wie eine Hütte. Andere Völker, wie die Mistassini-Cree, bezeichnen die Tiere als „Lieblinge" ihrer Schutzgeister.

Weit verbreitet war die Anschauung, daß Tiere und ihre Geister sich denjenigen Jägern, die sie mit gebührenden Respekt behandelten, freiwillig opferten. Das machte die Dinge allerdings nicht einfacher, weil das Verhalten auf der Jagd mit Tabus beladen war. So galt es zum Beispiel bei den Westlichen Apache als Beleidigung des Hirschgeistes, den Magen eines Hirschs zu kochen oder seine Zunge zu essen. Die Cherokee behaupteten, daß der oberste Hirschgeist jeden erlegten Hirsch frage, ob der Jäger sich bei ihm entschuldigt habe. Falls nicht, spürte der Hirschgeist den Jäger in seinem Tipi auf und strafte ihn mit Rheumatismus. Jäger, die das Gebet nicht kannten, mußten sich vor Verfolgung schützen, indem sie hinter sich ein Feuer entzündeten.

Viele Stämme glaubten, daß jeder Mensch eine besondere Beziehung zu einer Tierart aufbauen konnte, die dann sein Tierschutzgeist wurde, sein Totem. Die Irokesen verboten anderen, Tiere ihrer Totem-Art zu jagen. Diese Einstellung war auch in den Plains verbreitet. Bei den Stämmen des Großen Beckens dagegen war die Jagd erlaubt, wenn die Person beabsichtigte, die Macht des Tierschutzgeistes in sich aufzunehmen. In vielen Regionen war es üblich, sich bei rituellen Tänzen wie sein Tierschutzgeist zu verkleiden, dessen Maske zu tragen oder Teile seines Körpers im Medizinbündel zu bewahren.

Ein von den Inuit aus Holz geschnitzter Wal. Diese Skulptur wurde am Bug eines Jagdkanus angebracht, um die Schutzgeister der Wale anzulocken und gleichzeitig respektvoll zu besänftigen.

Der Jäger, der ein Tier respektierte, behandelte es wie einen Menschen. In einem Mythos der Thompson-(Ntalkyapamuk-)Indianer verlor ein Jäger zwei Geißen, die er verfolgte, aus den Augen, traf sie dann aber in Gestalt zweier junger Frauen wieder. Er heiratete sie, aber sie wollten nicht mit ihm schlafen, weil die Brunftzeit noch nicht begonnen hatte. Als er sich auf den Heimweg machen wollte, versicherten ihm die Geißen, er werde ein erfolgreicher Ziegenjäger sein, vorausgesetzt, er behandele getötete Ziegen mit demselben Respekt wie Menschen. Er dürfe weder Geißen erlegen, denn sie wären seine Ehefrauen, noch Kitze, denn sie könnten seine Kinder sein. Nur

123

DIE KRAFT DER RITUALE

die erwachsenen Böcke, seine Schwager, möge er töten. Doch deshalb brauche er nicht traurig zu sein, denn die Böcke gäben bei ihrem Tod nur den Ziegenteil ihres Wesens auf, während ihr menschlicher Teil lebend nach Hause zurückkehrte.

Der richtige Umgang mit den Knochen spielte ebenfalls eine wichtige Rolle bei der respektvollen Behandlung eines getöteten Tieres. Oft wurden sie wieder zu kompletten Skeletten zusammengesetzt, wobei man sorgfältig darauf achtete, daß jeder Knochen an die richtige Stelle gelegt wurde. So stellte man sicher, daß das Tier, obwohl man es verzehrte, wiedergeboren wurde. Insbesondere Bärenknochen wurden mit größter Achtung behandelt.

Bei den an die Jahreszeiten gebundenen Zeremonien konnte ein einzelnes Tier die ganze Art vertreten. Bei den Hupa in Nordwestkalifornien wurde der erste Fang der wandernden Lachse mit einer großen Kulthandlung begangen. Zur Vorbereitung wurde in einer Schwitzhütte, die den Kosmos symbolisierte, ein Feuer angezündet, das die Schöpfung versinnbildlichte. Den ersten Fisch, den man fing, bereitete man über dem Feuer zu und aß ihn gemeinschaftlich; die Überreste übergab man mit großem zeremoniellen Aufwand wieder dem Meer.

Noch auf viele andere Weisen konnten Jäger und ihre Gemeinschaften vermeiden, eine Tierart oder ihren Schutzgeist zu beleidigen. Inuit-Frauen, die eine Robbe zerlegten, warfen eine Niere oder die Blase ins Meer zurück, als Dank und als Bittopfer, um auch in Zukunft keinen Mangel an Nahrung leiden zu müssen.

Ein schwerer Tabubruch wäre es gewesen, mit seinen Jagderfolgen zu prahlen oder seine Absicht, ein Tier zu töten, schon vor der Jagd kundzutun. In einer Zuni-Legende träumte eine Frau davon, daß sich ein Hirsch ihr anbot. Doch sie erzählte ihrem Mann nichts von dem Traum und gab nur ihrer Hoffnung Ausdruck, er möge auf der Jagd Erfolg haben. Obwohl sie durch ihren Traum sicher war, daß ihr Mann erfolgreich sein würde, wagte sie dies nicht zu sagen. Ebenso mochte ihr Ehemann ihren Traum erraten haben, konnte sie aber nicht bitten, ihn offenzulegen.

Einige Jägergesellschaften wie die Stämme der Plains und der Großen Seen verwendeten das Bild der Glücklichen Jagdgründe, um ihre Vorstellung von einem Jenseits als Belohnung für ein gut geführtes Leben auszudrücken. Ein Mythos der Seneca zeigt, wie jenes Reich mahnend ins Diesseits hineinwirkte. Ein Trickster namens Unglücksbringer ärgerte sein Volk ständig mit seinen heimtückischen Scherzen. Eines Tages wurde er auf einer Rauchsäule davongetragen und landete in einem Land voller schöner Menschen, mit Feldern voller Bohnen und Kürbissen. In den Zelten hing Bären- und Hirschfleisch. Nachdem er dort glücklich und zufrieden hundert Jahre lang gelebt hatte, wurde er vom höchsten Herrn des Reiches mit dem Auftrag nach Hause geschickt, seinem Volk zu erzählen, was er gesehen hatte.

Der Trickster änderte seinen Namen Unglücksbringer in Friedensbringer und berichtete den Seneca, daß der Große Geist sie leiten und schützen würde, wenn sie rechtschaffen lebten und das Böse mieden: „Es sind Geister in den Kürbissen und Bohnen, Geister im Wasser, im Feuer und in allen Bäumen und Beeren. Vergeßt nicht, dem Großen Geist für alles zu danken, werft Tabak ins Feuer als Opfergabe, dann werdet ihr nach eurem Tod in die Glücklichen Jagdgründe eingehen und in alle Ewigkeit jagen und fischen."

Solche Inukshuks – Menschenskulpturen aus aufgeschichteten Steinen – wurden von den Iglulik-Inuit im Norden Kanadas errichtet, um Einfluß auf die Wanderungen der Karibus zu nehmen.

RITEN UND TABUS DER JAGD

Die Hochzeit mit einem Tiermädchen

Die Verbindung eines Menschenmannes mit einem Tiermädchen – oft ist es die Tochter des „Meisters", des höchsten Schutzgeistes einer Tierart – ist das Thema vieler Mythen. Solche Hochzeiten zwischen Mensch und Tier sind der unumstößliche Beleg dafür, daß zwischen einer Tierart und der Jägergemeinschaft, deren Beute und Hauptnahrungsquelle sie darstellt, eine harmonische Beziehung besteht.

In einem Mythos der Mistassini-Cree von Quebec heiratete ein Jäger ein Karibu-Mädchen und lernte von ihm, die Wirklichkeit mit den Augen eines Karibus zu sehen. Während andere Jäger in einem erlegten Karibu nur ein Tier sahen, das tot umgefallen war, konnte er wahrnehmen, wie sein Geist davonlief und sein Kadaver als weiße Hülle zurückblieb.

In einem Pawnee-Mythos wollte ein Jäger gerade eine Bisonkuh an einem Wasserloch töten, da zeigte sie sich ihm als schöne junge Frau. Er verliebte sich in sie und schenkte ihr eine Kette aus blauen und weißen Perlen. Sie heirateten und schlugen gemeinsam ihr Lager auf.

Eines Tages, als der Jäger heimkam, war seine Frau verschwunden. Vergeblich suchte er sie und kehrte dann traurig zu seinem Stamm zurück. Später traf er einen kleinen Jungen, der ein Halsband aus blauen und weißen Perlen trug. Er erkannte in dem Jungen seinen Sohn, und dieser nahm ihn mit in das Land der Bisons. Die Bullen waren argwöhnisch und verlangten, er müsse mehrere schwierige Aufgaben lösen, darunter auch die, seine eigene Frau unter den Kühen herauszufinden.

Der Jäger bestand alle Tests, und die Bisons nahmen ihn in ihre Herde auf. Nach einer Weile ging er mit seiner Frau fort, damit sie seinen Stamm kennenlerne, doch als sie im Dorf ankamen, fanden sie die Menschen halbverhungert vor. Um zu helfen, erlaubten die Bisons den Pawnee, sie zu jagen. Der Sohn des Jägers ging in Gestalt eines gelben Bisonkalbs mit der Herde, und der Jäger ermahnte die Pawnee, nie auf das Kalb zu schießen, denn sonst würde niemand die Herde zu ihnen zurückführen können. Doch der Sohn sagte: „Nein, opfert mich dem Großen Geist Tirawa Atius. Jedes Jahr wird ein neues Kalb da sein. Gerbt meine Haut und wickelt damit ein heiliges Bündel ein, das eine Maisähre und ein Stück Fleisch enthält. Ruft in der hungrigen Jahreszeit das gelbe Kalb an, damit es die Herde zurückführe, und fügt in jeder Jagdsaison dem Bündel ein neues Stück Fleisch hinzu."

Tanz nach erfolgreicher Bisonjagd (Lederbild der Shoshone). Die Plains-Stämme pflegten eine besondere, spirituelle Beziehung zu diesem lebenswichtigen Tier.

DIE KRAFT DER RITUALE

Der Sonnentanz

Zur Feier der Erneuerung der Erde wurde zu Beginn des Sommers von vielen Völkern der Plains und des Nordostens der Sonnentanz veranstaltet. Während die Sioux diese Zeremonie jedes Jahr praktizierten, wiederholten andere Stämme sie nur alle zwei bis drei Jahre. Der Sonnentanz unterschied sich von Stamm zu Stamm, was sich durch die verschiedenen Mythen erklärt.

Der Sonnentanz war eine wichtige Zeremonie, zu der Fasten, Festmahle, Sportspiele und Krankenheilungen gehörten. Sie konnte bis zu zwei Wochen dauern. Die Teilnehmer baten die Geister, sie und ihre Familien zu schützen. Bei der Great Sioux Nation stand im Mittelpunkt des Tanzes eine viertägige Phase, in der junge Männer für sich selbst und für ihren Stamm geistige Macht zu erlangen suchten, indem sie mit Holzpflöcken im Fleisch tanzten. Diese wurden durch Brust, Rücken und Schultern gebohrt und an dünnen Lederriemen an einem Mittelpfahl befestigt. Jeder Mann tanzte stundenlang um den Pfahl und lehnte sich dabei nach hinten, damit die Riemen sich spannten und an den Wunden zerrten. Nach vielen Stunden riß er sich die Pflöcke aus dem Fleisch und fiel erschöpft in Trance zu Boden. Manche Sonnentänzer zogen an diesen Holzpflöcken auch Bisonschädel um den Festplatz.

Dieser Kopfschmuck wurde von der tugendhaften Federfrau beim Sonnentanz der Blackfoot getragen. Die Blackfoot-Indianer führen den Ursprung der Zeremonie auf Federfraus Liebe zu Morgenstern zurück.

Stunden- und tagelang tanzten die Krieger, die Augen auf die Sonne gerichtet. Wer daran teilgenommen hatte, genoß hohes Ansehen, vor allem bei den Sioux, und Krieger der Oglala zeigten für den Rest ihres Lebens stolz ihre Sonnentanznarben, die sie als besonders tapfere Männer auswiesen.

Obwohl der Sonnentanz ursprünglich abgehalten wurde, um die Fruchtbarkeit der Bisonherden und das Kriegsglück zu sichern, war seine Bedeutung nicht auf Jagd oder Kampf beschränkt. Vielmehr war das Ritual eine grundlegende Form der Religionsausübung, in der sich ein Mensch für die Erneuerung der Welt als Opfer darbot. Die Selbstkasteiung war ein bedeutender Teil der Zeremonie, weil sie, insbesondere in den Plains, die Unterwerfung unter den Großen Geist bedeutete, wobei der Mensch das Wichtigste gab, was er dem Großen Geist bieten konnte: seinen Körper.

Der Sonnentanz scheint sich sehr langsam entwickelt zu haben. Wie die Midewiwin-Zeremonie der Ojibwa und die Medizin-Zeremonie der Winnebago ist er möglicherweise entstanden, um den Zusammenhalt des Stammes angesichts zweier Jahrhunderte weißer Aggression zu stärken. Seine Ursprünge und Formen sind in einem reichen Mythenschatz erklärt.

Ein Mythos der Blackfoot verleiht dem Tanz einen himmlischen Ursprung. Ein junges Mädchen namens Federfrau schlief in einer Sommernacht im Freien und wachte kurz vor Morgengrauen auf. Sie war gefesselt von der Schönheit des Morgensterns, der ein junger Mann war. Morgenstern erwiderte ihre Liebe, und zusammen kletterten sie auf dem Faden eines Spinnennetzes in den Himmel. Morgensterns Mutter, Mond, und sein Vater, Sonne, hießen Federfrau willkommen. Lange lebte sie mit ihren Mann im Himmel und schenkte ihm einen Sohn, Sternenknabe.

Eines Tages erhielt Federfrau von Schwiegermutter Mond ein Werkzeug zum Ausgraben von Wurzeln, wurde aber zugleich gewarnt, daß sie auf keinen Fall die in der Nähe wachsende, große Rübe ernten dürfe. Doch schon bald siegte die Neugier, und Federfrau grub die Rübe aus. Wie sich zeigte, war die Rübe der Stöpsel des Loches, durch das sie in den Himmel ge-

DER SONNENTANZ

klettert waren – von der Erde aus gesehen war es der Polarstern. Federfrau sah nach unten, entdeckte ihr Dorf und bekam Heimweh. Als Schwiegervater Sonne morgens zurückkehrte, wurde er zornig und befahl Federfrau fortzugehen. Als Abschiedsgeschenk gab Morgenstern ihr eine heilige Haube und ein Kleid aus Hirschleder, Dinge, die nur von einer reinen Frau getragen werden dürfen. In großer Trauer ließ er sie und ihren Sohn durch das Loch zur Erde hinunter.

Bald danach starb Federfrau und ließ Sternenknabe als arme Waise zurück. Die Kinder verlachten ihn, und später verhöhnte ihn die Frau, die er liebte, weil er eine geheimnisvolle Narbe im Gesicht hatte. Eines Tages erfuhr er von einer alten Schamanin, daß ihm der Makel von seinem Großvater, Sonne, zugefügt worden war. Da packte ihn große Sehnsucht, Sonne zu besuchen. So wartete er am Ufer des westlichen Meeres bis Sonnenuntergang, und als auf dem Wasser ein Lichtstrahl erschien, reiste er auf ihm zu Großvater Sonne hoch. Sonne war zunächst verärgert über den Besuch, versprach Sternenknabe dann aber: „Geh zurück zu den Blackfoot und sage ihnen, daß ich ihre Kranken heilen werde, wenn sie jedes Jahr zu meinen Ehren ein Fest veranstalten." Sternenknabe kehrte zur Erde zurück und gab den Auftrag, einen Sonnentanz zu veranstalten, weiter.

Die Cheyenne begründen ihren – ganz ähnlichen – Sonnentanz mit einem anderen Mythos. Darin wird von einer Hungersnot berichtet, unter der sie zu leiden hatten. Die Früchte des Feldes verdorrten, die Tiere starben. Da beschloß ein junger Mann namens Raschelnder Mais, eine Wallfahrt zu einem heiligen Berg zu unternehmen. Heimlich überredete er die schöne Frau des Häuptlings, ihn zu begleiten. Doch auf keinen Fall wollte er mit ihr schlafen, bevor sie ihre Aufgabe erfüllt hatten. Auf dem Berg wurden sie von Donnergeist und dem Gott Mayun empfangen, die ihnen genaue Anweisungen gaben, wie der

Eine Cheyenne-Sonnentanzfeier. Ein Tänzer hängt – mit Lederriemen befestigt – an einem Baum, der im Zentrum der Sonnentanzhütte steht. An seinem Oberkörper sind Bisonschädel befestigt, die sein Eigengewicht noch erhöhen.

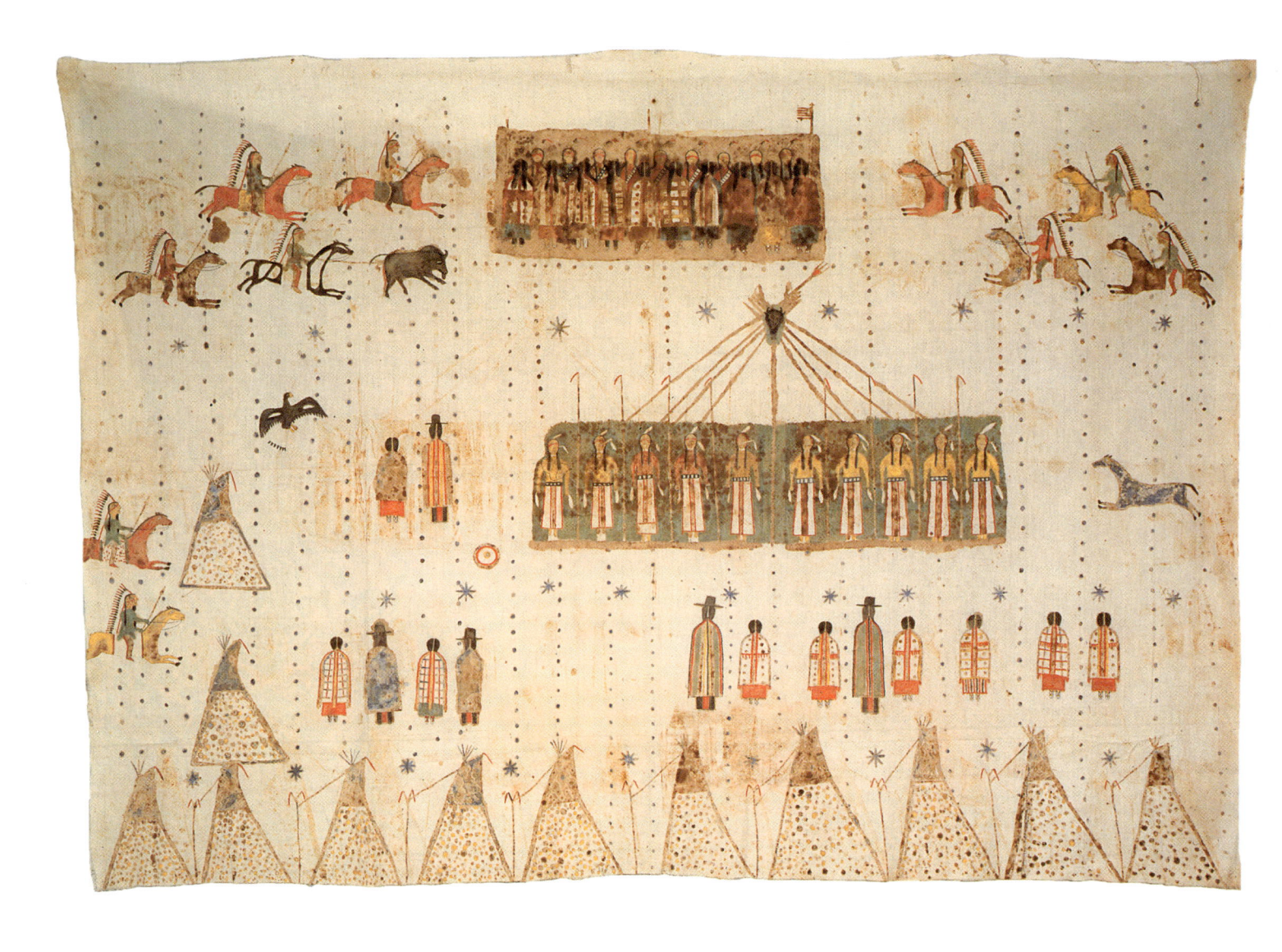

Ein Musselin-Zeltüberhang der Cheyenne mit einer Darstellung der Sonnentanz-Zeremonie. Vor einer Reihe von Tipis sind Frauen und Kinder als Zuschauer abgebildet. In einem Zelt, das für dieses Ereignis um einen in der Mitte stehenden Baum errichtet wurde, haben sich die Teilnehmer zum Tanz versammelt.

Sonnentanz auszuführen war. Mayun gab Raschelndem Mais einen Kopfschmuck aus Bisonhaut, an dem zwei Hörner befestigt waren, und verlieh ihm den Namen Aufrechte Hörner („Tomtivsi"). Dann sagte Mayun ihm: „Befolge meine Anweisungen ... und alle Himmelskörper werden sich bewegen. Brüllender Donner wird wach werden, Sonne, Mond, Sterne und Regen werden Früchte aller Art hervorbringen ... Trage diese gehörnte Bisonfellhaube, wenn du die Zeremonie, die ich von dir verlange, ausführst. Dann wirst du Macht über die Bisons und alle Tiere haben."

Die Pilger kehrten heim, und unterwegs sahen sie, wie die Erde zu neuem Leben erwachte. Aufrechte Hörner unterwies die Cheyenne in den Ritualen des Tanzes, und die heilige Bisonfellhaube wurde von Generation zu Generation weitergereicht.

Jeder Bestandteil dieses Mythos ist im Sonnentanz der Cheyenne dramatisiert. Das Gelübde, die Zeremonie auszurichten, wird von einer Person oder Gemeinschaft in einer Notlage – entsprechend der ursprünglichen Hungersnot – abgelegt. Die Frau des Sonnentänzers hat die Rolle der mythischen Gefährtin von Aufrechte Hörner inne, und das Paar darf nicht miteinander schlafen, bis der Tanz vorbei ist. Priester, die das Zeremoniell leiten und zuvor selbst Sonnentänzer waren, stellen Mayun und Donnergeist dar.

DER SONNENTANZ

Weiße Bisonfrau

Die Stämme der Plains betrachteten den Bison als Mittler zwischen ihnen und dem Schöpfer. Es war ein Bison in Menschengestalt, der ihnen viele wichtige Riten brachte, darunter den Sonnentanz.

Ein Mythos der Lakota-Sioux erzählt, wie der Große Geist, Wakan Tanka, einst eine schöne, in ein weißes Gewand gekleidete Frau zu ihnen sandte.

Die Frau brachte eine zweiteilige Pfeife mit, die sie den Sioux als heiligen Gegenstand gab, mit der Erklärung, sie verkörpere, wenn sie zusammengesetzt sei, das ganze Universum. Der runde Pfeifenkopf bedeute die Erde und alle Geschöpfe, während der hölzerne Stiel, der aus dem Kopf rage, eine direkte Verbindung zwischen der Erde und dem Himmel symbolisiere. Auch ihr Rauch erfülle eine doppelte Aufgabe, denn er trage die Gebete zu den Geistern der Ahnen hoch und vermittle den Pfeifenrauchern Stärke. Nachdem sie den Sioux die Pfeife überreicht hatte, verwandelte sich die Frau in ein weißes Bisonkalb und verschwand.

Außer der heiligen Pfeife schenkte Weiße Bisonfrau den Sioux noch sieben Riten, die in ihrer Religion eine zentrale Rolle spielen. Dazu gehörten die Visionssuche, die Reinigungsriten in der Schwitzhütte, die Bestattungsriten, die sicherstellten, daß die Seele des Verstorbenen zum Großen Geist zurückkehre, anstatt als Geist auf der Erde zu weilen, die Mädchenpubertätsriten und der Sonnentanz.

Eine andere Legende verlegt den Ursprung des Sonnentanzes in eine viel spätere Zeit als den der anderen Riten. Demnach wurde die Zeremonie eingeführt, weil die Sioux ihre Achtung für die heilige Pfeife vernachlässigt hatten. Ein Mann namens Kablaya hatte eine Vision über eine neue Gebetsform, die die Stärke und den Glauben des Stammes wiederherstellen würde. Das war der Sonnentanz.

Eine Seite aus einer kalenderartigen Stammesgeschichte („Winter Count") der Brulé-Sioux zeigt Weiße Bisonfrau in einem Kreis von Tipis. Die heilige Pfeife ist über dem Tier abgebildet.

Die Teilnehmer werden kollektiv als „die, die ins Leben zurückbringen" bezeichnet.

Im 19. Jahrhundert geriet die Plains-Kultur durch die Landnahme der weißen Siedler zunehmend unter Druck. Im Sonnentanz sah die US-Regierung eine Keimzelle des Widerstands, vor allem bei den Sioux, und verbot ihn 1881. Dies war ein schwerer Schlag für die Indianer, denn ohne den Sonnentanz konnte sich nach ihrem Glauben die Welt nicht erneuern. Einige praktizierten ihn darum im verborgenen weiter, während sich andere einer neuen Zeremonie zuwandten, dem Geistertanz *(Seite 130)*. Als auch diese Bewegung 1890 zerschlagen wurde, verlagerten Schamanen der Shoshone und Ute den Schwerpunkt des Sonnentanzes auf die Krankenheilung.

Andere Stämme führten eine abgemilderte Form des Sonnentanzes für Touristen auf, wobei der lange Lederriemen nicht mehr an Pflöcken im Fleisch, sondern an einem umgeschnallten Gurt befestigt war. Erst 1934, als der Indian Reorganization Act den Indianern wieder mehr Selbstbestimmung zubilligte, wurde das Verbot der Selbstverletzung aufgehoben. Es kam zu einem Wiederaufleben in den 60er Jahren, als die Indianer sich verstärkt für ihre kulturelle Identität einsetzten. Heute ist der Sonnentanz wieder ein wichtiges, weitverbreitetes religiöses Ereignis.

DIE KRAFT DER RITUALE

Geistertänzer und Peyote-Kult

Religiöse Erneuerungsbewegungen entstanden in den indianischen Kulturen bereits seit dem 17. Jahrhundert als Reaktion auf das Vordringen der Europäer. Viele dieser Bewegungen hatten eine moralische Dimension – und das macht ihre Tragik aus. Sie erklärten das Leiden der Indianer nämlich als Strafe für schlechtes Verhalten und versprachen neues Glück durch Reue.

Erweckungsbewegungen konnten die Form von friedlichem Abweichlertum oder von heftiger Konfrontation annehmen. Eine der friedfertigen Sekten war die Ganeodiyo-Bewegung („Gute Botschaft"), die im Jahre 1799 von dem Seneca-Medizinmann Handsome Lake begründet wurde. Ganeodiyo forderte die Rückkehr zur althergebrachten Lebensweise und gebrauchte dabei die christliche Form des Gebets. Andere Bewegungen gingen mit Gewalt gegen die Weißen vor; so führte der Shawnee-Prophet Lalawethika 1805 einen Aufstand an.

In den Jahren 1889–1890 waren die Stämme des Großen Beckens und der Plains am Ende: Es gab keine Bisons und praktisch keine freien Indianer mehr. In dieser verzweifelten Lage schlossen sich viele der Geistertanzbewegung an. Diese mystische Bewegung, die es seit 1870 gab und Erlösung vom Elend versprach, wurde nun von Wovoka, einem Propheten der Paiute, angeführt. In einer Vision hatte der Große Geist Wovoka verheißen, daß ihre Vorfahren („Geister") zurückkehren und die alten Zeiten zurückbringen würden, wenn die Indianer unermüdlich den traditionellen Rundtanz tanzten. Die Geistertänzer tanzten und sangen tagelang, bis sie schließlich zusammenbrachen und in Visionen ihren Ahnen begegneten.

Wovokas Bewegung wurde erst gewalttätig, als die benachbarten Plains-Stämme mit ihrer stolzen Kriegertradition sie ebenfalls übernahmen. Viele waren fasziniert von dem Versprechen, daß die Bisons, die gerade millionenfach von den Weißen hingeschlachtet worden waren, zurückkehren und die weißen Eindringlinge vertreiben würden. Die Bewegung fand 1890 ihr tragisches Ende, als US-Truppen ein Lager der Lakota-Sioux bei Wounded Knee in South Dakota überfielen. Die Überzeugung der Geistertänzer, daß ihre Kulthemden kugelsicher seien, wurde ihnen zum Verhängnis: Sie wurden erbarmungslos massakriert.

Diese Geistertanz-Trommel der Pawnee (um 1890) zeigt Donnervogel, den altvertrauten Geist, der während des Rituals angerufen wurde.

Nach dem Untergang des Geistertanzes brachte die Einrichtung von Reservaten die Indianergruppen einander näher und förderte die Ausbreitung anderer panindianischer Bewegungen. Die wichtigste war der Peyote-Kult, der in den 80er Jahren des 19. Jahrhunderts in Mexiko entstand. Die Bewegung verbot den Genuß von Alkohol und propagierte statt dessen die halluzinogene Wirkung von Peyotl, dem im Kaktus *Lophophora williamsii* enthaltenen Rauschgift Meskalin. Der Peyote-Kult vereinte vielfältige indianische und christliche Glaubensvorstellungen. Aus diesem Grund und weil er jedem ohne komplizierte geistige Disziplin, nur durch die Einnahme des Halluzinogens, Visionen ermöglichte, lehnten ihn viele Traditionalisten ab. Dennoch hielt sich der Kult; er wurde 1918 in Native American Church umbenannt (von deutschen Autoren als „Amerikanische Eingeborenenkirche" übersetzt) und breitete sich nach dem Erlöschen des Geistertanzes in den Plains aus. Heute hat er im Mittelwesten und Südosten nach eigenen Angaben 250 000 Anhänger.

Ein Geistertanzhemd, mit magischen Symbolen bestickt. Die Geistertänzer beschworen in ihren Tänzen die Geister der Ahnen – sie sollten angesichts der übermächtigen Bedrohung durch den Weißen Mann die alten Zeiten zurückbringen. Sie glaubten, daß die heiligen Hemden sie unverwundbar machten – ein tragischer Irrtum, wie das Massaker von Wounded Knee zeigen sollte.

BILDER EINER VERSUNKENEN WELT

Seit Europäer den nordamerikanischen Kontinent erforschten, schilderten die Künstler unter den Forschungsreisenden die Ureinwohner der Neuen Welt. All ihre Bilder bezeugen das anteilnehmende Interesse an den Indianern, aufrichtig bestrebt, die Menschen und ihre Lebensumstände wirklichkeitsgetreu wiederzugeben. Alles war von Bedeutung: Kleidung, Behausungen, Stammesunterschiede und die Methoden der Jagd und des Fischfangs. Diese frühen Bildberichte geben uns heute eine Vorstellung davon, wie die Indianer in jenen Zeiten lebten – bevor ihren Kulturen, ihren Religionen und ihrer nackten Existenz durch die Weißen katastrophaler Schaden zugefügt wurde.

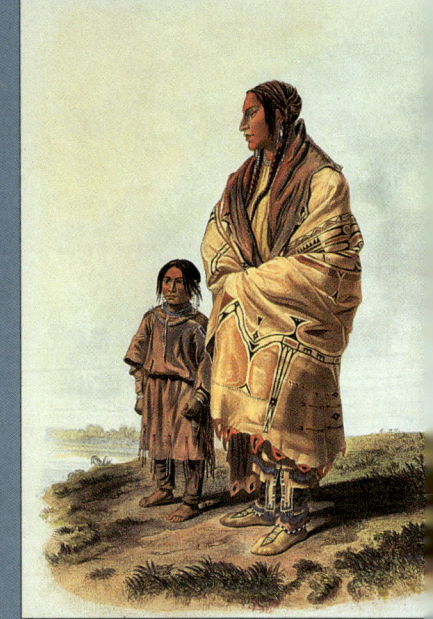

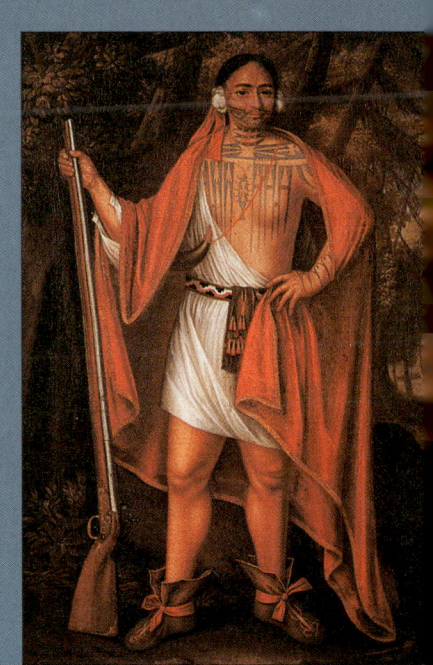

Oben: Der Engländer John White, der Amerika im Jahre 1586 besuchte, war einer der ersten Maler, die das Leben der Indianer dokumentierten. Dieses Aquarell zeigt das Dorf Pomeiooc, Virginia. Es war eines von 23 Bildern, die White für ein Buch von Sir Walter Raleigh malte, den Gründer der englischen Kolonie Virginia.

Indianer in North Carolina fischen mit Speeren, Netzen und Fischfallen; ein Aquarell von John White aus dem Jahre 1587 *(links)*. Der Kupferstich *(unten)* zeigt einen Ureinwohner von Virginia. Er entstammt *Hollar's Foreign Portraits* von Wenceslas Hollar (1607–1677). Da der Maler nie Amerika besuchte, war sein Modell vermutlich ein deportierter Indianer.

Der Maler Karl Bodmer, der mit dem Prinzen zu Wied 1832 bis 1834 von Deutschland aus eine Forschungsreise in „das innere Nord-America" unternahm, porträtierte diese Dakota-Frau mit einem Assiniboin-Mädchen *(gegenüber, oben)*. Die Indianer selbst waren von Bodmers Kunst sehr angetan. Sie sagten, „Bodmer könne sehr richtig schreiben, da sie keinen besonderen Ausdruck für ‚zeichnen' haben", berichtete der Prinz zu Wied. *Gegenüber, unten:* J. Verelests Gemälde aus dem 18. Jahrhundert zeigt den stolzen Häuptling der Mohawk, Sa-Ga-Yeath-Qua-Pieth-Ton.

Rechts: Makah von der Nordwestküste in ihren prachtvollen Kriegskanus. Paul Kane (1810–1871) fertigte für die Hudson Bay Company viele solcher Bilder vom Stammesleben in Kanada an.

DAS VERMÄCHTNIS DER INDIANER

Nordamerika ist ein Kontinent, der von Neuankömmlingen in Besitz genommen wurde und dessen Ureinwohner nur knapp der Ausrottung entgangen sind. Die Weißen setzten ihre Ziele rücksichtslos durch und ließen den Indianern und ihrer Kultur wenig Chancen. So ist es ein wahres Wunder, daß die körperlich und geistig verelendeten Überlebenden zu einer erstaunlichen Kraft zurückgefunden haben – ja daß sie dort, wo „moderne Denkweisen" in Sackgassen geraten sind, neue Impulse geben können.

Die Einstellung der Indianer ihrer natürlichen Umwelt gegenüber wird bestimmt von der allen Stämmen gemeinsamen Überzeugung, daß die Erde, die bereits lange vor der Ankunft der Menschen existierte, ein Bewußtsein ihrer selbst hat. Und sie glauben, daß jeder Mensch ein Gefühl der Zugehörigkeit und der historischen Kontinuität gewinnt, wenn er sich vertraut macht mit dem Ort, an dem er lebt und an dem seine Vorfahren gelebt haben und gestorben sind. Vergangenheit und Gegenwart sind verbunden durch den ständigen Bezug auf Ereignisse, die an einem bestimmten Ort stattfanden, und bilden einen gemeinsamen Fundus. Wie der zeitgenössische Pueblo-Schriftsteller Leslie Marmon Silko einmal sagte, scheint es, als ob das Land selbst die Geschichten erzähle. Mythen über den Ursprung der Welt, Legenden von den Vorfahren und persönliche Erinnerungen aus dem eigenen Leben fließen ineinander über.

Als ein Tlingit-Mann, der im Zweiten Weltkrieg auf fernen Kriegsschauplätzen bei der Armee gedient hatte, endlich zurückkehrte, sang ihm seine Mutter ein Lied vor, das von den Abenteuern Kaakha'achgooks berichtet, eines berühmten Vorfahren der Tlingit. Trotz böser Omen, die es angeraten erscheinen ließen, zu Hause zu bleiben, mußte sich Kaakha'achgook auf die Jagd nach Meeressäugern begeben, da seine Frauen nichts zu essen hatten. Er kam vom Kurs ab und wurde auf eine kleine Insel verschlagen. Dank genialer

Ein Plakat aus den 80er Jahren des 19. Jahrhunderts, das die „Wild West Fair" im Madison Square Garden in New York ankündigt. Diese von dem ehemaligen Jäger William Cody („Buffalo Bill") inszenierte Show vermittelte eine sehr romantisches Vorstellung vom Leben in den Plains. Cody respektierte die Werte der Indianer und bewog den Lakota-Häuptling Sitting Bull, bei ihm aufzutreten. Doch sein Spektakel trug dazu bei, ein Bild von den Indianern zu prägen, dessen gönnerhafte Schönfärberei und Trivialität für die nächsten hundert Jahre bestimmend bleiben sollten.

Das fremde Christentum

Seit Beginn der Landnahme raubten die Weißen den Indianern nicht nur das Land, sondern zerstörten auch ihre Glaubenswelt. Es gab handfeste Gründe für die Indianer, sich zum Christentum zu bekennen: um Handelskonzessionen oder Beistand gegen Feinde zu erlangen.

Obwohl das Christentum Aspekte aufwies, die den Indianern vertraut waren, überwog die Fremdheit. Die christliche Vorstellung vom Himmel widersprach der ganzheitlichen Weltsicht der Indianer, und die erzwungenen Taufen stand im Gegensatz zu ihrer Auffassung, daß die Zwiesprache mit dem Göttlichen aus freiem Entschluß gesucht werden müsse.

Doch die Willensstärke und Leidensfähigkeit christlicher Märtyrer erinnerte sie an die Helden ihrer eigenen Kultur, und im Element des Abendmahls fanden sie den Gedanken der Selbstopferung wieder, der sie bei der Visionssuche leitete und Zeremonien wie den Sonnentanz bestimmte.

Während die Indianer viele Elemente des Christentums in ihre Glaubensvorstellungen aufnahmen, verschlossen sich die Christen der Religion der Indianer. Kirche und Regierung zwangen sie, ihre heiligen Objekte zu vernichten, und der US Code of Religious Offences aus dem Jahre 1883 schränkte die Religionsausübung ein, indem er zahlreiche wichtige Riten verbot. Zu derselben Zeit wurden in Kanada die Potlatch-Zeremonien der Nordwestküsten-Völker untersagt.

Die Madonna, 1675 von einem Pueblo-Indianer gemalt. Das Lederbild bezeugt den Einfluß spanischer Missionare.

Kniffe, die er ersann, gelang es ihm zu überleben; doch als er endlich in sein Land zurückkehrte, hatte er Schwierigkeiten, mit all den Veränderungen zurechtzukommen, die während seiner langen Abwesenheit eingetreten waren. Indem die Soldatenmutter dieses Lied sang, gedachte sie nicht nur der Entbehrungen, die ihr Sohn erlitten hatte, sondern bereitete ihn auch auf die Probleme vor, mit denen er bei seiner Anpassung an das bürgerliche Leben konfrontiert sein würde.

Die traditionellen Geschichten der Apache des Westens dienen dazu, identitätsstiftende Werte an künftige Generationen weiterzugeben. Kinder, die die mit ihrem Heimatland verbundenen Geschichten nicht kennen, haben „das Land verloren" und werden es in ihrem späteren Leben schwer haben. Bei ihren Bemühungen, Kinder durch das Erzählen von Geschichten zu erziehen, achten die Apache stets darauf, die Handlung und den Schauplatz der Geschichten auf die Situation des Kindes zu beziehen.

Vom Mythos zur Literatur

Die traditionellen Kunstformen der Indianer, wie das Geschichtenerzählen und der Tanz, werden heute, etwa auf der Theaterbühne, oft in ein modernes Idiom übersetzt. So erreichen sie nicht nur ein breites Publikum, sondern tragen auch dazu bei, eine pan-indianische Identität zu schaffen. Zugleich sind viele Schriftsteller bestrebt, die Kluft zwischen der Kultur der indianischen und der weißen Amerikaner zu überbrücken. So bemühen sie sich, in ihren englisch geschriebenen Dichtungen den Rhythmus der ursprünglichen Sprache zu bewahren – ein schwieriges Unterfangen, da die mündliche Überlieferung sich der Übertragung in das geschriebene Wort widersetzt. In einer Geschichte der Washo aus dem Jahr 1910 wird erzählt, wie ein künftiger Schamane, der an einer geheimnisvollen Krankheit litt, von seinem Onkel geheilt wurde: Dieser zog ein Stück bedrucktes Papier aus dem Kopf des Patienten und sagte ihm, er sei da-

DAS VERMÄCHTNIS DER INDIANER

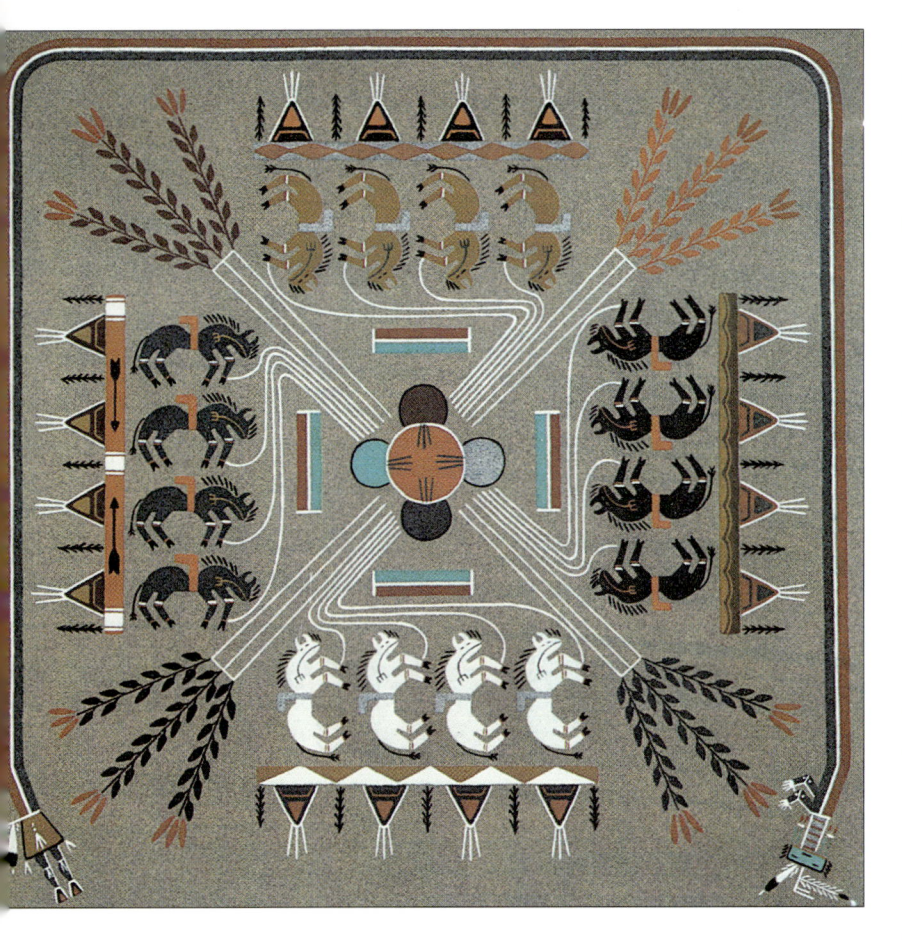

Das Sandgemälde *Homes of the Buffalo People* (1979) von dem Navajo-Künstler Herbert Ben dem Älteren. Die Sandmalerei ist eine der heute noch lebendigen Kunstformen der Indianer.

durch erkrankt, daß er Bücher gelesen habe, die der Welt der Weißen angehörten. Im Gegensatz dazu schreibt der zeitgenössische Indianerdichter Duane Niatum, daß ein Schriftsteller seiner ethnischen Herkunft „lernen muß, sich den vielen Facetten der englischen Sprache gegenüber zu öffnen – wie ein Schamane sich den Gesängen gegenüber geöffnet hat, mit denen er vor tausend Jahren Kranke heilte".

Seit den 60er Jahren unseres Jahrhunderts beschäftigen sich mehrere bedeutende Romane mit diesem Thema, so *House Made of Dawn* von N. Scott Momaday, das den Pulitzer-Preis gewann, *Ceremony* von Leslie Marmon Silko und *The Death of Jim Lonely* von James Welch. Sie alle beschreiben eine Konfliktsituation, die dadurch gegeben ist, daß ihre Hauptgestalten – wie die Autoren – Mischlinge sind und sich zwischen einem Leben im Reservat und der Großstadt entscheiden müssen. Sie lösen diesen Konflikt durch den Entschluß, ihre Verbindung mit dem Land und den alten Stammestraditionen wieder aufzunehmen. Für alle Autoren war der Akt des Schreibens eine Erfahrung, die sie zurückführte zu den Wurzeln ihrer eigenen Vergangenheit.

Das Erzählen von Mythen und Geschichten ist Teil eines Heilungsprozesses. Den meisten von Indianern geschriebenen Büchern liegt die Botschaft zugrunde, daß die Weißen das Gefühl für das Land verloren haben, das sie zu erobern und zu beherrschen suchen, anstatt darauf zu hören, was das Land ihnen zu sagen hat, und Mittel und Wege zu finden, mit ihm in Harmonie zu leben. In einer orientierungslosen Welt verfolgt diese Literatur das Ziel, den Menschen wieder zu einem ganzheitlichen Wesen zu machen, indem sie sich auf jene alten Strukturen der Ordnung und Moral besinnt, die der mündlichen Überlieferung des Geschichtenerzählens ihre Stärke gaben.

Das verfälschte Bild vom Indianer

Die Art, in der Indianerkünstler ihre eigene Situation schildern, steht in deutlichem Gegensatz zu dem Bild, das die Weißen von den „Rothäuten" entworfen haben: Der brutale Rassismus des „Wilden Westens", weltweit verbreitet durch zahllose Filme, hat die Vorstellung entstehen lassen, Indianer seien blutrünstige Barbaren. Eine andere literarische Schule, für die James Fenimore Coopers *Der letzte Mohikaner* als Beispiel dienen mag, hat den Indianer als eine zum Untergang verurteilte, romantische Gestalt dargestellt. Dieses Bild entspricht wenigstens teilweise der Wahrheit: Damals wurden zahlreiche Indianergemeinschaften durch Alkohol und Waffengewalt dezimiert, ihre heiligen Objekte von Missionaren konfisziert und die Skelette ihrer Ahnen in Museen öffentlich zur Schau gestellt. Doch selbst das mit offensichtlicher Sympathie gezeichnete Bild des nordamerikanischen Indianers war das Produkt weißer Mißverständnisse: Die Inuit beispielsweise wurden als ebenso glückliche wie naive Menschen dargestellt – nur weil sie der weißen Vorherrschaft nie Widerstand leisteten.

Eine objektive und positive Einschätzung der Indianerkulturen durch die Weißen begann erst mit der

DAS VERMÄCHTNIS DER INDIANER

„Gegenkultur" der 60er Jahre des 20. Jahrhunderts. Diese Gegenkultur war das Ergebnis einer Selbstbesinnung der Indianer auf ihre eigenen Werte. Sie fragten sich, was sie dem übermächtigen „American Way of Life" entgegenzusetzen hätten, und das Gefühl der Ohnmacht führte zu wachsender Militanz.

Viele Weiße, vor allem Jugendliche und Intellektuelle, verfolgten den Weg der Emanzipation der Indianer mit Sympathie. John G. Niehardts Buch *Black Elk Speaks,* das seit seiner Veröffentlichung im Jahre 1932 in Vergessenheit geraten war, erfuhr jetzt Anerkennung als eines der bedeutendsten spirituellen Werke des 20. Jahrhunderts. Noch größerer Erfolg war den Büchern Carlos Castanedas beschieden, in denen er seine Lehrzeit bei dem Yaquí-Schamanen Don Juan und seine dabei gewonnen mystischen Erfahrungen beschreibt. Castanedas Werke wurden auf beiden Seiten des Atlantiks zu Bestsellern und weckten das Interesse an der spirituellen Welt der Indianer. Besonders junge Menschen, die die Sinnkrise deutlich wahrnahmen, in denen sich die westliche Industriegesellschaft befand, gelangten zu der Überzeugung, daß die Indianer geistige Werte besitzen, die ihre eigene Gesellschaft verloren hatte, und hofften, aus der Religion und Kultur der Indianer zu lernen.

Doch das Interesse der Weißen an ihrer Gedankenwelt stieß bei vielen Indianergemeinschaften auf Ablehnung, da sie befürchteten, ihnen drohe eine neue Form der Fremdbestimmung. Sie begannen, sich zu organisieren, und forderten ihre angestammten Rechte zurück. Ein Ergebnis dieser Bewegung war die Verabschiedung eines Gesetzes durch den Kongreß im Jahre 1990, das alle von der Regierung unterstützten Institutionen aufforderte, in ihrem Besitz befindliche heilige Objekte zurückzugeben.

Vielleicht der größte Beitrag, den die Kultur der Indianer für unsere gegenwärtige Gesellschaft leisten kann, betrifft die Ökologie. Im Jahr 1992 wies Häuptling Oren Lyons von den Houdenosaunee (Irokesen) darauf hin, daß die Iroquois Confederacy (Irokesische Liga) in den 80er Jahren des 18. Jahrhunderts dazu beigetragen habe, die Verfassung der Vereinigten Staaten zu entwerfen, der neue Staat es jedoch versäumt habe, einem bedeutsamen Anliegen der Indianer Rechnung zu tragen: die Erde für künftige Generationen unversehrt zu bewahren.

Ein Powwow in Bismarck, North Dakota. Diese festlichen Versammlungen sind große Tanzfeste, bei denen man Freunde und Verwandte trifft. Obwohl das Powwow von manchen als rein folkloristische und touristische Veranstaltung abgelehnt wird, bietet es den Indianern doch Gelegenheit, sich öffentlich zu ihrer kulturellen Identität zu bekennen.

Glossar

Adobe Baumaterial aus mit Stroh vermischtem Lehm, in der Sonne zu Ziegeln getrocknet.

Algonkin Im Nordosten und in den Plains gesprochene Sprachfamilie; bezeichnet auch alle Stämme, die eine Algonkin-Sprache sprechen, wie Cree und Cheyenne.

Anasazi Alte Kultur des Südwestens, deren Blütezeit zwischen 700 und 1300 n. Chr. lag.

Athabaskan In der Subarktis und im Südwesten gesprochene Sprachfamilie; bezeichnet auch alle Stämme, die einer Athabaskan-Sprache zugehören, wie Beaver und Navajo.

Bison Das nordamerikanische Rind, das im Amerikanischen als „buffalo" bezeichnet wird. Der Bison ist aber kein Büffel.

Clan Eine Gruppe aus miteinander verwandten Familien, die in verschiedenen Haushalten leben; die wichtigste Einheit der gesellschaftlichen Organisation bei vielen Indianervölkern Nordamerikas, insbesondere an der Nordwestküste.

Irokesen Sammelbezeichnung für mehrere Irokesisch sprechende Völker im Nordosten der USA und Südosten von Kanada, insbesondere die sechs Irokesen-Völker, die sich zu einem Bund, Irokesische Liga oder Die Sechs Nationen genannt, zusammenschlossen (Cayuga, Mohawk, Oneida, Onondaga, Seneca und Tuscarora). Irokesisch ist eine Sprachfamilie; auch andere Stämme außer den Irokesen gehören ihr an, beispielsweise die Huronen.

Kachina Bei den Hopi und anderen Pueblo-Völkern wohlgesinnte Ahnengeister von Verstorbenen oder Geister von Tieren, Pflanzen, Steinen und Sternen. Sie nehmen bei wichtigen Festen an zeremoniellen Tänzen teil – in Gestalt maskierter Tänzer. Oft als Puppen oder Statuetten dargestellt.

Karibu Eine Rentierart; bewohnt die arktische Tundra.

Kiva Bei den Hopi und anderen Pueblo-Völkern ein vertieft oder unterirdisch angelegter Kultraum.

Lacrosse Ballspiel, das mit Holz- oder Lederbällen und Schlägern, die Tennis-Rackets ähneln, gespielt wird. Zwei Mannschaften versuchten dabei, den Ball über eine Tor linie zu schlagen. Wird heute in den USA wieder gepflegt.

Medizinbündel Ein Beutel mit heiligen Objekten, denen besondere Bedeutung beigemessen wird oder von denen man glaubte, sie seien „Medizin" (alles, was Zauerkraft hatte und zur Vertreibung böser Geister beitragen konnte). Ähnlich: heiliges Bündel.

Potlatch An der Nordwestküste verbreitete Zeremonie, bei der der Gastgeber sein Ansehen und seinen Wohlstand zur Schau stellte, indem er den Eingeladenen üppige Geschenke machte und oft auch wertvollen Besitz vernichtete. Die Beschenkten waren verpflichtet, sich zu revanchieren. Bei einem Potlatch wurden auch Geschäfte abgewickelt.

Pueblo (spanisch: „Dorf") 1. Traditionelle Siedlung im Südwesten, aus Adobe oder Stein errichtet. 2. Ein Volk, für das solche Siedlungen typisch sind, wie Hopi und Zuni.

Schwitzhütte Ein Bau, in dem sich Mitglieder der Gemeinschaft durch Schwitzen rituell reinigten. Sie hatte entweder eine kuppelartige Form oder war versenkt angelegt.

Tipi Kegelförmiges, mit einer Plane aus Bisonhäuten bedecktes Stangenzelt. Es stammt aus den Plains, wurde aber auch von einigen anderen Stämmen übernommen, weil es leicht abgebaut, zusammengelegt und transportiert werden kann.

Trickster (englisch: „Gauner") Bezeichnung für ein übernatürliches, listiges Wesen. Er vereinigt in sich positive wie negative Eigenschaften. So ist er Schöpfer und Zerstörer, Betrüger und Betrogener, Heil- und Schadenbringer. Zu den Trickstern gehören Coyote, Rabe, Hase und andere Gestalten – auch menschliche und halbmenschliche.

Stamm Umstrittener Begriff bei den Ethnologen, nicht klar abgegrenzt zu „Volk". Größere Gruppe von Menschen, die Sprache, Kultur und Siedlungsgebiet gemeinsam haben. Als Stämme (tribes) werden alle in den USA lebenden Indianergruppen bezeichnet, die heute in einer Reservation leben bzw. auf einer Stammesrolle registriert sind. Die Indianer selbst sprechen lieber von Volk (people).

Tiertaucher (Englisch: „earthdiver") Ein Wesen, das nach einem verbreiteten Schöpfungsmythos der Indianer Nordamerikas zum Grund des Urgewässers hinabtaucht und Erde heraufholt, um damit das feste Land zu schaffen.

Totem Abbild eines Wesens, meist eine Mischung aus Tier, Mensch und Übernatürlichem, verwendet als Wappen von Clans, die ihre Herkunft und Traditionen auf eine Begegnung mit solchen Wesen zurückführen.

Register

Die *kursiv* gedruckten Seitenzahlen beziehen sich auf Abbildungen.

A

Abendstern, Gott der Skidi-Pawnee 31
Achitescatoueth, Gleichgewicht in der Welt 61
Ackerbau 8, 122; *siehe auch* Bohnen, Mais
Adena, Grabhügelkultur 14
Adler; Federn als heilige Objekte 112, 114; im Mythos 85, 91, 110; Sioux-Ritual 33; Talisman *119*; Verletzlichkeit 98; *siehe auch* Donnervogel
Adobe-Dörfer 8, 14, 15
Älterer Bruder, Trickster 76
Alaska 17, 102, 103–104; Geister von Orten 60; Mythen 23, 25, 34, 38, 57–58, 91–122; Schamanenmaske der Inuit 70, 94
Algonkin-Stämme, Geist-Tier 69; Kultur und Gesellschaft 12, 14, 16–17; Mythen 48, 69; Verbündete der Franzosen 15; Vorstellung von kosmischer Harmonie 49
Alignak, Mondgeist der Inuit 58
Allein mit der Vergangenheit, Photo 27
Alligatoren 54
Alter, Ursprung 42
American Indian Movement (AIM) 15
Americanization, Assimilation der Indianer 10
Amulette, Schutz- *22*, 55, *55*, 83; Verwandlungs- 69
Anasazi, heiliger Ort *19. 27*; Kultur *14*, 15
Anderson, John Alvin, Photograph 7
Antilope, im Mythos 51
Apache; Bisonjäger 95; Chiricahua 88; Jicarila 86; Kiowa 112; Mythos 26, 32–33, 86; Rituale 95, 112, 113; Schamane 112; Sprache 17; und Pueblokultur 15; Westliche 113, 123, 134, 135
Appalachen, Stämme 14
Arapaho, Geistertänzerhemd der *58;* Medizin bündel 112; Trickster-Mythos 77
Arikara-Pawnee; Bison-Mythos 90; Medizinbund *114*

REGISTER

Arizona 8, *19,* 26, *27, 47,* 67
Arkansas 43
Arktis; Inuit-Schamanenmaske 70, 94; Mythen 25, 34, 56, 57–58, 78, 83–84; Naturgeister 60, 61, 62; Stämme und Kulturen 17
Assiniboin *10,* 133
Atatalia, Riesin 93
Athabaskan-Sprachfamilie 15, 16–17
Aua, Iglulik-Schamanin 115
Aufrechte Hörner („Tomtivsi") 128
Aufrechtes Gelbes Horn, Sioux-Häuptling 33

B

Babytrage *36*
Bären; Ehe mit Menschen 96; Geist der 99; im Mythos 24–25, 122–123; Seele der 68, 94; Totem 104, 107; *siehe auch* Eisbär
Bärenmutter-Mythos 96
Baum, Schöpfungsgeschichte 22
Baxbaxwalanuxsiwe 105
Behausungen; Adobe 14, 15; Erdhäuser 17; grasgedeckte Erdhäuser 15; Iglus 17; Langhäuser aus Holz 13; palmwedelgedeckt 16; Tipi 12, 15, *74, 86;* Wigwam 12; Windschirm 17; Zedernholz 16
Bella Coola; Mythen 70, 116; Sonnenmaske *57*
Ben, Herbert, der Ältere *136*
Beobachter, Schöpfer der Tutuni 39
Bering-Straße, Landbrücke 8
Biber, im Mythos 22, 25, 36; Schutzgeist 123
Bierstadt, Albert, Maler *21*
Big Foot, Lakota-Sioux-Häuptling 7
Big Foot Pass *19*
Big Thunder; über kosmische Harmonie 47, 50
Bismarck, Powwow in *137*
Bison; Ausrottung durch Weiße 10, 15, 69, 119; Geister 73, 95; gejagt von Indianern 10, 14, 16, 31, *40, 85,* 90, 95, 125; im Mythos 24, 25, 69, 87, 90, 125; in Sioux-Zeremonien 33; Schutzzauber *68;* Seelen von 69, 73, 94; und der Geistertanz 130; Weiße Bisonfrau 129; Weiße-Bisonkuh-Bund 121; Zunge als Opfergabe 32; *siehe auch* Jagd
Bisonfellhaube 128
Black Elk, Sioux-Seher 7, 33, 119
Black Elk Speaks 137
Blackfoot; Glaubenswelt 30, 32, 34, 56–57; Medizinmann *99;* und der Sonnentanz 126–127
Bläßhuhn, als Tiertaucher 21
Blitz 52, 64, 98; Skidi-Pawnee-Gottheit 31; und Donnervogel 65
Bodenschätze, Entdeckung von 9
Bodmer, Karl, Maler und Forschungsreisender *100, 133*
Bögen, 86, 90; Schöpfungsgeschenke 66–67; *siehe auch* Waffen
Bohnen, Geist von 124; Powamuy-Tanz 121; Ursprungsmythos 25, *63; siehe auch* Ackerbau
Bosque-del-Apache-Naturpark *50*
Brauner Adler, Tsimshian-Geistergeschichte 73
Brave Buffalo, Sioux-Medizinmann 31
Britische Kolonialregierung 15, 87
Britische Siedler 12; *siehe* auch Englische Siedler
British Columbia 78, 96–97, *98, 102, 116*
Brulé-Sioux 7, 88, *129*
Buffalo Bill; Wild West Fair *134*
Bündnisse, Sioux/Cheyenne und Sieg über Custer 15; zwischen Indianern und Europäern 9, 15
Bureau of Indian Affairs (Behörde für indianische Angelegenheiten 10
Bussard, Cherokee-Sonnenmythos 35

C

Caddo; Mythen 43, 54, 80–81
Cahokia, Mississippi-Kultur 8, *18*
Canyon de Chelly, heiliger Ort *19, 27*
Catlin, George, Maler *30, 40,* 95, *99*
Cayuga 9
Cayuse 16, 50
Chareya, Karok-Schöpfer 66
Cherokee; Jagdtabus 123; kosmische Geographie 52–53; Kultur 14; Mythen 22, 34, 35, 52, *63,* 110–111; Schamanen-Iniation 114; Schriftform der Sprache 14, 17
Cheyenne; Mythen 36, 84–87, 92; Tipi *86;* und Bisonjagd 10, 15; und der Sonnentanz 127–129
Chickasaw 14, 22
Chief-of-the-Eagles-in-the-Sky 98
Chilkat, Dorf *107*
Chinook-Kultur, geschnitzter Dechselgriff *80*
Chipewyan, Kultur und Gesellschaft 16–17
Chippewa; Midewiwin-Zeremonie 121
Chiricahua-Apache 88; Widerstand gegen Zwangsumsiedlung 88
Choctaw 14, 49
Christentum, Einfluß auf Indianerkulturen 135, 136–137; Einfluß auf Indianermythen 38
chub-rara-peru („eingewickelter Regen"), heiliges Bündel der Pawnee 63
Chumash 15; Felsbilder *109, 113;* Seelenflugglaube 113
Church Rock, heiliger Ort *19*
Clans; Nordwestküste 103–104; Totems 16, 103–104, *105,* 106, 107
Clayoquot, Tanzgewand *65*
Cody, William (Buffalo Bill) *134*
Cœur d'Alêne, Donnermythos 64–65
Colorado (Staat) 8, 9, 28; (Fluß) 28
Columbia (Fluß) 93
Comanche, Mythen 24, 25
Cooper, James Fenimore 136
Coyote-Mythen 21, 24, 25, 26, 38, 40, 65, 67, 76, 80–81, 89
Crazy Horse, Oglala-Häuptling 33, 88, *118,* 119
Cree 17, 122–123, 125; *siehe auch* Mistassini-Cree
Creek; Donnermythos 64; Kultur 14
Crooked River, Tiergeister-Petroglyphen *19*
Crow, Krieg mit Lakota *101*
Crowfoot, Blackfoot-Krieger, über den Kosmos 47
Custer, General 7, 15, 33
Cut-Nose, menschenfressender Bison 90

D

Dachse, und Ursprungsmythen 27
Dakota-Sioux 9, *133*
Dawes Act 10
Dawn-Boy, Navajo-Held 64
Dayohagwenda, Geschichte vom Maisgeist der Tuscarora 63
Death of Jim Lonely, The 136
Decken, Navajo *25, 26;* Tlingit 104; *siehe auch* Kleidung
Delaware 36, 87
Der letzte Mohikaner 136
Detroit, Pontiacs Angriff auf 87
Devil's Tower, heiliger Ort der Kiowa *47*
Dickhornschaf, im Mythos 51
Digger Indians 16
Dogrib, Kultur und Gesellschaft 16–17
Don Juan, Yaqui-Schamane 137
Donnerer; Creek-Mythos 64; Regenbringer 60; Schöpfergeist der Kato 41; Schöpfergeist der Skidi-Pawnee 31, 64–65
Donnergeist, Sonnentanz-Mythos der Cheyenne 128, 129

Donnergeister 52–53
Donnersöhne 52
Donnervogel *53, 64,* 65, *92, 104,* 106; *siehe auch* Adler
Dotson'sa (Großer Rabe) 78; *siehe auch* Rabe
Dreamer-Kult (Träumer-Kult) 49
Dürre, im Caddo-Mythos 54

E

Ehe; zwischen Tieren und Menschen 96–97, 123–124, 125
Eichelhäher; im Himmelsmythos der Kathlamet 53; im Paiute-Mythos 65
Eichhörnchen, im Schöpfungsmythos 40
Eidechse, im Apache-Heldenepos 86; im Schöpfungsmythos 40
Einheit des Kosmos 47
Eisbär, im Mythos 91, 96; *siehe auch* Bären
Eisenbahn, Auswirkung auf die Plains-Kultur 10
Eissturmvogel, im Inuit-Mythos 117
Eiszeit 14
Englische Siedler, Gründung von Jamestown 15; und Indianer 9; *siehe auch* Britische Siedler
Ente, als Tiertaucher 21, 22
Erde, Geist der 119
Erdhütten 14, 15, 16, 17
Erie-See 87
Erste Mutter 22, *80*
Erweckungsbewegungen 7, 15, 87, 130–131
Eskimo-Aleute-Sprachen 17
Eskimo *siehe* Inuit
Eule, Amulett *115*
Europäer; Einfluß auf indianische Kulturen 8–10, 15; Erforschung der Ostküste Amerikas 15; frühe Bildberichte *132–133*

F

Falke, im Schöpfungsmythos 21
Falschgesichterbund der Irokesen 89, 120
Federfrau, Blackfoot-Sonnentanz-Mythos 126–127
Felsbilder 28, *109,* 113; *siehe auch* Petroglyphen
Feuer; bei Sioux-Zeremonie 33; Diebstahl-geschichte 65; Geist des 124
Fichte, und Aufstiegsmythos 27
Finger, Ursprung der 40
Fischfang, Küstenvölker 14, *133;* nördliche Stämme *12,* 17; Rituale 55, 124
Flint Rock, Häuptling im Gänse-Mythos der Yana 66
Florida, Stämme 14
Flöte, im Schöpfungsmythos 27
Flüsse und Seen, Entstehung 25
Flußkrebs, Schöpfungsgeschichte der Chickasaw 22
Französische Siedler 12
Frau; im Schöpfungsmythos 22; *wakan*-Frau der Sioux 33
Frauen; Aufgaben 10, 14, 40, *121;* Dakota-Sioux *133;* Frauenbünde 121; Pubertätsriten 129; Tabus 62, 124; und der Sonnentanz 127; und Tabak *25*
Friedensbringer, im Seneca-Mythos 124
Frösche; die Froschschwestern und der Mond 36–37; Totemtiere *106,* 107; Fruchtbarkeit, Sich-verändernde-Frau *26*
Fuchs, im Irokesen-Mythos 110
Fünf Zivilisierte Stämme 14

G

Ga'oh, Windriese der Irokesen 60
Gänse, Ursprung der 66
Gänsefrauen 121
Ganeodiyo-Bewegung („Gute Botschaft") 130

139

REGISTER

Gebet *siehe* Sonnentanz; Visionen und Visionssuche
Gebetsstock 27, 29, 55
Geheimbünde 120–121
Gehörnte Schlange, Mythos von 92
Geist-Stern, 52
Geister 11, 39, 41, 44, *45*, 73, 119, *120*, 124, 129, 130; der Natur 60–71; der Vorfahren 11, 62, 73, 110, 129, 120, 129, 130; des Himmels 52–53, 56–59; Geisthelfer 69, 107; Kachinas *11*, 61, 72, 121; Schutzgeister 69, 72, 84, 97, 113, 116, 117, 123; Ungeheuer 91–92; von Fischen und Meerestieren 54–55; von Gemüse 124; von Orten 60, 62; von Tieren, *19*, 31, 62, 66–69; 62, 70, 84, 102, *122*, 123; von Wetterkräften 64–65
Geistertanzbewegung 7, 11, *34, 58*, 73, *100–101*, 109, 119, 129, 130, 131; *siehe auch* Tänze; Zeremonien
Geistertanzhemden *siehe* Hemden
Geisthelfer 69, 107; *siehe auch* Geister
Geronimo, Chiricahua-Führer 88
Gesänge, schamanische 70, 111, 115, 116
Geschichtenerzählen 11, 135–136
Gitksan, schamanische Initiation 115
Gliederpuppen *120*, 121
Glückliche Jagdgründe 69, 124
Gluskap, Algonkin-Schöpfer 48
Goldrausch; Einfluß auf kalifornische Stämme 9, 15, und das Große Becken 16
Golf von Mexiko, Stämme 14
Gonaquadet, See-Ungeheuer *91*
Goyathlay *siehe* Geronimo
Gräber und Bestattungsbräuche *42*, 92, 129
Grabhügel-Kulturen, präkolumbianische 8, 14, *48*, 92
Grand Canyon, heiliger Ort *47*, 72
Great Man, Maidu-Schöpfergott 64
Great Serpent Mound *48*
Grönland 17
Gros Ventre, Erneuerung der Sprache 17
Große Seen; Midewiwin-Zeremonie 120; Stämme 9, 12
Großer Donnerer 52
Großer Geist, 15, 30–33, 47, 49, 50, 56–57, 124, 125, 126; *siehe auch* Old Man
Großer Hase, in Mythen der Algonkin 69
Großer Medizinmann, Cheyenne-Schöpfer 36, 38
Großer Stern des Morgens 52
Großer-Vater-Oben, Caddo-Schöpfer 80
Großes Becken, Schamanen-Initiation 114; Stämme und Kulturen 16, 11
Gwich'in, Mondmythos 58

H

Haida; heilige Objekte 12; Kunst und Kultur *16*, 102, *105*; Mythen 25, 54, 78, *96*; Rabenmaske *82*; Schamanenmacht 113–114; Totempfähle *53, 105*; Muschel-Halspanzer 60
Hamatsabund (Kannibalenbund) 105, 120, 121, *122*
Handsome Lake, Seneca-Häuptling 15, 130
Handtrommel; Geistertänzer-, *34*; Schamanen- *10*
Hasen, in der Mythologie 69, 76, 77, 79
Häute 10, 38, 68
He-Dog, Brulé-Sioux-Häuptling 7
He-who-picks-up 98
Heilige Bündel 32, 33, 34, 87, 112, *119*, 125
Heilige Ungeheuer 91–92
Heilige Objekte 112–113, 136–137
Heilige Orte *18–29*, 28, 49
Heilige Pfeifen *31*, 33, 95, 129

Heiligkeit der Erde, 47, 48–50
Heilungsriten 89, *110*, 111–113, *112; siehe auch* Krankenheilung
Helden; historische 87–88; in der Mythologie 83–87; *siehe auch* Trickster
Heller Stern 52; *siehe auch* Abendstern
Hemden, von Geistertänzern 7, *58*, 100, *131*
Herbert Ben der Ältere, Maler; *Homes of The Buffalo People 136*
Herr des Lebens, höchste Gottheit der Shawnee 87; Seneca-Gottheit 60
Heuschrecken, Ursprungsmythen 27
Hexen, Hexer 109; *siehe auch* Schamanen
Hidatsa, Zeltlager der *90*
Himmel, Geister des 119; Himmelsvolk 22, 53; Ursprung der 49, 52–53
Hirsch, im Mythos 53, 96–97, 123; *siehe auch* Schwarzschwänziger Hirsch
Hohokam-Kultur 14
Hokhokw, mythischer Vogel 106, *122*
Holländische Siedler und Indianer 9, 12
Hollar, Wenceslas, Maler; *Hollar's Foreign Portraits, 133*
Hopewell, Grabhügel-Kultur 14
Hopi, 11, 15; heiliger Ort *19, 27*; *hopi*, Bedeutung von 27; Jenseitsglaube 72; Kachinas *72*, 121; Powamuy-Tanz 121; Ritual-Schild *35*; Schöpfungs- und Wanderungsmythen 26–28, 32
Houdenosaunee (Irokesen) 137
House Made of Dawn 136
Howe, Oscar, Maler *17*
Hudson Bay Company *133*
Hund, im Jenseits-Mythos der Irokesen 69
Hunkpapa-Sioux 88
Hupa, Fischfangzeremonie 124
Huronen; Medizinbünde 120; Regenbogen-Mythos 64
Hüter *21, 25, 34*, 83, *103*; der Schöpfung 36

I

Idaho 64
Iglulik-Inuit; Inukshuk-Steinhaufen *124;* schamanische Initiation 115; Seelenflug 116–117
Iglus 17
Indian Removal Act (Indianer-Aussiedlungsgesetz) 9, 15
Indian Reorganization Act (1934) 129
Indian Territory 9, 15
Indianer Nordamerikas; Bedeutung der Rituale 109–131; Einfluß der Europäer 8–10, 15; Enteignungen 15; Frühgeschichte 8, 9–10; Gegenkultur 137; künstlerische Tradition 11; kulturelle Vielfalt 12–17; Menschenrechtsverletzungen 9; Prophezeiungen 73, 87, 130; Sprachen 9, 14, 15, 17; Stammesälteste *17*, 75; Stammesselbstverwaltung (1934) 15; Umsiedlung westlich des Mississippi 9, 14; Versuche der Amerikanisierung 10; Vorstellung von kosmischer Einheit 47; Widerstand gegen Weiße 15, 135; Wiederaufleben der Kultur 10, 129, 134–137; Zeittafel der Geschichte 14–15;
Initiation, schamanische 109, 113–115, 122; *siehe auch* Pubertätsriten
Inuit; Geister von Orten 60; Geistwesen der Jahreszeiten 61; Hauptgeister 61–62; Iglulik-Inuit 115, 116–117, *124;* Kamm *38;* Kosmos-Tanzmaske *37;* Kultur und Gesellschaft 17, *124;* Mythen 23, 25, 34, 38, 55, 57–58, 72–73, 76, 83–84, 91–92, 96, 117; Nonsensgeschichten 67; Schamanen-Heiler *110;* Schamanen-Initiation 115; Schlachtrituale 124; Schutzgeister 69, 117; Seelenflug 116–117; Tomalik-Maske *62*
Inukshuk-Steinhaufen *124*
Inupiat, Jagdmythos 122
Irokesen; Falschgesichterbund 89, 120; Geister der vier Himmelsrichtungen 60; Irokesische Liga 137; Kultur und Gesellschaft 12–14; Mythen 24–25, 36, 37, 60, 64, 69, 110; und die US-Verfassung 137; und Pelzhandel 9
Irresein und böse Geister 70

J

Jagd 9–10, 12, 17, 26, 31, 38–40, 56–57, 58, 62, 63, 68, 94, 95, 96, 107; Mitarbeit von Tieren 92; Mythen, 122–124, 125; Rituale 17, 62, 68, 94, 95, 96, 106–107, 124; Tabus 123; Zusammenarbeit mit Tieren 62, 122–123, 124, 125; *siehe auch* Bison, Wale
Jahreszeiten, Tahltan-Mythos über 25
Jamestown, Siedlung 15
Jenseits, für Menschen 69; für Tiere 68, 69, 124; Schlange als Brücke in 69; und Eulen 115; *siehe auch* Tod
Jicarila-Apache, Heldenmythos 86
Jonayaiyin, Held der Jicarila-Apache 86
Joseph, Tomah, Künstler 75
Jüngstes Gericht 72

K

Kaakha'achgooks, Tlingit-Mythos 134
Kablaya, Sonnentanz-Vision 129
Kachina-Bund 120, 121
Kachinas; Geister 60–61, 72; Puppen 11
Kalender der Sioux *9*, 129
Kalifornien; Chumash-Felsbilder *109*, 113; kosmische Geographie 49, 52; Mythen 38–42, 49, 64, 66–67, 69; Schamanen-Initiation 114; Stämme und Kulturen 15, 124
Kane, Paul, Maler *49*, 84, *133*
Kaninchen; im Schöpfungsmythos 40; Kaninchentanz der Mohawk 67
Kannibalenbund *siehe* Hamatsabund
Kannibalismus 121
Kansas 9
Kanus; Bugskulptur *123*; im Mythos 54, 55, 78; Makah *133*; Modell 75
Karibu 58, *124*; Ehe mit Jäger 125
Karok, Schöpfungsmythos 66–67
Kathlamet, Himmelsmythen 53
Kato, Mythos von den ersten Menschen 41
Kiowa; heiliger Ort des Großen Geistes *47*; Mythos der Zehn Großmütter 112; Sonnentanz 112
Kishelamakank, Schöpfergottheit der Lenape 36
Kispiox (Dorf), Totempfahl *98*
Kiva, Hopi-Kultstätte 28, 121
Klallam, Schamanen 84
Kleidung; Bisonfell 95; Borsten von Stachelschweinen 17; Darstellung von Mythen und Legenden auf 11, *65*; Geistertanzhemd 100; Schamanen- 69; Schamanenritual 112; Schurz 66; *siehe auch* Decken, Kopfschmuck
Kolibri, im Gänse-Mythos der Yana 66
Kopfschmuck; Blackfoot *126*; Cheyenne-Sonnentanz *128*; Kriegsbekleidung *100–101*; Kwakiutl *64*; Lakota-Sioux *32*; Tlingit *91, 103, 106*; *siehe auch* Kleidung
Körbe, Abbildung von Mythen und Legenden 11
Kosmos; spirituell und materiell 47–73;

siehe auch Schöpfungsmythen
Koyukon, Kultur und Gesellschaft 16–17; Weltverständnis 47; Trickster-Mythen 78
Krähe, im Irokesen-Mythos 110; im Schöpfungsmythos 21
Krake, Tlingit-Maske *54*
Kranich, im Yana-Gänsemythos 66
Krankenheilung; durch Schamanen 69, 109, 110, *112*, 113; Medizinbünde 120; und der Sonnentanz 129; *siehe auch* Heilungszeremonien;
Krankheiten; Ursprungs-Mythos der Cherokee 110–11; von Europäern eingeschleppt 15, 16, 107; *siehe auch* Krankenheilung; Pocken
Krieg; Amerikanischer Unabhängigkeitskrieg, Auswirkung auf Indianer Nordamerikas 9; gegen Weiße 8. 15. 33. 48, 87–88; Kolonialkrieg zwischen Briten und Franzosen 15; Symbole des *60*; zwischen Briten und Amerikanern 87; zwischen Crow und Lakota-Sioux *101*
Kriegführung *100–101*
Kristalle, heilige Objekte 112
Kunst; forschungsreisende Künstler 132–133; und Mythos *44–45*; *siehe auch* Literatur
Kürbis, Geister von 124
Küsten-Salish 116, 119
Kutchin, Kultur und Gesellschaft 17
Kwakiutl; Bärenjäger 68; Donnervogel-Maske *92*, 106; Gesellschaft und Kunst 102, 106; Hamatsa-Bund 105, 121, *122*; Initiationsriten *120*; Rituale 106; Kopfschmuck *64*; Schamanen-Initiation 115; Sisiutl-Mythos 55, 106; Tanzmaske *44*, 106; Totempfahl *76, 104*

L

Lachs 54–55, 124; Maske *70*; Tlingit-Rassel *73*
Lachsmenschen, Tlingit-Mythos *69*
Lachsvolk, Haida-Mythos 54–55
Lacrosse 83
Lakota-Sioux *32*; Krieg mit den Crow *101*; Reinigungsriten 120, 129; religiöse Traditionen 129; Rituale 33; und das Wounded-Knee-Massaker 7, 130; und Donnervogel 65;
Lalawethika, Shawnee-Prophet 130
Landrechte der Indianer, Verträge 15
Langhaus-Religion 15
Langhäuser 12
Lappentaucher, als Tiertaucher 21, *23*
Leben nach dem Tode; Reinigung in 72; Strafe und Belohnung 69, 72; von Menschen 70–73, 124
Leben und Tod 42–43
Lebensspender, Schöpfer der Tutuni 39
Lemminge 67, 68
Lenape, Schöpfungsmythos 36, 89
Licht, Entstehungsmythos 25, 34, 82; in der Nordwestküsten-Tradition *52*
Lieder, schamanische 106; und Jagd 94; und Papago 55
Lillooet, Kultur und Gesellschaft 16; Mondmythos 36–37
Literatur; moderne indianische 136; zeitgenössische 136; *siehe auch* Kunst
Little Big Horn, Schlacht am 7, 33, 88
Lyons, Oren *siehe* Oren Lyons

M

Maidu; Mythen 64, 65; und die Sierra Nevada *21*
Maine *47, 75*
Mais; Grünkornfest der Seneca 60; Maisgeist der Tuscarora 63; Ursprungsmythos 25, 38, *63*
Maisfrau 25
Makah, Kriegskanus *133*
Manabozho 76–77, 82, 83, 121
Mandan, Frauenbünde 121; Okipa-Zeremonie 30
Manitu 62, 69, 112, 121
Masaw, Hopi-Schutzgeist 28, 72
Masken 11, 44, *109*; Bella-Coola-Sonnenmaske *57*; Haida *82*; Inuit, *37, 62, 70, 94*; Klallam-Maskentanz *84*; Kwakiutl *44*, 106, *122*; Tlingit *54*; Tsimshian *52*
Maulwürfe, und Ursprungsmythen 26
Mäusegeister 70
Mayun, Sonnentanz-Mythos der Cheyenne 128, 129
Medicine Deer Rock 88
Medizin-Zeremonie 126
Medizinbünde 120
Medizinbündel 32, 112, *119*; *siehe auch* Heiliges Bündel
Medizinfrauen 109, 110
Medizinmann 70; Blackfoot 99; Cheyenne 36, 38; Sioux 31; *siehe auch* Schamanen
Meeresmyth 55, 117–118
Meeressäugetiere 25, 55, 117
Menomini 57, 82
Menschen; Beziehung zu Tieren 94–99, 110–111, 122–125; Erschaffung der 21, 22, 38–41, 54
Menschenopfer 32
Meskalin, Halluzinogen 130
Mexiko, und der Peyotekult 130
Michigan-See 82
Midewiwin-Zeremonie 112, 121, 126
Mimbre, bemalte Tonschüssel 7
Missionare, spanische 15, *135*
Mississippi (Fluß), und die Choctaw 49
Mississippi-Kultur 8, 14, 15, *60*; Mythen von der Gehörnten Schlange 92
Mistassini-Cree, Mythen 122–123, 125
Modoc, Entstehung von Alter und Tod 42
Mogollon-Kultur 14; Tonschüssel 7
Mohawk 9, *133*; Kaninchentanz 67
Momaday, N. Scott, Autor 136
Mond 31, 33; im Cherokee-Mythos 53; Inuit-Mythen 34, 56, 58, 76; Sonnentanz-Mythos der Blackfoot 126; Tlingit-Ursprungsmythos 34; Tsimshian-Maske *52*; und Jagd 94; unterschiedliche Sichtweise 56
Mono-Stamm, Schöpfungsgeschichte 21
Montagnais; Bibergeist 123
Montana 17, 30, 34, 51, 56, 75, 88
Morgenstern 52, 56
Mounds, künstliche Erdhügel 92
Mount Shasta 66
Muschel 112, 121
Mutter der Seetiere 62
Mutter Erde 47, 48–50; in Sioux-Ritualen 33
Mutter-Nacht-Männer, Medizinbund *114*
Mythologie, heutige Bedeutung 134–137; Ursprung der 75

N

Nagaitcho, Schöpfergott 41
Nanih Waya, heiliger Ort der Choctaw 49
Napi, Old Man der Blackfoot 30, 51
Nass (Fluß) 103, *112*
Nass-Shaki-Yeil, Schöpfergott *21*
Natchez, Ursprung des Mais 25
Native American Church 15, 130
Navajo; Decken *25, 45*; heiliger Ort *19*; Mythen *25*, 26, 32–33, 34, 36, 64, 79, 98; Sandbilder *80, 136*; Sprache 17; Textilien 15, *79*; und Pueblo-Kultur 15, *25, 27*; Zeremonialschale *45*
Nebraska 9
Neolin, Delaware-Schamane 87
New Mexico 2, 28, *50*
New York (Staat) 22
Newitti, Dorf *116*
Nez Percé, Kultur und Gesellschaft 16; Schöpfungslegende 89
Niatum, Duane, Schriftsteller 136
Niehardt, John G., über Kultur der Indianer Nordamerikas 137
Nihansan, Arapaho-Trickster 77
Ninipuke, Inuit-Geist der Jahreszeiten 61
Ninstints, Dorf *105*
Nootka; Lachsritual 55; Raben-Mythos 78–79; Rituale 106; Schamanen-Initiation 115; Visionssuche 119
Nordosten; Medizinbünde 120; Mythen 60, 89; Sonnentanz 126; Stämme und Kulturen 12–14; Vorstellung von kosmischer Einheit 50
Nordwestküste; Dreamer-Kult 49, 73; künstlerische Tradition 11, 16, *44, 52, 64, 65, 66, 69, 80*, 106; Mythologie *21, 23, 25, 34*, 36–37, 42, 53, 54–55, 59, *64*, 65, 66, 69, 70, 76, 78–79, 82–83, *91, 97*; Schamanen-Bund 105–107, *116*; Schamanen-Initiation 115; Schamanen-Macht 113–114; Stämme und Kulturen 16, 102–107; und Visionssuche 119; Vorstellung von kosmischer Einheit 50
North Carolina, Fischfang *133*
North Dakota 31, *137*
Ntlakyapamuk *siehe* Thompson-Indianer
Nuliayuk, Inuit-Meeresgöttin 25, 55

O

Oglala-Sioux 33, 49, 88, *118*, 119
Ohio-Tal-Kultur *48*
Ojibwa 9; Felsbilder *28*; kosmische Geographie *52*; Kultur und Gesellschaft 16–17; Midewiwin-Zeremonie 112, 126; Mythen 60, 76–77; und Jenseits 69
Okipa-Zeremonie *30*
Oklahoma 9
Oktopus, Totemtier 107
Oktopus-Frau und Rabe 78–79
Old Man 21,30, 32, 38, 51, 56–57; Old Man's Sliding Ground *51*; *siehe auch* Großer Geist
Oneida 9
Onondaga 9, 37
Opossum, Cherokee-Sonnenmythos 35
Oraibi *siehe* Grand Canyon
Oregon; Crooked River-Petroglyphen *19*; Mythen 39, 93
Oren Lyons, Houdenosaunee-Häuptling 137
Osage 10
Ottawa (Stamm) 87

P

Paiute; Auswirkung des Goldrauschs 9; Einführung des Geistertanzes 130; Kultur und Gesellschaft 16; Mythen 65, 81
Panther, irokesischer Westwind 60
Papago, Salz-Wallfahrt 55
Passamaquoddy Indian Reservation *75*
Paviotso, Glaube an Seelenflug 113; Heilungsriten 111; Schamanen-Initiation 114
Pawnee; Arikara-Pawnee 90, *114*; Glaube an den Großen Geist 30–32, 52; kosmische Geographie 52; Medizinbündel 32, 112, 125; Mythen 85, 125; Skidi-Pawnee 30–32, 99; und Bisonjagd 10, 90, 125
Pelzhandel 8, 9

141

Pend Oreille, Fluß *12*
Peterborough County, Ontario; Felsbilder *28*
Petroglyphen *19*; *siehe auch* Felsbilder
Peyote-Kult 130
Pfeifen, Zeremonial- und heilige *31, 32, 33*, 95, 129
Pfeile 85, 86, 87, 90; *siehe auch* Waffen
Pferde 10, 14–15, *85*; im Mythos 85
Piktogramme 17
Pima 15; Aufstand gegen die Spanier 15; lehrreiche Geschichten 67; verschwindende Schöpfer 32–33
Pine-Ridge-Reservation 7
Pipunuke, Inuit-Geist der Jahreszeiten 61
Plains; Bisonjagd 95, *125*; Glaube an den Großen Geist 30–33, 51; Medizinbund *114*; Mythen 25, 43, 55–57, 65, 76; Sonnentanz 126; Stämme und Kulturen 14–15
Plateau-Region, Schöpfungsmythen 89; Stämme und Kulturen 16
Plejaden, im Irokesen-Mythos 36, 37; *siehe auch* Sterne
Pocahontas 45
Pocken, Epidemie bei den Assiniboin *10*; *siehe auch* Krankheiten
Polarstern 52
Pomeiooc, Dorf *132*
Pomo 15; Korb *41*
Pontiac, Aufstand gegen die Engländer 15, 87
Potlatch 16, 105, *106*, 135
Powamuy-Tanz *121*
Powhatan; Bund 15; Lederrobe *45*
Powwow, Versammlung *137*
Prärien *siehe* Plains
Prophet's Town 87
Prophezeiungen 49, 73, 87, 130
Pubertätsriten 105, 106, 120; *siehe auch* Initiation
Pueblo-Völker 8, 14, 15; Anasazi-Kultur *14*; Kachinas 11, 60–61,72, 120, 121; kosmische Geographie 52; Leben nach dem Tode 72; Madonnabild *135*; Mittwinter-Zeremonie 121; Pubertätsriten 120; Schöpfungsmythos 25, 26–27

Q
Quebec 122, 125
Queen Charlotte Island *105*
Quotskuyva, William, Künstler *72*

R
Rabe; Mythen 21, *23*, 24, 25, 34, 38, 54, 72–73, 78–79, 82–83, 92, *103*; Rasseln 66, *107*; Totemtier 104, *107*; *siehe auch* Rabenmann; Tulungigrak
Rabenmann 34, 72–73; *siehe auch* Rabe; Tulungigrak
Raleigh, Sir Walter *132*
Rasseln; der Irokesen 89; der Tlingit *23, 73, 107*; der Tsimshian 66, *112*; rituelle Objekte 112, *114*
Rauchopfer 32, *33*, 129
Rauschgift, und Religion 130
Raven-at-the-head-of-Nass *103*
Reed, Roland, Photograph *27, 42*
Regen 60, 65
Regenbogen 52, 64
Regenmacher, unter den Geistern der Toten 72
Rehkitz, irokesischer Südwind 60
Reiher, im Gänse-Mythos der Yana 66
Reinigung im Jenseits 72; Lakota-Sioux 120, 129
Reise in das innere Nord-America 100, 133
Reservate 7, 11, 15, 75, 130
Rituale (Bräuche, Kulthandlungen, Zeremonien); Apache 95, 112, 113; Arikara-Pawnee *114*; beim Fischfang 54–55, 124; Cheyenne 86; Erdverehrung 48; Geheimbünde 120–121; Hopi *35*; Jagd 17, 62, 68, 95, 96, 106–107, 124; kosmische Einheit 47; Krankenheilung 89, *110*, 110–113, *112, 114*; Kwakiutl 106; Lakota-Sioux 129; Medizin-Zeremonie 126; Midewiwin-Zeremonie 112, 120, 121, 126; Nootka 106–107; Oglala-Sioux 33; Okipa-Zeremonie *30*; Opfergaben 32, *33*, 55, 92, 99, 124; Paviotso 111; Potlatch 16, 105, *106*, 135; Pubertätsriten 105, 106, 120, 129; Rauchen 32, 33, 129; Ritualobjekte 112, 114, 129; Schamanen-Initiation 109, 113–115, 122; Schamanenbünde 105–107; Schlachten 68, 95, 124; Skidi-Pawnee 31–32; und Mythos 109; und Krieg 100; und Tabak 32, 33, 92, 99, 111, 124; Verbot 10, 15, 135; weibliche Pubertät 120, 129; Zeremonialhütte 33; *siehe auch* Geistertanz; Erweckungsbewegungen; Sonnentanz
Robben 55; Opfer 124
Romane, zeitgenössische 136

S
Sa-Ga-Yeath-Qua-Pieth-Ton, König der Mohawk *133*
San Emigdiano, Felsbilder *109, 113*
Sandgemälde *26, 80*, 136
Sandia-Speerspitzen *14*
Schafzucht 15
Schamanen; als Seelenärzte 70–73; Ausrüstung 112; Blackfoot *99*; Geheimbünde 105–107; Handtrommel 69, *99*, 109, 110–113, *112, 114*; Heilung 69, 99, 109, 110–113, *112, 114*; Initiation 109, 113–115, 122; Inuit 55, *110*; Kleidung 69, *84, 99, 107*; Masken 11, *37, 44, 52, 54, 57, 62, 70, 82, 84, 94, 106, 109, 110*; Maskentanz *84*; Papago 55; Ritual 69, 95, 105–106, 109–115; Seelenflug 70, 109, 111–113, 116–118; Tlingit *23, 45, 73, 107*; und Geister 62, 69, 70, 73, 105, 107, 109, 111, 112, 115; und Helden 83–84, 87; und Kriegsführung 100; und Nuliayuk 55
Schilde *35, 56, 68, 81, 100, 118*
Schildkröte, im Mythos *22*, 89
Schildkröten-Insel 89
Schildpatt, Rassel aus 89
Schilfrohr *26*, 27
Schlange; als Brücke zum Jenseits 69; Gehörnte 92; Schlangen-Clan 29
Schnitzarbeiten 10, 55, 80, *123*
Schnupftabakdose *25*
Schöpfer *21*, 32–33, 36, 52, *53*, 64, 66, 78, 80, 120, 129; „Schöpfer, die wieder verschwinden" 32–33
Schöpfkellengriff, Tlingit-Rabe *23*
Schöpfungsmythen 21–51, 66–67, 80, 89; *siehe auch* Kosmos
Schule 10
Schutzamulette *22, 68, 115*
Schutzgeister 69, 72, 84, 97, 113, 116, 117, 123; Schutzgeister, *siehe auch* Geisthelfer
Schwanenfrauen, Inuit-Mythos 96
Schwarzschwänziger Hirsch, und Apache-Ritual 113
Schwitzhütte 39, 40, 120, 124, 129
Sedna (Takanakapsaluk), Meeresgöttin 55, 117–118
Seehunde 62; im Mythos 25, 58, 117; Schamanenmaske *94*
Seelen, von Menschen 69, 70–73, 109, 111, 113, 116, 122, 129
Seelendörfer 69
Seelenfänger *112*
Seelenflug 70, 109, 111–113, 116–118
Seen und Flüsse, Schöpfung der 25
Selu, Cherokee-Naturgöttin *63*
Seminole, Kultur und Gesellschaft 14
Seneca 9; Ganeodiyo-Bewegung 130; Grünkornfest 60; Mythen 22, 124
Senel, Jenseitsmythos 69
Sequoia, Buchstabenschrift der Cherokee 17
Shawnee, Aufstand 130
Shawnee, und die Heiligkeit der Erde 48
Shoshone, Auswirkung des Goldrauschs 9; Bisonjagd *125*; Kultur und Gesellschaft 16; und der Sonnentanz 129
Sibirien 17
Sich-verändernde-Frau *26*
Siedlungen, präkolumbianische 8
Sierra Nevada *21*
sikinim inua (Sonnenperson) 57
Silko, Leslie Marmon, Pueblo-Schriftsteller 134, 136
Sioux; Brulé-Sioux 7; Dakota-Sioux *9*; Glaube an den Großen Geist 30, 33; heilige Pfeife *31, 33*, 129; Hunkpapa-Sioux 88; Lakota-Sioux 7, *32, 33*, 65, 101, 120, 129; Massaker bei Wounded Knee 7, 11, 15, 33, 119, 130, *131*; Oglala-Sioux 33, 49, 88, *118*, 119, 126; Pferdepuppe *85*; Reinigungsriten 120, 129; Schilde *56, 68, 118*; Schlacht am Little Big Horn 7, 15, 33, 88; Sonnentanz 126, 129; und Bisonjagd 10, *85*; vertrieben von den Ojibwa 9
Sioux Reservation, Auflösung 7
Sipapu, Auftauchort 72
Sisiutl, Schlangenmythos der Kwakiutl 55, 106
Sitting Bull, Hunkpapa-Sioux-Häuptling 7, 33, 88, *101*, 134
Skaowskeag, Haida-Bildhauer 96
Skidi-Pawnee 30–32, 99
Sklaven, der Haida 16
Smohalla, heiliger Mann 49–50, 73
Sonne; im Mythos 26, 31, 33, *41*, 56, 57, 80, *103*; Sonnentanz der Blackfoot 126–127; unterschiedliche Sichtweise 34, 56
Sonnengott 26
Sonnentanz 10, 109, 112, 119, 126–129; *siehe auch* Tänze; Rituale
Sotuknang, Hopi-Gottheit 32
South Dakota 7, *19, 84*, 130
Spanier, christliche Missionare 15, *135*; Übergriffe in Nordamerika 15
Specht, im Mythos 35, 53, *60*
Spiele 53, 67, 83
Spinnen, im Apache-Heldenmythos 86
Spinnenfrau, Cherokee-Sonnenmythos 35; und Schöpfungsmythen 26, 27; und Webkunst 45
Spirituelle Reise *45*; *siehe auch* Seelenflug
Spokane, Fischfang *12*
Sprachen; Schriftform 14, 17; Unterdrückung 9; Ursprung und Formen 17
Stachelschwein, im Tahltan-Mythos 25
Stammesälteste 17, 60, 75
Standing Rock 98
Standing Yellow Horn, Sioux-Häuptling 33
Stärling, im Irokesen-Mythos 110
Stek-ya-den, Berg, heiliger Ort *19*
Sterne, Mythen über 34, 36, 37, 52–53, 59
Sternenhäuptling 52
Sternenknabe, Sonnentanz-Mythos der Blackfoot 126–127
Stinktier, im Maidu-Mythos 65
Streifenhörnchen, und Ursprung von Tag und

REGISTER

Nacht 24–25
Subarktis, Stämme und Kulturen 16-17;
Subarktis, Trickster- Mythos 78
Südosten; Mythen 34, 91; Stämme und Kulturen 14
Südwesten, Mythen 34, 76; Stämme und Kulturen 15
Sweet Medicine, Cheyenne-Held 84–87

T

Tabak *25*, 60; Gebrauch bei der Schöpfung 39; Opfergaben 92, 99, 124; ritueller Gebrauch 32, 33, 111
Tabanakapsaluk (Sedna), Meeresgöttin 55, 117–118
Tabus 62, 107, 113, 123, 124
Tag und Nacht, Ursprung von 24–25
Tageslicht, Entstehung 25, 34, 83, 103
Tahltan, Mythen 25, 42
Taiowa, Hopi-Schöpfer 32
Taku-Tlingit, Kopfschmuck *103*
Tänze; Apache-Bisonjagd 95; Hopi-Bohnentanz 121; Mohawk-Kaninchentanz 67; Paviotso-Heilungszeremonie 111; Pawnee-Bärentanz 99; Schamanen-Maskentanz *84*; Schamanenbünde 105, *122*; Seelenflug 70;
siehe auch Geistertanz; Sonnentanz
Taucher, im Mythos 22, 77
Tecumseh, Shawnee-Häuptling 48, 87
Tens, Isaac, Gitksan-Schamane 115
Tenskwatawa, Shawnee-Prophet 87
Tewa, Jenseitsglaube 72; Mythen 26, 28, 29, 60–61
Texas, Stämme 14
Textilien, Navajo 15, *79*
Thompson-Indianer; Ehe mit Tieren und Wiedergeburtsmythen 96–97, 123, 124; Ehe zwischen Mensch und Tier 96–97, 123–124
Tiere; Beziehung zum Menschen 94–99; 110–111, 122–125; Geister *19*, 31, 62, 68–69, 70, 84, 88, 102, 107, *122*, *123*; Heiligkeit 69; im Jenseits 69; im Mythos 11, 21–25, 29, 35–37, 66–67; Seele 68–69; Verletzlichkeit 98–99
Tiertaucher, im Schöpfungsmythos 21, 22–23
Tikigak, Tiertaucher-Geschichte 23
Tipi 12, 15, *74*, *86*; für heiligen Pfeifen *31*
Tirawa, Großer Geist der Pawnee 30–32, 52, 56, 99, 125
Tlingit; Clans 103–104, *106*; Kopfschmuck *103*, *106*; Kraken-Maske *54*; Kunst und Kultur 102, 107, 134–135; Mythen 23, 34; Raben-Schöpfkelle *23*; Ritualobjekte 112; Schamane *107*; Schamanengrab-Wächter *45*; Schamanenrassel *23*, *73*, *107*
Tod; und Schamanismus *109*; Ursprung von 40, 42–43; *siehe auch* Jenseits; Leben nach dem Tode
Tokonaka, Wächtergeist der Hopi 72
Tomalik, winderzeugender Geist der Inuit *62*
Töpferware; der Mimbre *7*; Darstellung von Mythen und Legenden 11; Wasserkrug der Zuni 97
Totempfähle 11, 16, *53*, *76*, *98*, 102–104, *105*
Totemtiere 102–104, *123*; Nordwestküste 16, *105*, 106, 107
Träume 100, 114, 118–119; Träumer-Kult 49, 73; Traumzeit 21, 38, 66, 68;
siehe auch Visionen und Visionssuche
Traumfasten 109
Treasure Hills (archäologischer Fundort) 7
Trickster 11, 76–83; Alignak 58; Älterer Bruder 76; Coyote 24, 25, 26, 38, 40, 43, 65, 67, 76, 80–81, 89; Hase 76, 77, 79; Manabozho 76–77, 82, 83, 120; Mondgeist der Inuit 76; Nihansan 77; Old Man 32; Rabe *21, 23*, 24 25, 28, 34, 38, 54, 76, 78–79, 82–83, 92, 103; Unglücksbringer 124;
siehe auch Helden
Trommeln; als heilige Objekte *10*, *34*, 112; beim Schamanen-Seelenflug 70, 116
Truthahn, im Mythos 91
Tsimshian; Begrüßungszeremonie 55; Kunst und Kultur 102; Mythen 34, 59, 73; Schamanen-Initiation 115; Schamanenrassel *112*; Stirnschmuck *21*
tulugak 23
Tulungigrak, Rabenmann 23; *siehe auch* Rabe
Tuscarora 9; Maisgeist 63
tuunrak, Geisthelfer der Inuit 69
Tuwanasavi, Zentrum des Kosmos 28
Two Medicine Lake 75

U

Überschwemmung, im Caddo-Mythos 54
Umsiedelung 9, 14;
siehe auch Zwangsumsiedlung
Unabhängigkeit der Vereinigten Staaten 15, 87
Ungeheuer (Monstren) 86, 89–93
Unglücksbringer, Seneca-Trickster 124
Unkunnik, Inuit-Held 83–84
Unterwelt; in Auftauchmythen der Pueblo 26–28; in Jenseits-Mythen der Pueblo 72
US-Regierung; Annexion der Region des Großen Beckens (1864) 16; Bureau of Indian Affairs (Behörde für indianische Angelegenheiten) 10; Code of Religious Offences 135; Indian Removal Act (Indianer-Aussiedlungsgesetz, 1830) 9, 15; Indian Reorganization Act (1934) 129; Selbstverwaltung der Stämme (1934) 15; und der Sonnentanz 10, 129; und Tecumseh 87; Zersplitterung der Stammesgruppen 7
Utah, Church Rock *19*
Ute; Auswirkung des Goldrauschs 9; Kultur und Gesellschaft 16; und der Sonnentanz 129; Wanderungsmythen 28
Uvavnuk, Iglulik-Schamane 115

V

Vancouver *102*
Vancouver Island *104*, 106, *116*
Verelests, J., Maler *133*
Verfassung der Vereinigten Staaten 137
Verwandlungen; Schamanen 69; und Helden 84; und Trickster 76
Victorio, Chiricahua-Apache 88
Vier Himmelsrichtungen (Weltviertel) 27, 28, 31, 41, 60, 119
Vier Jahreszeiten, bei Sioux-Zeremonie 33
Vier Winde, bei Sioux-Zeremonie 33;
siehe auch Wind
Virginia *132*, *133*
Visionen und Visionssuche *19*, 73, 87, 88, 109, 118–119, 120, 129, 130;
siehe auch Träume
Völkermord, in Goldrauschgebieten 9
Vorratskästen, Darstellung von Mythen und Legenden 11

W

Wabanaki Nation 47, 50
Wachteln, Pima-Geschichte 67
Waffen 68, 90; *siehe auch* Bögen; Pfeile
wakan (heilig) 33
Wakan, Heilige Macht, 119
Wakan Tanka, Großer Geist der Sioux 30, 33, 48, 119, 129
Wakinyan, Donnervogel der Lakota 65
Wale 55; gejagt von den Nootka 106–107; im Mythos 23, 24, 25, 58, 65, 96, 117, 122; Inuit-Schnitzerei *123*; Schutzgeister *123*; Geister der 58, 62, 68; Totemtiere 104, 107
Walroß 62; geschnitztes Inuit-Amulett *55*; im Mythos 25, 58, 117
Wanderungen, im Ursprungsmythos der Pueblo 28–29, 55
Wanderungsmythen 28, 55
Winter Count (Kalender) *9*, 129
Wapiti-Hirsche 86, 97; im Mythos 53, 86; Ostwind der Irokesen 60; Seele von 68;
siehe auch Hirsche
Wasco, Mythen 93, 97
Washington (Staat) *12*, 31, 102
Washo, Schamanen-Initiation 114
Wasser, Geist des 124; im Mythos 21, 22, 23, 24, 25; im Sioux-Ritual 33; Pima-Fabel 67; Weiße-Muschel-Frau *26*
Wasserkäfer, im Cherokee-Schöpfungsmythos 22
Weiße Bisonfrau 129
Weiße-Bisonkuh-Bund 121
Weiße-Muschel-Frau *26*
Werkzeuge 68, 80
Westliche Apache; Geschichtenerzählen 135; Rituale und Tabus 113
White, John, Maler *132*, *133*
Wiedergeburt 72–73, 96–97, *109*, 121, 124
Wiesenlerchen-Frau 66
Wigwam 12
Wind, Gott der Skidi-Pawnee 31
Winde, Kathlamet-Mythos 53;
siehe auch Vier Winde
Windriese der Irokesen 60
Winnebago, Medizin-Zeremonie 126; Mythen 38, 76, 77, 79
Wintun, Schamanen-Initiation 114
Wisconsin 57, 76
Wolf; Geister 62, 106; Rituale 106–107
Wolke, Gott der Skidi-Pawnee 31
Wolkenherren, und die Heuschrecke 27
Wounded Knee (Creek), Massaker am 7, 11, 15, 33, 119, 130, *131*
Wovoka, heiliger Mann der Paiute 7, 73, 130
Wyoming 9, 84; heiliger Ort der Kiowa *47*

Y

Yana, Mythen, 38, 40, 66
Young Chief, Cayuse-Häuptling 50
Yuma 15; Schöpfungsmythos 49
Yurok, Schamanen-Initiation 114

Z

Zedernholzbauten 102
Zehn Großmütter, Apache-Mythos 112
Zeremonialhütte 33; Gemeinschaftshütten der Cheyenne 87
Zeremonien *siehe* Rituale
Ziesel, im Apache-Heldenmythos 86
Zungen; als Opfergaben 32; Sitz des Geistes 69
Zuni 15; Ackerbau *121*; Jenseitsglauben 72; Mythen 26, 28, 124; und Träume 118; Wasserkrug *97*
Zwangsumsiedlung 87–88;
siehe auch Umsiedlung

143

Weiterführende Lektüre

Bolz, Peter: *Ethnische Identität und kultureller Widerstand. Die Oglala-Sioux der Pine Ridge Reservation in South Dakota*. Frankfurt/New York 1986
Brown, Dee: *Begrabt mein Herz an der Biegung des Flusses*. München o. J.
Buch, Christoph: *Tatanka Yotanka oder Was geschah wirklich in Wounded Knee? Mutmaßungen über ein Massaker*. Berlin 1979
Capps, Benjamin, und die Redaktion der Time-Life-Bücher: *Die Indianer*. Aus der Time-Life-Reihe *Der Wilde Westen*. Amsterdam 1993
    Dieselben: *Die großen Häuptlinge*. Aus der Time-Life-Reihe *Der Wilde Westen*. Amsterdam 1994
Castaneda, Carlos: *Reise nach Ixtlan. Die Lehre des Don Juan*. Frankfurt o. J.
Catlin, George: *Die Indianer Nordamerikas*. Originalausgabe von 1851. Leipzig 1984
Ceram, C. W.: *Der erste Amerikaner*. Hamburg 1978
Dies sind meine Worte. Indianische Reden. Münster 1987
Farb, Peter: *Die Indianer. Entwicklung und Vernichtung eines Volkes*. München 1993
Hamilton, Charles E.: *Ruf des Donnervogels. Kultur und Geschichte der Indianer, von ihnen selbst erzählt*. Zürich 1960
Hartmann, Horst: *Die Plains- und Prärieindianer Nordamerikas*. Berlin 1987
Läng, Christa und Hans: *Indianer-Almanach*. Zürich 1983
Läng, Hans: *Kulturgeschichte der Indianer Nordamerikas*. Göttingen 1993
Lewis, Spence: *Mythen der Indianer*. Augsburg 1995
Lindig, Wolfgang (Hrsg.): *Indianische Realität. Nordamerikanische Indianer in der Gegenwart*. München 1994
Lindig, Wolfgang und Münzel, Mark: *Die Indianer*. Band 1: *Nordamerika*, von Wolfgang Lindig. München 1994
Momaday, N. Scott: *Im Sternbild des Bären. Ein indianischer Roman*. Zürich 1995
Müller, Werner: *Neue Sonne – Neues Licht. Aufsätze zur Geschichte, Kultur und Sprache der Indianer Nordamerikas*. Berlin 1981
Schulze-Thulin, Axel (Hrsg.): *Indianer der Prärien und Plains. Reisen und Sammlungen des Herzogs Paul Wilhelm von Württemberg (1822–24) und des Prinzen Maximilian zu Wied (1832–34) im Linden-Museum Stuttgart*. Stuttgart 1987 (darin zahlreiche Werke von Karl Bodmer)
Schwarzer Hirsch (Black Elk): *Ich rufe mein Volk – Leben, Traum und Untergang der Ogalalla-Sioux*. Olten/Freiburg i. Br. 1955
Taylor, Colin: *Die Mythen der nordamerikanischen Indianer*. München 1995
Time-Life-Bücher, Redaktion der: *Geheimnisvolle Indianerkulturen*. Aus der Time-Life-Reihe *Untergegangene Kulturen*. Amsterdam 1993

Quellennachweis der Abbildungen

Schlüssel: o oben; **u** unten; **M** Mitte; **l** links; **r** rechts

AMNH:	American Museum of Natural History	BM:	British Museum
BAL:	Bridgeman Art Library	NMAA:	National Museum of American Art
BBHC:	Buffalo Bill Historical Center, Cody, Wyoming	MNAI:	Museum of the North American Indian
JBT/ECT:	John Bigelow Taylor/The Eugene and Clare Thaw Collection	WFA:	Werner Forman Archives

3 WFA/Portland Art Museum; **5** Frans Lanting/Zefa; **6** John Anderson Collection, Smithsonian Institution (44258); **7** WFA/Maxwell Museum of Anthropology; **8–9** The Detroit Institute of Arts, Schenkung von Mr und Mrs Pohrt (1988.226); **10** WFA/C. Pohrt Collection. BBHC; **11** JBT/ECT (T106); **12** Corbis/Smithsonian Institution (20003881); **14 l** WFA/Maxwell Museum of Anthropology; **14 r** WFA; **15 l** Tony Stone Images /Richard Cooke III; **15 r** Corbis/Bettman; **16** Library of Congress (LC-USZ62- 602498); **17** Philbrook Museum of Art (1951.8); **18 ol** Ohio State Historical Society; **18 or** Images Colour Library; **18 u** Hutchison Library; **19 o** Spectrum; **19 ul** WFA; **19 ur** Images Colour Library; **20** JBT/ECT (T177); **21** BAL/NMAA; **22** WFA/RL Anderson Collection, BBHC; **23 o** WFA/Portland Art Museum; **23 r** WFA/Cleveland Museum of Art; **24** WFA/Schindler Coll. NY; **25** WFA/Smithsonian Institution; **26** Wheelwright Museum of the American Indian, Santa Fe, New Mexico (P-1A-8); **27** Roland Reed/Kramer Gallery, DBP Archives; **28** Hutchison Library; **29** BAL/MNAI; **30** BAL/NMAA; **31** Peter Furst/Museum für Völkerkunde, Berlin; **32** JBT/ECT (T60); **33** Peter Furst/Privatbesitz; **34** JBT/ECT (T86); **35** University Museum Archives, University of Pennsylvania (obj: 38736); **36** WFA/BM; **37** WFA/Smithsonian Institution; **38** WFA/Haffenreffer Museum, Brown University, Rhode Island; **40** BAL/NMAA; **41** Peter Furst/Smithsonian Institution; **42** Corbis/Library of Congress, Roland Reed (LC-USZ62- 48427); **44 o** Peter Furst/Privatbesitz; **44 u** Richard Cooke III/Tony Stone Images; **44–45** Ashmolean Museum, Oxford (neg EM4); **45 o** America Hurrah; **45 r** Stephen Myers/AMNH (3822(2)); **46** Images Colour Library; **47** Images Colour Library; **48** Ohio State Historical Society; **49** BAL; **50** Corbis; **52** WFA/Provincial Museum of Victoria, BC; **53** Corbis; **54** BAL/Princeton Museum of Natural History; **55** WFA/AMNH; **56** JBT/ECT; **57** Stephen Myers/AMNH (3837(3)): **58** National Museum of the American Indian (2336); **60** WFA/NMAI; **62** Peter Furst/Privatbesitz; **64** WFA/Museum of Anthropology, University of BC; **65** Burke Museum (117); **66** M. Holford; **68** Peter Furst/The Detroit Institute of Arts; **69** Peter Furst/Lowie Museum of Anthropology, University of California at Berkeley; **71** M. Holford; **72** Peter Furst/Priv.Coll.; **73** WFA; **74** Corbis/Library of Congress; **75** JBT/ECT (T43); **76** Peter Furst/Privatbesitz; **78** Peter Furst/Privatbesitz; **79** America Hurrah; **80 l** America Hurrah; **80 r** Wheelwright Museum of the American Indian, Santa Fe; **81** WFA/BBHC; **82–83** JBT/ECT (T185); **84** BAL; **84** WFA; **86** WFA/Field Museum of Natural History, Chicago; **88** BAL; **89** Peter Furst/Privatbesitz; **90** State Historical Society of North Dakota (SHSND 12004); **91** Peter Furst/Privatbesitz; **92** Peter Furst/Privatbesitz; **93** BAL; **94** BAL; **96** Peter Furst/Peabody Museum of Natural History, Yale University; **97** Peter Furst/Smithsonian Institution; **98** Tony Stone Images; **99** BAL; **100 M** Peter Furst/Privatbesitz; **100 u** BAL; **100–101** JBT/ECT (T49); **101 o** WFA/BM; **101 u** State Historical Society of North Dakota (SHSND 941); **102** Robert Harding Picture Library; **103** Paul Macapia/Seattle Museum of Art (91.1.124); **104 o** Robert Harding Picture Library; **104 u** Robert Harding Picture Library; **105** Royal Anthropological Institute, London (RAI 2075); **106** Peter Furst/Privatbesitz; **107** AMNH (41184); **108** Peter Furst/Privatbesitz; **109** Ohio State Historical Society; **110** Special Collections Division of the University of Washington Libraries (NA3151); **112** WFA/Portland Art Museum; **113** Peter Furst/Privatbesitz; **114** Library of Congress/Edward S. Curtis (LC-USZ62-101185); **115** WFA/Provincial Museum of Victoria, BC; **116** AMNH (42298); **117** Canadian Inuit Art Information Centre, Ottawa (PAN23PR7613); **118** Peter Furst/Privatbesitz; **119** WFA/Musuem für Völkerkunde, Berlin; **120** Stephen Myers/AMNH (3847(2)); **121** Corbis/Library of Congress; **122** Smithsonian Institution (86-2842); **123** WFA/Field Museum of Natural History, Chicago; **124** Bryan & Cherry Alexander; **125** WFA/BBHC; **126** WFA/Glenbow Museum, Alberta; **127** Philbrook Museum of Art/Richard West (1949.20); **128** America Hurrah; **130** JBT/ECT (T86); **131** America Hurrah; **132 l** BAL/BM; **132 rM** BAL; **132 ru** BAL; **133 ol** M. Holford/BM; **133 or** BAL/BM; **133 u** BAL; **134** BAL; **135** BAL; **136** Peter Furst/Privatbesitz; **137** Tony Stone Images